〈新装版〉シェリング著作集　第4a巻

Friedrich Wilhelm Joseph von Schelling

新装版

シェリング著作集 4a

自由の哲学

藤田正勝 編

文屋秋栄

〔監　修〕
西川富雄
渡邊二郎
神林恒道
相良憲一
田丸徳善

〔編集幹事〕
松山壽一
髙山　守

総目次

凡例

一 本書、〈新装版〉シェリング著作集第4a巻『自由の哲学』には、次の著作を収める。

1. 「哲学と宗教」（一八〇四年）
2. 「人間的自由の本質とそれに関連する諸対象についての哲学的探究」（一八〇九年）
3. 「シュトゥットガルト私講義」（一八一〇年）

二 テキストはすべて、左に掲げる初版の本文を底本とした。息子編全集（以下ＳＷと略記）との異動等、本文の異動については校訂注に明示した。なお「シュトゥットガルト私講義」は息子編全集が初出である。

1. Philosophie und Religion. Tübingen 1804, S. I–VI, 1–82.（＝SW Ⅵ, 11–70）
2. F. W. J. Schelling's philosophische Schriften. Landshut 1809, S. Ⅶ–Ⅻ, 397–511.（＝SW Ⅶ, 331–416）
3. Stuttgarter Privatvorlesungen. SW Ⅶ, 417–484.

三 注は、原注のほかに校訂注と訳注を加え、三種ある。原注は＊ ＊＊ ＊＊＊等によって指示し、本文中として段落の後に、校訂注は（a）（b）（c）等によって指示し、傍注として見開き左頁に、訳注は（1）（2）（3）等によって指示し、尾注として巻末に掲載した。

四 本文中の（ ）はシェリングによる挿入であり、［ ］は訳者による補足である。なお「人間的自由の本質とそれに関連する諸対象についての哲学的探究」については、読者の便宜を考えて、訳者が【　】内に章の表題と段落番号とを補った。

五　訳文上欄に初版本の頁数を、下欄に息子版全集の巻数と頁数を付した。

六　原文の隔字体（ゲシュペルト）の箇所には傍点を付した。ラテン語は多くの場合、イタリックで表記されているが、本文中に原語を補ったので、傍点は付さなかった。原文で太字の部分は、本書でも太字で表記した。

七　巻末に解説および索引を付した。

自由の哲学

哲学と宗教（一八〇四年）

薗田　坦　訳

Philosophie

und

Religion

von

Schelling

Tübingen

in der I. G. Cotta'schen Buchhandlung

1804

『哲学と宗教』 扉

III　VI13

緒　言

一八〇二年に出た対話篇『ブルーノ、あるいは諸事物の神的原理と自然的原理について』は、その構想上は一連の対話篇の発端をなすものであって、それらで扱われるべき諸対象は、すでにこの対話篇のうちにも先取りして描き出されている。この系列における第二の対話篇となるはずのものは、すでに永らく、その公刊のために最後の仕上げを残すだけで、ただ外的な事情がこれを許さないという状態にあった。こうして本書は、かの対話篇で著者が終始用いた象徴的形式〔対話形式〕は取られなかったが、その内容となる材料はそのまま保持している。注意深い読者なら、本書のうちに、そこから個々の部分が取り出されてきた高次な有機的結合の痕跡を認めるであろうが、そのことは上述の事態からもおのずと納得されよう。例の〔象徴的〕形式を用いなくともこれらの着想を発表してみようということにそのきっかけを与えたのは、いくつかの公表された意見に含まれていた要求、だがとりわけてエッシェンマイアーの注目すべき著作[1]（彼はここで改めて、哲学を信仰によって補完しようとしている）のうちに含まれていると著者がみなさざるを得なかった、IV まさしくこの〔哲学と信仰との〕関係について解明すべしとの要求であった。上述のような理由がその公刊を妨げることがなかったならば、そのことは疑いもなく対話篇という形で、最善の仕方でなされていたであろう。けれどもかの高次な形式は、一つの独立した自由な精神のうちで自立的な段階にまで到達した哲学が取ることのできる、われわれの考えでは唯一と思われる形式ではあるが、しかしある目的が達成されるべきであるというところでは、それは決して進んで求められるものではない。と言うのも、このような形式は、〔目的への〕手段として役立つことは決してできず、むしろその形式自身のうちにその価値を有するものだからである。

V

さて、一つの造形芸術の作品は、たとえ海中深くに沈められて誰の目に触れることがなくとも、それが芸術作品であることに変わりがないのと同じく、哲学的学芸のいずれの作品も、たとえ時代に理解されることがなくとも、もちろん何ら変わるわけではない。かりにその時代がまったくの無理解にとどまっていてくれるならば、むしろその点では時代に感謝しなければならないであろう。ところが［今の］時代は、無理解どころか、それに属するさまざまな器関――その一部は敵対者として現われ、他は信奉者として現われる――を通じて、その作品をわが身に合うものにし、またおのがうちに取り込もうとするのである。そうした時代の手先となるものによるもろもろの誤解や歪曲は、軽く見過ごされてもよく、また一顧にも価しない。［けれども］一つの高貴な精神がもちだす異論や、それが学の全体に向ける諸要求となると、事情は違ってくるのである。これらの要求は、そこで除かれ、また充たされようとも、あるいはそうならなくとも、同じようにそれらは世の啓発のために貢献し、またそれだけの尊敬をかち得るからである。

かくしてわれわれは、もともとその本性からして凡俗には近づきがたいものを、その形式によって外面的に眼に見える仕方でも凡俗から遠ざけるという利点は放棄したことになるが、それでもなお、われわれが伝えんとしたこれらの古き哲学の調べを、時代は快く聞かないであろうことを、われわれは決して疑わない。けれどもまた、にもかかわらずこれらのものは凡俗化されることはできず、どこまでもそのままで存立しなければならないこと、そしてこれらをそのままに所有するのでない者は、総じて所有すべきではなく、また所有することもできないこと、これらのことをもわれわれは知っている。それゆえわれわれは、敵対者たちの――彼らもまたこの教説のもろもろの原則や帰結をときには知るにせよ――その粗雑な誤解に対しては、じっと沈黙するであろう。それだけにまたわれわれは、いわゆる受け売り人や解説家の押しつけがましい殺到は切に願い下げにしたい。そして彼らに、本作りの機会をもつとか、ある高尚な事柄を粗末に扱い無造作に紡ぎ出すといった、そんな目的のためだけにものを産み出すのではない心ある人々もやはりいくらかは居ることを、よくよく考えてくれるように要求したい。喧騒する敵対者たちの群れは、彼らが徒らに労しているこ

VI

とに気づけば、結局は自分たちから退散するであろう。けれどもこのドイツにおいては、自らその使命もなしにある教説の頼みもしない信奉者になるとか、また真の感激もなしにティルススの杖を携える(2)――まさにそれは、賢明な人々や純朴な人々のいずれにとっても憤激の種である――といった人々、このような人々の集団がすぐさま離散するということは、それ以上に期待しがたいのである。と言うのも、このような人々は、学問の本来的な秘義を捉える力がないゆえに、その外面的なものに自分を投げ入れ、そこに多量の異質なものを持ち込んでこの外面をカリカチュアにまで拡大するとか、あるいはまたその意味が深いところに基づく真理を、何らの意味ももたず凡俗を驚かせるだけの個別的で表面的な諸命題で言い表す、といった人々だからである。それともまた彼らは、言語を悪用して、それ以外は善意をもちつつも、彼らの乏しい想像力を生き生きと掻きたてた言葉でもってからっぽの心情を装うといった人々だからである。実際、ドイツ人というのは何ごとに関しても群がり熱中しがちであり、その点では働き蜂に似ている。もっとも、似ていると言っても、それはまったく別のところで花咲き、産み出されたものをそこからせっせと運び、それに手を加えようとするという点だけではある。どうか彼らには、自分で思想をもつ努力をし、そこから自らがその思想に責任をもつようにしてほしい。他人の思想をいつまでも使用しながら、その責任はそれらの創始者たちに負わせるようなことは慎んでもらいたいのである。そうすれば、自分自身に対する至当な顧慮が、すなわちすでに他人の所有物で膨れ上がっているのだから、もしこれ以上自分の思想をもてば破裂してしまうことになるだろうという顧慮が、彼らを抑制させるであろう。外面的なことは、これからも彼らのなすに任せよう。だが、内的なものに関しては、触れるな、のろま者！　火は燃えているのだ。

序文

1

　宗教というものが民間の信仰とは区別されて、まるで聖火のごとく密儀のうちで保持され、そして哲学がその宗教と一つの共同の聖殿を有していた、そのような時代がかつてあった。広く伝わる古代の伝説は、最初期の哲学者たちをこれら密儀の創始者と呼んでいるが、それ以後の哲学者中の最も優れた人たち、とりわけてプラトンも、その神的な教説を好んで密儀から導き出したのであった。当時、哲学はなお、比類なく偉大なる諸対象に向かう勇気と正義をもっていたのであり、そしてまさにこの対象のゆえに、哲学すること、つまり通俗の知を超えることは価値あることであったのである。

　のちの時代になって、密儀は公開的なものとなり、またもともと民間の信仰にのみ属し得るような、密儀とは異質なものと混じり合って、不純なものになった。こうしたことが起こったのちは、哲学はその純粋さを保持しようとすれば、宗教から身を退けて、宗教とは逆に自ら秘教的にならざるを得なかった。宗教の方は、すでにその本源的な本性に反し
2
て実在的なものと混じり合い、一つの外面的なものになっていたが、それ以上にさらになにがなんでも外的な力とならねばならなかった。またそれは、自己自身のうちで真理の源泉へのいかなる自由な飛翔をも失ってしまっていたので、自己のそとでもこうした飛翔を力ずくでも阻止しようと試みねばならなかった。

　こうして生じたのは、古代においては哲学が取り扱っていたかの諸対象がことごとく、哲学から次々に宗教によって取り去られ、かくして哲学は理性にとって何の価値もないものだけに制限されるという事態であった。同様にまた他方では、宗教がかつて哲学との共有物のなかから一方的にわがものにしてしまったもろもろの崇高な教説が、それらの原像への関係を失うとともにその意義をも喪失し、またそれらが発芽してきたのとはまったく別の地盤に移し植えられて、

3

その本性をすっかり変化させてしまうことになった。

哲学と宗教との偽りの融和がこのような対立のなかから成り立ち得たのは、哲学が自己自身を引き下げて、理性の所産たる理念を悟性概念として、また悟性概念を通じて取り扱うという点にまで自ら降下することによってであった。学問のこのような状態は独断論と表示されるが、この状態において哲学は、たしかに幅広い存在と声望を世間において獲得したものの、その性格をまったく犠牲にしてのことであった。

独断論における知の種類がより厳密に吟味され、また批判のもとに置かれるにつれて、そこから次第に明瞭に見出されてこざるを得なかったのは、この知が、ただもろもろの経験対象や有限な諸事物に適用され得るだけであり、これに対して理性や超感性的世界の諸事物については、もっぱらこれを傍観するか、あるいはむしろまったくこれに盲目である、ということであった。それにしても、この知は唯一可能な知として承認され、そればかりか今やようやく完全に真なるものと確証されたので、この知の空疎さがますます徹底して自己認識されるのに平行して、これに対置されるもの——これが信仰と呼ばれるのであるが——の価値は高昇せずに措かなかった。こうして哲学のうちで本来的に哲学的である一切のものは、最後にはこの信仰に全面的に引き渡されたのであった。

その例証を挙げることならば、さほど困難ではない。けれども私は、このような時期は全般的にカントによって十分に描き出されているということを想起するにとどめよう。

古き真正な哲学の最後の残響が聞かれたのは、スピノザによってであった。彼は哲学をその唯一なる対象へと引き戻した。もっとも彼とて、一つの支配的な体系に対比して[3]、それとは異なるが、やはり一つの独断論という外見と、またそのいっそう際立った色合いを帯びることを免れなかった、と私には思われる。

絶対者についての教説は別にして、哲学の真の秘義は、諸事物の永遠なる誕生とそれらの神への関係とについての教説を、最も卓越した、まさしく唯一なる内容としている。と言うのも、これらの教説のうえにこそ、全倫理学は浄福なる生への指針として(4)——それもまた神聖な教え〔秘義〕の圏域において現われるのであるが——初めて基礎づけられ、またその教説の帰結となるからである。

4 こうした教説は、哲学の全体から切り離して、自然哲学と呼ばれてもよいであろう。そしてそれは根拠なきことでは VI18 ないのである。

このような教説は、その概念に従ってただ思弁的であろうとし、またそれ以外であろうとはしないが、そうしたものが、最も矛盾し合う相互否定的な諸判断を生み出すことは、当然予期されるところである。と言うのも、どんな部分的な見方にも、別の部分的な見方が対置され得るように、宇宙を把握する包括的な見方には、あらゆる可能な一面性が対置され得るからである。しかしながら、一方でこの教説を、哲学として、しかも完成された哲学として承認しておきながら、他方ではこれを信仰による補完を要すると説明するというのは、およそあり得ないことである。なぜなら、そのことはこの教説の概念に矛盾し、従ってその教説そのものを廃棄するからである。それと言うのも、この教説の本質は、非哲学が信仰において把握すると考えるものを、明晰な知と直観的な認識において所有するという、まさにそのことに存しているからである。

にもかかわらずC・A・エッシェンマイアーの著作『非哲学への移行における哲学』のうちに見出されるそのような志向は、次のことが明らかでなければ、それゆえおよそ理解不可能であろう。つまりその著作の明敏なる創作者が、彼を信仰へと差し向けるその諸対象に関して、思弁的な知はおよそ全般的にも個別的にもこれをわがものとしなかったこと、そして彼がその理由からとりわけ信仰へと逃げ道を取ったのであること、このことがその著作そのものから明らかであるというのでなければ、それは不可解であろう。と言うのも、（ただ一点だけを言えば）(a)、かりに哲学者がこれらの

（a）　SWでは括弧はない。

5 対象について、エッシェンマイアーが信仰と予感から得たものよりもはるかに明晰な認識を、知によって、また知のうちでもつのでないとすれば、哲学者にとってそれははなはだ無念なことに相違ないからである。しかしまた哲学者が、ある種の問いを哲学によって満足の行くように答えるのが不可能であるからといって、彼〔エッシェンマイアー〕の信仰を基礎づけんとして何らかの積極的なものをもち出すとしても、それも納得させるに足るものたり得ない。信仰は、証明され得ることになれば、信仰であることを止めるであろうからである。だがそれでは、彼自身が認容したことに矛盾することになる。実際、彼が言うように*、絶対者のうちでは認識が消滅するのであれば、この点を超えたかなたに存する絶対者へのいかなる理念的な関係も、ただ再び差別を呼び起こすことによってのみ可能となるであろう。ところでかの
消滅は、現実に完全な消滅であり、従って認識も一つの絶対的な認識であって、そこでは主観と客観との対抗から生ずるあらゆる憧憬も消え失せてしまったか、あるいはその反対のことが起ったかの、いずれかであった。後者の場合には、認識そのものが理性認識ではなかったのであり、そこからは真に絶対的な認識が不満足であることを推知することもできない。しかしまた前者の場合には、信仰あるいは予感といった高次な勢位のものが、かの認識のうちにすでに含まれていたよりもさらに完全で善であるような何かをもたらすこともあり得ない。そうではなくて、あれこれの名前のもと VI19
6 にかの認識に対置されるものは、理性による認識において最も完全である、かの絶対者への普遍的な関係を示す単に一つの特殊な見方であるか、それともそのものは、真の高揚や高次の勢位であるには程遠く、むしろ認識の最高の統一から新たな差別を伴った認識への一つの下落であるかの、いずれかなのである。

*エッシェンマイアー前掲書、三三節。

実際、予感や宗教的直覚が理性認識に優ってもつとされる特殊なものは、たいていの記述によれば、差別のあとを留

7

めた残余に他ならず、その残余が、前者ではそのまま残っているが、後者ではまったく姿を消しているだけである。誰でも人は、なお有限性のうちに囚われている人も、その本性から絶対者を求めることに駆り立てられているが、しかし彼がそれを反省に対して固定しようとすると、それは彼から消え失せる。それはどこまでも彼のまわりに漂うが、それはただ——フィヒテがきわめて特徴的に表現しているように——人がそれを有するのでない限りでのみそこにあり、それを有するとなれば消え失せるのである。ただこのような格闘のうちにあって、主観の活動性がかの客観的なものと思いもかけない調和へともたらされるという瞬間がある。そのときこの調和は、それがまさに思いもかけないものであるがゆえに、理性の自由な、憧憬を伴わない認識に先立って、むしろ幸運、開明あるいは啓示として現われ出るという利点をもつが、このような瞬間においてのみ、絶対者は魂のまえに姿を現わすのである。けれどもまた、かの調和が作り出されるか出されないかのうちに、すでに反省が現われ得るのであり、そうなると先の現象は逃れ去ってしまうことになる。こうした一過的な形の宗教は、それゆえ魂における神の単なる現象であり、魂がなお反省と分裂の圏域にとどまる限りのものに過ぎない。これに対して、哲学は必然的に、一つのより高次な、またいわばより静穏なる精神の完成である。なぜなら、哲学はつねにかの絶対者のうちにあり、絶対者が哲学から逃げ去るという恐れもない。哲学は反省を超えた領域へと自ら逃れ出たのだからである。

私はそれゆえ、エッシェンマイアーによって描き出された信仰や、浄福なる者の予感といったことを、それらの圏域のうちに留まらせる。ただし私はこの圏域を、哲学の圏域の上に置くどころか、むしろそれの下に考えざるをえないのである。私はまたそれらを、それらがそこで自らに与えようとする全価値のうちに留まらしめる。その上で私は、宗教の独断論や信仰という非哲学がわがものとしてしまったもろもろの対象を、理性と哲学に返還するように要求するという意図に立ち還ることにする。

これらの対象がいかなるものであるか、このことは以下の諸節から明らかとなるであろう。

絶対者の理念

8

哲学のそとに、なお魂が信仰と敬虔さによって充たし得るであろうようなある空虚な場を確保したいという、こうした意図にまったく適うことがあるとすれば、絶対的にして永遠なるものの上に、さらにこれよりも無限に高次な勢位のものとして神を立てることこそ、それであろう。* ところがまた、絶対者を超えてより高次なものは存在し得ないこと、そしてこの理念が偶然的にではなく、むしろその本性上いかなる限定をも排除すること、これらのこともそれ自体で明らかである。実際、神とてもまた絶対的にして、永遠であろう。とは言え、絶対者が絶対者と異なり、永遠なるものが永遠なるものから異なるということは、これらの概念が類概念でない以上、あり得ないことである。ここから必然的に帰結するのは、理性による絶対者の上にさらにある別のものを神として立てる者には、かの絶対者は真にそのようなものとして現われていなかったということであり、そして彼がそれにもかかわらず、その本性上ただ一つのものしか表示し得ないこの表記をそのままこのものに許すならば、それはただに欺瞞でしかないということである。

*エッシェンマイアー前掲書、四〇節。

9

それでは、絶対者を絶対的と認めはするが、それでも同時に神とは認めないという、このような考えにおいて、絶対者の理念に結びつくのはいかなるものであろうか。

哲学者がそれについて与える記述によって絶対者の理念に到達しようとする人たちは、ほとんど必然的にこのような誤謬に陥る。それはまさに、彼らはそれによってつねにただ絶対者についての制約的な認識だけを獲得するが、しかし

VI21

いかなる無制約者についても制約的な認識は不可能である、という理由からである。言いかえれば、絶対者の理念のあらゆる記述は、ただ絶対的でないものへの対立においてのみなされ得る。つまり後者の本性をなす一切のものから、その完全な反対が前者に帰せられるというわけである。要するに、記述はもっぱら否定的であって、決して絶対者そのものを、その真の本質性において魂にもたらすことはない。こうして絶対的でないものは、例えば次のようなものとして、すなわちそれに関しては概念が存在に適合しないものとして認識される。なぜならここでは、存在、実在性は、思惟から生ずるのではない。むしろその概念に、それ自体からは規定されないあるものがさらに付け加わらねばならず、それによってようやく存在が定立されるからである。だからこそ、このものは制約されたもの、絶対的でないものなのである。さらにまたその非絶対性は、次のようなものによっても、すなわちそこでは特殊が普遍によってではなく、普遍のそとにあるものによって規定され、従って普遍に対して非合理的な関係をもつといったものによっても見分けられる。

同様な仕方で、この同じ対立はあらゆるその他の反省概念を通じても追究されよう。今や哲学者が絶対者の理念を記述して、絶対的でないもののうちにある差別はこの理念についてはすべて否定されねばならないと言うならば、そのときかの理念に外から到達しようとする人たちは、周知の仕方でこれを次のように理解する。すなわち彼らは、反省における対立や現象界におけるあらゆる可能な差別を哲学の出発点とみなし、そして絶対者を、かの諸対立の合一がもたらすいわばその産物として観察するのである。こうしてまた彼らにとって、絶対者はその自体においてではなく、ただ同一化ないしは無差別化を通してのみ定立されるわけである。あるいはまた彼らは、この哲学者の手法をもっと粗略に考え、哲学者が一方の手に観念的ないし主観的なものを、他方の手に実在的ないし客観的なものをもち、その両手を打ち合わせれば、それら両者は擦り合わされ、そしてその擦り合わせの産物としてそこに生ずるのが絶対者なのだと、このように見る。われわれにとっては主観的なものもまた客観的なものも存在せず、絶対者はわれわれにはただかのち対立の否定という意味で両者の絶対的同一なのであると、こう彼らに対して何百回となく繰り返し言おうと、それでも彼ら

VI22

11

VI23

は理解せず、相変わらず彼らに唯一理解できるものに、すなわち合成から生ずるもののもとに留まり続ける。絶対者をあらゆる対立の同一とするかの記述が、あくまで否定的な記述であることに彼らは気づかないだけに、それだけまた彼らには、哲学者が絶対者そのものの認識のためにさらにまったく他なるものを必要とし、そのことによって先の記述そのものがそうした認識にはおよそ不充分であると説明していることが、その目に入らないのである。そこでは知的直観もまた、彼らにとってその心理学的概念からすれば、内官によって自らのうちに作り出されたかの同一を直視することに過ぎず、従ってまたまったくのところ経験的である。けれども知的直観は、むしろ魂そのものの自体（das An-Sich）をなすところの認識であって、それが直観と呼ばれる理由も、ただ魂の本質が絶対者と一つであり、絶対者そのものであって、このものに対して直接的な関係しかもち得ないという点にあるのである。

絶対者がそこで語り出され得る、また現に語り出されているそのすべての形式が、反省のうちでは推論の三つの形式に表現され、またその三つだけの可能な形式に還元されるということ、* そしてただ直接的な直観的認識だけがいかなる概念による規定をも無限に凌駕するということ、これらについても彼らが見過ごしている点は少なくない。

*『ブルーノ、あるいは諸事物の神的原理と自然的原理について』、一六六頁［SW IV, 300］参照。

12

絶対性定立の第一の形式は、定言的形式である。この形式は、反省においてはもっぱら否定的に、「あれでもなく——これでもない」(Weder-Noch) によって表現されることができる。このうちには総じていかなる肯定的認識もないこと、そしてただそこに現われる産出的直観のみがこの空虚を満たし、かくしてかの「あれでもなく——これでもない」のうちに積極的なものを与えるのであること、これらのことは明らかである。

反省における絶対者現出の第二の形式は、仮言的形式である。もし一つの主観と一つの客観があれば、そこで絶対者

13

は両者の同じ本質である。まさにこの一方と他方の同じ本質あるいは自体——それ自らは主観的でも客観的でもない——についてのみ、しかもそれが結合するものである限り、あるいは恐らく結合されたものである限りですらなくて、それ自身において見られたこの本質についてのみ、同一ということは述語づけられる。と言うのも、結合を通じて見られた場合であれば、同一性はただの関係概念であろうが、それ自身において見られた同一性は、まさにそれが絶対的な同一性と表示されることによって、このものから区別されるからである。言いかえれば、それは結合された諸対立への関係においてではなく、かの本質それ自身に帰属する、そのような同一性として表示されるのである。こうして、第一の形式においてはただ否定的で、絶対者を形式的にのみ規定した同一性は、この仮言的形式においては肯定的となり、そして絶対者を質的に規定する。ここでもし人が、対立を廃棄するのに、第一の規定はその対立そのものの否定によっているところを、この［第二の］規定はその反対の肯定によっているだけである以上、この規定もまたなお反省への連関を有しているのだと言うとすれば、それはまったく正しいであろう。けれども私は問いたい、同じことが当てはまらないどんな規定がほかに可能であろうか、と。スピノザに対しては、その実体概念がまさしくしばしば非難され、それゆえにまた彼は独断論者との烙印を押されてきた。その理由は、スピノザの場合にも人々は、彼がその命題、すなわち「われわれの精神は、自らを永遠の相下に認識する限り、必然的に神の認識をもち、そしてまた自らが神のうちにあり、神によって認識されることを知るのである」[5]という命題のうちにきわめてはっきり示している、絶対者の唯一可能な直接的認識のことはそっちのけにし、ただ彼のもろもろの定義や記述を媒介にして、あらゆる対象のうちでひとり直接的にのみ知られ得るものの認識へ到達しようとしたからであった。［しかしながら］無限性、不可分性、単純性らの諸概念に関しては、果たして実体の概念や、あるいはわれわれの用立て得るその他のいずれの概念とも、異なる事情があるであろうか。と言うのも、大抵の概念は合成して用いられるとき、それらが表示するはずのものが、反省にとっては単に否定的なものであることをはっきり示しているからである。

VI 24

14

第三の形式は、選言的形式である。反省が絶対者を表現するためにこれを愛用し、とりわけスピノザを通じて知られるようになったものである。存在するのは、ただ一つのものである。しかしこの一なるものは、まるで同じ仕方で、あるときはまったく観念的として、あるときはまったく実在的として見られ得る。つまりこの形式は、先の二つの形式の結合から生ずるものなのである。と言うのも、この同一なるものは、同時にではなく、あるときは一として、またあるときは他としてまったく同じ仕方で見られ得るが、まさにそれゆえに、（第一の形式によって）それ自体では一でも他でもなく、しかも同時に（第二の形式によって）両者の共通の本質、両者の同一性だからである。それは、このものが両者から独立でありつつ、しかも同じ仕方であるときはこの属性、あるときはかの属性と、それぞれのもとに見られ得ることによるのである。

絶対者を表現するこの形式は、実際また、哲学において最も有力な形式でもあった。一例を挙げれば、いわゆる神の存在論的証明の発見者たちが、神は一者であり、このものに関しては思惟は存在をも包含し、理念は実在性を包含すると語る場合、彼らがそれによって言おうとするのは、神においては観念的なものと実在的なものが結合され、従って神は同時に両者であるということではなくて、むしろ端的に観念的なものである神が、そのものとして、それ以外の媒介もなしに端的に実在的でもあるという、このことなのである。彼らは、神を観念的なものと実在的なものの混合から成立せしめたのではなく、神それ自身でそれぞれたらしめ、また全的にそれぞれたらしめたのである。

観念的なものと実在的なものとのこのような同一性、すなわち媒介的ではなくてまったく直接的な、外的ではなくて内的なこの同一性は、古くから必然的に、総じて高度な学問性に縁のないすべての人々には隠されたままに留まらざるを得なかった。そしてこうした高度な学問性への第一歩となる認識こそが、絶対的-観念的なものは、実在的なものと統合されることなしに、それ自体において、絶対的-実在的でもあるということなのである。

ところがすこぶる奇妙なことには、絶対性の表現としての思惟と存在の絶対的同一性に対する論駁が際立って生ずる

VI25

15
のは、哲学において一歩も進まず、まさに反省概念による以外は自己の表現もできないような人々からである。また絶対者の記述を与えようとしながらも、他のいかなるものも見出せず、ただ絶対者はもっぱら自己自身によって存在するもの、その存在の全根拠を自己自身のうちにもつもの等々の、すでにスピノザに見られる記述だけしか知らないといった、そのような人々からなのである。かくしてこのことからだけでもすでに明らかになるのは、かの絶対者の規定に関する全論争が、いわば空虚ないかさま試合であって、単純な人々の目をごまかすくらいのことはできても、事柄そのものに対しては何ひとつなし得ないということである。

と言うのも、絶対者を表現するあらゆる可能的形式は、やはり反省における絶対者の現象形式に過ぎず、そしてその点ですべてはまったく等しいからである。けれども、観念的でありつつ直ちに実在的であるものの本質そのものは、もろもろの説明によってではなく、ただ直観によってしか認識され得ない。と言うのも、合成されたものだけが記述を通じて認識可能であるが、単純なものは直観されようとするからである。ちょうど光もまた、自然への関連のうちでは、一つの観念的な、しかもそのまま実在的であるものとしてのみ正しく記述され得るであろう——ただしそれによっては、生来の盲目の人は光を認識するには到らないであろう——ように、有限性との対立における絶対性も、ただこれと類似の仕方で記述されるだけで、それ以外の仕方では記述されることはできず、従ってまたそれによって精神的な盲目の人が絶対性の真なる本質を直観するということにはならないであろう。

このような直観は、何らかの幾何学的図形のそれとは違って、普遍妥当的な仕方では与えられることはできず、ちょ
16
うど光の直観がそれぞれの眼にとってそうであるように、それぞれの魂にとくに固有なものである。その限りここには、もちろんただ個別的な顕現のみがあるが、しかもそれはこの個別性のうちにありながらも、まさしく経験的感官にとっての光と同じくらいに普遍妥当的な顕現なのである。そしてこのことはまた、エッシェンマイアーの与える示唆が哲学の主張するところと、双方のさらなる発展のうちで結合されていく、そのような点ともなり得るであろう。

VI26

絶対者といった対象に適合する唯一の器関は、まさに同じく絶対的な認識方法であって、それは指導とか教授などによって初めて魂に付け加わるのではなく、魂の真なる実体にして永遠なるものである。と言うのも、神の本質は、絶対的にしてただ直接的にのみ認識されるべき、しかもそのままで実在性であるような観念性において存立するように、魂の本質も、端的に実在的なもの、すなわち神と一であるような認識のうちに存するからである。ここからまた人間に関して哲学が意図するところも、人間に何かを与えるということであるよりも、むしろ人間を偶然的なものから、つまり身体、現象界、感覚的生が彼にもたらしてきたものから、できるだけ純粋に引き離し、そして根源的なものへと引き戻すことにある。そこからさらに、かの認識に先立ってなされるすべての哲学への勧めも、ただ否定的でのみあり得るのは、哲学があらゆる有限的な対立の空無性を示し、よって魂を間接的に無限者の直観へと導くからである。そのとき魂は、この直観に到達して、単に否定的な絶対性の記述という例の手助けは自分からこれを後方に置き去りにし、またもはやそれが必要でなくなるやいなや、それから自らを解き放つのである。

あらゆる独断論的な諸体系や、同じく批判主義や知識学の観念論においても、絶対者の実在性が、しかも観念性の外にそれから独立的であろうような実在性が、論ぜられている。これらすべての体系においては、それゆえ絶対者の直接的認識は不可能である。と言うのも、そこで問われている事態の矛盾は、最後に挙げたもの〔知識学の観念論〕によって最も明瞭に表明されているように、自体なるものが認識されるというそのことによって、またしても魂の産物、従って単なる可想体となり、かくして自体ではなくなるからである。

単に媒介された、間接的な絶対者の認識を前提するところでは（たとえ、その媒介が何によって行われていようとも）、哲学者のもちだす絶対者は、ただ哲学することが可能であるがために想定されるといった、そのようなものとしてのみ現われ得る。ところが事実はむしろ逆であって、すべての哲学することは、絶対者の理念が生きたものとなったとき初めて、それとともに始まるのであり、また始まったのであった。真なるものは真理のもとでのみ、また明証的なものは

18 明証のもとでのみ、認識されることができる。真理や明証そのものはしかし、それ自身から明白であり、それゆえ絶対的で、神の本質そのものでなければならない。このことが認識されたときまでは、哲学において求められるかの高次の明証の理念を把捉することは、およそ不可能なことであった。ようやく哲学という言葉と名称が、あのような哲学への内的衝動を欠如していた人たちのもとにも伝承を通じて届いたのちに、この人たちもまた――その最初の根源が同時に哲学の根源でもあるような、かの認識をもたないまでも――哲学することを試みたのであった。

しかしながら、かの明証を、すなわち絶対者の理念のうちにあり、またそのうちにのみあって、それを記述するにはいかなる人間の言語もあまりにも脆弱である、そのような明証を経験した者もまた、これに劣らず次のことを行わねばならない。すなわちこの者もまたこうした明証を、信仰、予感、感情によって、あるいはこれに対してどんな名前を捏造しようと、それらによって個々人の個別的なものへと引き戻し、また制限しようとするあらゆる試みに対して、これらをかの明証にはおよそ不適合なもの、かの明証に届かないばかりか、その本質そのものを棄却するものとみなすのでなければならないであろう。

有限な諸事物の絶対者からの由来、およびそれらの絶対者への関係

この標題に関して、プラトンがシラクサの僭主に書いている次のような言葉を挙げてもよいであろう。「しかし何たる問いであることでしょうか、おお、ディオニシウスとドーリスの子息よ、あなたの投げかける〈あらゆる災禍の根拠は何か〉という問いは！　それればかりか、この問いのもつ棘は魂のうちに生具的に刺さっており、だからこの棘を抜き
19 取らない者は、本当に真理に関与するということも決してないでしょう。あなたは、庭園の月桂樹のもとで言われた。あなた自身はそのことを洞察した、そしてそれはあなたが自分で発見したのだ、と。私は、あなたに答えて言いました。

そういうことであるなら、あなたは私にとって、数多くの探求から解放してくれる人ということになるでしょう、と。もっともこれまで一度も、私はそのような人物に出会ったこともないのですが、それでもこうした事柄をめぐって、自分自身では多くの努力を重ねてきたのですと、こう私は加えて言いました。あなたはしかし、恐らくそれを誰かから聞いてか、あるいは恐らく神意によってか、それに到達しておられるのでしょう*」。

*プラトン、第二書簡。

先に挙げた著作において、エッシェンマイアーは『雑誌』[6]のいくつかの箇所と、また数あるもののなかでことに『ブルーノ』からの一つの箇所を引用しているが、この箇所は、先の問題が最も明確な言葉で打ち出されているところである。「君の意見はこういうことだと思われるね、わが友よ。つまり私は、永遠なるもの自体の立場から、そして最高の理念のほかに何かを前提することもなしに、現実的意識の根源へと、またその最高の理念と同時に定立された分離と分割へと到達していると、こう君は言うのだろう[7]」。

エッシェンマイアーが、すぐこれに続く箇所において満足の行く解決を見出していないのは、当然と言えばまったく当然である。しかしなにゆえ彼は、その話の経過のなかで現に現われてくる解決や、また識者から見ればその解決が十分に明瞭かつ明確に書き表わされているあれほど多くの箇所を引用しないのであろうか。それらのうちの一つだけを、われわれはここで挙げておこう。「けれどもさしづめわれわれは、存続するものをなお確保しよう。われわれが運動し
20
変化するものを定立するときに、それに対して動かないものとして定立しなければならない、そのようなものをである。と言うのも、魂は、最も卓越したものの考察にたえず立ち返るのに、倦むことはないからである。そののち、われわれはまた次のことを想い起こそう。すなわち、かの統一のなかから現われ出るか、あるいはそのものから自らを切り離す
VI29

ように見えるすべてのものにとって、そのものだけで存在するという**可能性**は、たしかにかの統一のうちで前もって定[8]められているが、しかし分離された現存の**現実性**は、その現存**そのもののうちに**のみ存しており、しかも自らただ理的に存するということ、しかしまた理的なものとしてこの現実性が生起するのは、一つの物が絶対者のうちにあるそのあり方を通じて、**そのもの自身が統一である**能力を付与される、ただその度合いに応じてであるということ、これらのことを想い起こそう*」。

*『ブルーノ』、一三一頁［SW IV, 282］。

今ここで私は、このような問題を覆うヴェールをすっかり取り払うことを試みるであろう。と言うのも、かの『雑誌』に発表したもっと最近の叙述のかずかずもまた、その解決がもっぱらそこで十全に与えられ得るような領域（実践哲学の領域）にまでは、いまだ進められていなかったからである。

21

われわれは、いまだなお直ちに先の問題の本来的な解答に向かうことはできない。なお別の疑問がわれわれの道を阻んでおり、それらの解決が先の解答に先立ってなされねばならないからである。

さしあたってわれわれは、ただ一つのもの以外、総じて何ものをも前提しない。それなくしては以下のすべてが把握されないままにならざるを得ないこの一なるものとは、知的直観のことである。知的直観のうちにはいかなる差異性も、いかなる多様性もあり得ないことは確実であるが、われわれはここでこれと同じくらい確実に、また次のことをも前提

22

する。すなわちそれは、誰でもその知的直観において認識されたものを言い表わすべきであるならば、誰もがこれを、それ以外のあらゆる規定なしに、ただ純粋な絶対性とのみ言い表わし得るであろうということである。われわれは各人に、このような、それ以外のあらゆる規定なき純粋な絶対性を、たえずありありと念頭に思い浮かべ、以下においても二度と見失うことのないように願いたい。

この認識が唯一の最初のものであり、これに続く認識はいずれも、すでにこの最初のものの帰結であり、従ってこのものから区別されるのである。

詳しく言えば、かの端的に単純なる知的直観の本質は絶対性であり、このものに対しては、絶対性という以外のいかなる表現もわれわれには許されないことが確実である。それだけにまたこの本質には、その概念による存在以外のいかなる存在も付属し得ないことも同様に確実である（なぜなら、もしそうでなければ、それは自己以外の何かによって規定されていることにならざるを得ないであろうが、これは不可能なことである）。それゆえこの本質は、そもそも実在的ではなく、それ自身においてただ観念的である。しかるに、この端的に観念的なものと等しく永遠であるのは、永遠なる形相である。端的に観念的なものは、この形相のもとに立つのではない。なぜなら、それは絶対的であるのが確実であるだけに、自身がこの形相の外にあるからである。それどころか、この形相が端的に観念的なもののもとに立つのであって、それはこのものが、なるほど時間上ではないが、概念上その形相に先立つからである。この形相とは、この端的に観念的なものが直接的にそのものとして、従ってその観念性から外に出ることなしに、一つの実在的なものとしてもあるということなのである。

さて、この実在的なものは単に形相の帰結であり、同様にまた形相は、観念的なものの、つまり端的に単純なものの静かな安らげる帰結である。観念的なものは、実在的なものと交じり合うのではない。なぜなら、実在的なものは、なるほどその本質によっては、［観念的なものと］同一なものではあるが、その理的な規定によっては、永遠に一つの他な

VI30

るものだからである。それはまた、観念的なものがそうである意味で単純ではない。なぜなら、それは実在的なもののうちに呈示された観念的なものであり、とは言え両者はそれのうちで一つであり、あらゆる差別なしにある、ということだからである。

単純なものあるいは本質は、また働き出すもの（das Bewirkende）でも、あるいは形相の実在的根拠でもない。本質から形相への移行はない。それはちょうど、円の理念から、線上のすべての点が一つの中心から等距離にあるという形相への移行がないのと同じである。これらの全領域においてはいかなる継起も生ぜず、理的な順序に従っては一が他から流れ出るにせよ、すべてはいわば一挙に、同時にである。根本真理は、以下のこと、すなわち実在的なもの自体はなく、ただ観念的なものに規定された実在的なもののみがあり、従って観念的なものが端的に第一のものである、ということである。しかしそれが第一のものであることが確実であるだけ、観念的なものによる実在的なものの規定という形相、これが第二のものであり、そして実在的なもの自身は第三のものであることも、それだけ確実なのである。

今かりに人が、純正な絶対性、それの端的に単純な本質を、神もしくは絶対者と呼び、形相の方はしかしこれと区別して、そして絶対性はその根源的な意義によれば形相に関わり、形相そのものであるという理由から、これを絶対性と呼ぼうとするならば、これに対してそれほど異論はないであろう。そしてこれが、なかんずくエッシェンマイアーの意味するところであると想定することができるなら、この点ではわれわれの間に容易に一致が成り立つであろう。しかしこの意味において取るならば、そのとき神は、単に予感や感情などによって確保されるものとしては記述され得ないであろう。と言うのも、観念的なものによる実在的なものの規定という形相が、知として魂のうちへ歩み入るとき、本質はその魂そのものの自体として歩み入って、知と一つになり、こうして魂は――自己を永遠性の形相のもとで直観しつつ――本質そのものを直観することになるからである。

そこでわれわれは、これまで述べてきたことに従って、次のことを区別しなければならない。すなわち、永遠にすべ

VI31

ての実在性の上方に漂い、その永遠性から決して外に出ないものであり、先に提言された表記によれば神である、端的に観念的なもの。ただ別の形で一つの他の絶対者であることによってのみ、前者からの真の実在的なものであり得る、端的に実在的なもの。そして絶対性あるいは形相である、先の両者を媒介するもの、というこの三者の区別である。この形相のはたらきによって、観念的なものが、一つの自立的な対像（Gegenbild）である実在的なもののうちで客観的になる限り、その限りにおいて形相は一つの自己認識として記述され得るが、ただしこの自己認識は、絶対的に観念的なものの単なる偶有性ないし属性としてではなく、一つの自立的なもの、そして自ら絶対的なものとみなされねばならない。実際、絶対的なものは、自らと等しく絶対的でないような何らかのものの観念的根拠であることはできないのである。ちょうどそれは、観念的なものがそのうちで自己自身を認識するもの、つまり実在的なものも、まさに同じ理由で一つの絶対的かつ独立的なものでなければならず、またその純粋性と純正な観念性のうちにそれだけで存立している観念的なものと混交されることがないのと同様である。

ところで、このような絶対性の自己認識は、絶対性が自己自身の外に出ること、それが自己を分割すること、差別化されることと理解されてきたが、これは誤解である。先の第一の問題に[9]、その答えが二度と誤解はされないといういくらかの希望をもちつつ答えることができるようにするため、まずもってこの誤解が正されねばならない。

「疑いもなく（?・）」、とエッシェンマイアーは言う、「すべての有限なものと無限なものは、永遠なるものの単なる様態化であるが、いったい何がこれらの様態化を規定するもの、これらの区別を分割するものであるのか。もしこの規定するものが、絶対的同一性のうちに存しているならば、その同一性は明らかにこのものによって曇らされ、もしもこれが同一性の外に存するならば、対立は絶対的である。——自己自身を認識すること、自己から外に出ること、自己を分割すること、これらは絶対的同一性にとって、まさに同じ一つのことなのである*」。

VI32

25　＊エッシェンマイアー前掲書、七〇頁。

ここには二つのまったく異なる問いの、すなわち絶対性の自己認識の可能性への問いと、絶対性からの現実的差別の成立への問い（これを把握するには、まったく別のものが必要となる）という、この二つの問いの混交が生じている。しかしわれわれは、そのことには立ち止まらず、むしろ今は、いかなる限りにおいてかの自己認識は、同一性が自己から外に出ることであるのかという問いに限定して見てみよう。——例えばそれは、このことによって、この認識における主観的なものと客観的なもののあいだに差別が定立され、かくしてまた絶対者に述語づけられていた同一性が廃棄されたという限りにおいてであろうか。けれども同一性ということは、端的に観念的なものについてのみ述語づけられるのであって、その純粋な同一性におけるこのものは、それがある実在的な対象のうちで客観的になることによって廃棄されるのではない。同様にまたこのものは、上述のことからして、この対象と混じり合うことも、また同時に主観と客観であることもないゆえに、対像に対立することもあり得ない。それともまたかの自己認識が、変化ということなしには考えられ得ない一つの行為としてか、あるいは本質から形相への移行として考えられることのうちに、外に出ることが存するのであろうか。この後者の場合は、事実としてはあり得ない。なぜなら、形相は本質と同じく永遠であり、またそれは絶対性が神の理念から不可分であるのと同じく、本質から不可分だからである。前者の場合もまた事実ではあり得ない。と言うのも、形相は、端的に観念的なものの、その行為ないし活動をいっさい伴わないまったく直接的な
26 表現だからである（われわれが形相を一つの作用として表示するとき、それは人間的な仕方で語られているのである）。そうではなくて、ちょうど太陽の光が、太陽が動くこともなしにそこから流れ出るように、形相は本質から流れ出るのであり、このような本質の本性をいくらかでも言い表わすことができるのは、活動が最も深い静止そのものであるとい

VI33
う事態を言い表わすような表現を見出す者だけであろう。* 誤った理解の根拠は、実在的な帰結という概念――この概念には同時に、その始点となるものの変化という概念が結びついている――が、その本性上もっぱら観念的な帰結関係でのみあり得るような諸関係のうえに転用されていることにある。

*『ブルーノ』、一七五頁［SW IV, 305］。

しかしながらさらに、いかにしてかの自己認識は、絶対者の自己自身を分割することとみなされることになるのであろうか。われわれが絶対者を、いわば枝分けによって増殖していく植物のように考えたといったことなのか。それは、絶対者の本質の一部分が主観となり、一部分が客観となるということになるのであろうか。万一このように理解した者があったとすれば、その者はこの説の最初期の叙述における冒頭の諸命題をすら読まなかったか、分からなかったかに相違ないであろう。いったいどこに分割といったことは存するのか。主観のうちにか。しかしこのものは、そのまったき統合性のうちにあって端的に観念的なものにとどまる。では客観のうちにか。だがこのものもまたまったき絶対者である。それともそこでは、――この関係を表わすためにたびたび用いられてきたイメージを繰り返せば――対象にとってその像が反射のうちで成り立つという仕方で、対象が自己を分割することになるのか。その場合、対象の一部分は対
27
象自身のうちにあり、他の一部分は像のうちにあるのか。しかしむしろ、対象とその像とのあいだの同一性――もっとも、両者が混交することは決してあり得ないにせよ――以上に完全な同一性などは、およそ考えられないのではなかろうか。*

*『ブルーノ』、四四頁［SW IV, 238］。

最後に、かの自己認識における絶対的同一性の差別化を証明するためには、次のように推論されるかも知れない。すなわち「絶対的同一性そのものは、主観的なものとして考えられればあらゆる差別なき純粋な単一性であり、従ってこれに対置されたものとしての客観的ないし実在的なもののうちでは、それは必然的に非-同一性あるいは差別である」と。このことは認められるとしても、ここでも自体は、あらゆる差別から自由であり続けている。と言うのも、自体がそれのうちで客観的となるそのものだけが差別なのであって、自体そのものは差別ではないからである。とは言え、この差別そのものに関して言えば、それはただ、同じ一つの同一性が特殊な諸形相のうちで客観的になるということによってのみ、そこに存立し得るであろう。これらの諸形相はしかし、それらのうちで絶対性としての普遍的なものが特殊的なものと――前者が後者によって廃棄されるのでも、またその逆でもないという仕方で――一つになるのであるがゆえに、恐らく理念でのみあり得るであろう。しかし理念のうちにあるのは、もろもろの差別の単なる可能性であって、現実的な差別ではない。なぜなら、いずれの理念もそれぞれが一つの宇宙であり、またいっさいの理念は一なる理念としてあるからである。ここからして、かりにかの自己認識による絶対者の差別化が一つの現実的なものと理解されるとしても、そうしたことは絶対者の対像のうちでさえ決して起こらず、いわんや絶対者そのもののうちではなおさら起こらないであろう。と言うのも、絶対者がかりに自己自身を差別化するとしても、自己自身のうちにおいてではなく、それの実在的なものである他なるものにおいてこれを行うのであり、しかもまたこれを自己自身によってではなく、むしろ形相によって、すなわちその絶対性の充満のうちから一つの自立的なものとして絶対者の後押しなしに流れ出る形相によって、これを行うからである。

　以上の諸解明は、総じて絶対的関係を把握せんとする各人に、疑いもなく次のことを、すなわち端的に観念的なものは形相への関連においてもその純粋な同一のうちにとどまることを証明するであろうが、これらの解明に従って、われわれはここから最初に提出された問題の解答へと進もう。[10]

29

端的に観念的なものの自立的な自己−認識は、純粋な観念性の、実在性への永遠なる変容である。他のいかなる意味でもなく、まさにこの意味において、われわれは今や以下、かの絶対者の自己表出（Selbstrepräsentation）について取り扱うであろう。

すべての単に有限な表象は、その本性上ただ観念的である。これに対して、絶対性の表出はその本性上実在的である。なぜなら絶対性とは、それに関しては観念的なものが端的に実在的である、そのようなものだからである。絶対者はそれゆえ、形相によって、自己自身の単に観念的な像において自ら客観的になるのではなくて、むしろ同時に絶対者そのものであり、真にもう一つの絶対者であるところのその対像において客観的となる。絶対者は、形相においてその本質性の全体を、自らがそこで客観的となるその当のもののうちへ移し入れるのである。絶対者の自立的な産出活動は、実在的なもののうちへと自己自身を形像化し（Hineinbilden）、直観化する（Hineinschauen）ことであり、またこのことによってこの実在的なものは自立的であり、第一の絶対者と同じく自己自身のうちにある。これが実在的なものの一つの面である。つまりわれわれが諸理念において、無限なるものの有限なるものへの形像化として示した、その統一である。

しかしこの実在的なものは、やはりただ絶対者の自己客観化のうちで絶対的かつ自立的であるに過ぎない。従ってそれは、同時に絶対的形相のうちに、またそれによって絶対者のうちにある限りでのみ、真に自己自身のうちにあるわけである。そしてこれが、実在的なもののもう一つの観念的ないし主観的な面である。

実在的なものはそれゆえ、それがまったく観念的である限りでのみ、まったく実在的であり、そしてその絶対性においては同じ一つのものである。この同じ一つのものが、まったく等しい仕方で、二つの統一［実在的統一と観念的統一］という形相のもとに考察されるのである。

VI35

絶対者は、それが実在的なものに力を分与し、自分と同じようにその観念性を実在性へと変容せしめ、また観念性を特殊な諸形相へと客観化せしめるというのでなければ、実在的なもののうちで真に客観的になったとは言えないであろう。この第二の産出は、もろもろの理念の産出である。あるいはむしろこの産出と、先の第一の絶対的形相による産出とは、一つの産出なのである。[11] もろもろの理念もまた、第一の形相の絶対性がそれらのうちへ移行しているのであるから、それらの根源的統一（Ureinheit）への関係においてはそれら自身のうちにある。しかしそれらがそれら自身のうちにあり、あるいは実在的であるのも、ただそれらが同時に根源的統一のうちにあり、従って観念的であるというその限りにおいてである。従って、それらが特殊性と差別のうちに現象することは、それらが絶対的であることをやめることなしには不可能であろう。それゆえこれらの理念はすべて、根源的統一といわばその動静を共にするのである。それは根源的統一が絶対者とその動静を共にするのと同様である。

もろもろの理念もまた、必然的に、再び同じ仕方で産出的である。それらもまた、ただ絶対的なものをのみ、ただ理念のみを産出する。それらから現われ出るもろもろの統一がそれら理念に関わるあり方は、まさにそれら理念が根源的統一に関わるあり方と同様である。これこそが真の超越論的神成論（Theogonie）である。この領域には、一つの絶対的な関係以外のものは存在せず、そして古い世界はこの関係を、その感性的なあり方に従ってもっぱら生殖のイメージを通じて表現することができた。それは、産み出されたものは産み出すものに依存しつつ、にもかかわらず自立的であるということによるものであった。

この継続的になされた主–客観化（Subject-Objectivirung）は、絶対性の形相が示す唯一なる最初の法則に従って無限に進むのであるが、その全結果は以下のようになる。［まず］絶対的世界の全体が、本質存在者の諸段階のすべてとともに神の絶対的統一に還元される。従ってこの絶対的世界には真に特殊的な何ものもなく、ここまでのところでは絶対的、観念的、まったき魂、純粋な〈産む自然〉（natura naturans）でないようないかなるものもない。

無数の試みが、知性界の最高原理と有限なる自然とのあいだに一つの連続的関係を作り出そうとして、徒になされて

31 きた。その最古の、また最もしばしば繰り返されたものは、周知のように流出説であり、それによれば、神性の流出は、
VI36 その源泉からの漸次的な階梯と離隔のうちに次第に神的完全性を失い、こうして最後には相対立するもの（質料、欠如）へと、ちょうど光が最後に闇によって限界づけられるように移行する。しかしながら、絶対的世界のうちでは、いずこにも限界づけはない。そして神はただ端的に実在的なもの、絶対的なもののみを産出することができるように、それに続くそれぞれの放散も[12]必然的に再び絶対的であり、またそれ自身で再びそれに類似のもののみを産出することができる。しかしどこにも、正反対のもの、つまりあらゆる観念性の絶対的欠如への連続的な移行はなく、さらに有限なるものが無限なるものからその逓減によって生ずることもあり得ないのである。それにしても、感性界を神から発出せしめるのに、少なくともただ媒介を通じて、積極的というよりもむしろ消極的な仕方で、また漸次的な離隔によってのみ行うこの試みは、依然として限りなく尊重に値するものであり、その点では、神的本質またはその形相が感性界の基体に――いかなる仕方であれ――直接的に関係すると想定する他のいずれの試みよりも、それは優っているのである。［けれども］ただ現象する万有と神的完全性とのあらゆる連続的関係を破砕する者のみが、プラトンの言葉に言われるように、かの問いのもつ棘を魂から抜き去るであろう。[13]まことにこのようにしてのみ、万有はその真の非存在において、彼に現象するであろう。

　今挙げた種類の試みのうち最も素朴なものは、恐らく神性のもとに一つの質料を、つまりおよそ規則も秩序もなき一
32 つの素材を置き、この素材が神性から発する作用によって諸事物の原像を孕まされ、諸事物を産んで、かくて一つの合法則的な態勢を得る、という考えであろう。真の哲学の頭領にして父祖なる人が、こうした教説の創始者の一人と呼ばれるが――そのことはかえって彼の名を汚すことになる。と言うのも、先のような考えは、プラトン哲学についての通例の考えがそうであるのと同じく、もっぱら『ティマイオス』から取ってこられたものであり、そしてこの『ティマイオス』は、その近代的概念への近さのゆえに、『パイドン』や『国家』などのより純正プラトン的な諸作品における高

度な倫理的精神よりもいっそう容易に熟知されたのではあったが、むしろこの倫理的精神の方にこそ、感性界の起源についての例のかずかずの実在論的な考えとは正反対のものが見られるからである。こういったことを、詳しい研究は示している。実際、『ティマイオス』は、プラトン的知性主義とより素朴な宇宙生成論的諸概念との、いわば縁組に他ならず、しかもこれらの概念は彼以前に幅をきかせていたものであって、これらの概念から哲学を永劫に切り離したことこそが、ソクラテスとプラトンの永遠に記憶に値する所業として称賛されるのである。

先の［神性と質料との］結びつきが容認しがたいことは、新プラトン主義者たちの諸作品にもはっきり見えている。すでにこれらの人たちは、プラトンが質料と称したものを彼らの体系から除外し、そのことによって彼らの祖師たる人の精神を、のちに続くすべての人々よりもなおいっそう純粋にかつ深く把握したことを証示したのであった。彼らは、質料を無と説明し、有るのでないもの（οὐχ ὄν）と名づけた。このものと、神性ないし何らかの神性からの流出とのあいだにも、ある直接的な関わりとか、実在的な関係といったものを容認せず、例えば神的本質の光が無において屈折ないし反射し、そこから感性界が成立したという風には考えなかった。と言うのも、そのような考え方のいずれにもある素朴‐実在論的な見方は、観念論の光に照射された彼らの思想にとって、あらゆる種類の二元論同様、まさしく異質であったからである。パルシー教の宗教体系では、感性的な諸事物における無限なる原理と有限なる原理の混合という事態を説明するため、二つの根源存在者が想定され、それらは互いに葛藤状態にあり、ただ（世界の終末における）あらゆる具象的なものの崩壊のさなかにのみ再び分離され、それぞれがその固有の性質へと置かれ得るとされている。[14] その場合、実在的なものに対置されるこの根源存在者は、単なる欠如、ただの無ではなくして、一つの無と闇の原理であり、また一つの力、すなわち自然のうちにあって無に働きかけ、光を屈折のうちに混濁せしめるかの原理に似た、[15] 一つの力であろう。しかしながら、空虚なる無のもとでは、何ものもそれに反射することも、あるいはそれに混濁されることもあり得ない。かくしていかなる悪の原理あるいは無の原理も、至高善なるものに先立つことも、これと等しく永遠であることもできないのである。実際この原理は、いたるところで第二の出産にのみよるものであって、第一の出産によるものではない。

34
一般的に言って、天与の才もなく、ただ空しい自負心に駆られて、高尚な問題に立ち向かう多くの人たちは、ほんの単純な反省によってすらすでに、彼らが無知であることを教えられることになるのではなかろうか。彼らが、絶対者を有限なるものを積極的に生み出すものとするにせよ、あるいは絶対者のもとにある否定的なものを――それをまず無限に多様な性質をもった質料と称するか、あるいはそこからその多様性を消去したのちただの空虚な無規定と称するか、
VI38
あるいは最後に無とさえなすかは問わないが、いずれにせよ――置くにせよ、彼らが無知であることには変わりはない。と言うのも、この先の場合におけると同じく、後の場合にも、神は悪の創出者とされているからである。質料、つまり無は、それだけでは積極的な性格をまったくもたない。それが積極的な性格を初めて受け取り、悪の原理となるのは、善の原理の光輝がそれとの葛藤に入ったのちのことなのである。そこで彼らはもちろん、こうした争いは神によって定められたところではないと言うであろうが、他方では神の最初の作用もしくは第一の流出が、神から独立の原理によって限定されていることは認めるであろう。こうして彼らは、最も完全に二元論に逆戻りすることになるであろう。

一言で言えば、絶対者から現実的なものへは、いかなる連続的な移行も存在しない。感性界の起源は、ただ絶対性からの完全な断裂として、飛躍によってのみ考えられ得るのである。もしも哲学が、現実的な諸事物の成立を、積極的な仕方で絶対者から導き出すことができるということならば、絶対者のうちにこれら諸事物の積極的根拠が存するのでなければならないであろう。けれども神のうちには、ただもろもろの理念の根拠があるのみである。そしてこれらの理念も、
35
直接的にはただ再び理念を産出するだけであって、これらの理念または絶対者から発するいかなる積極的な作用も、無限なるものから有限なるものへの導きあるいは橋渡しをするものではない。そのうえ哲学は、そこで現象する諸事物に対して単なる消極的な関わりをもち、それらが存在することも、それらが存在しないことも証明しないのである。だと

36

すれば、どのようにして哲学は、もろもろの事物に神への何らかの積極的な関係を与えることができるであろうか。絶対者は唯一の実在的なものであり、これに対して有限な諸事物は実在的ではない。それら諸事物の根拠はそれゆえ、それらもしくはそれらの基体への実在性の分与――いかなる分与が絶対者から発するにせよ――のうちに存するのではない。それはただ、絶対者からの一つの離隔（Entfernung）、一つの堕落（Abfall）のうちにのみ存するのである。

このような明晰単純にして崇高でもある教説は、真正なプラトンの教説でもあって、彼の精神の刻印を最も純粋に見まがいがたく帯びている諸作品のうちに、それは示唆されているところである。原像からの堕落によってのみ、プラトンは魂をその最初の浄福から転落させ、時間的な宇宙へと生まれしめるのであり、魂はこの時間的宇宙によって真なる宇宙から引き裂かれていることになる。感性界の起源を、民間の信仰におけるように、創造によって、絶対性よりの積極的な出現として考えるのではなく、絶対性からの堕落として考えるということは、ギリシアの密儀におけるいっそう秘教的な教えの対象であったのであり、だからプラトンもこれを曖昧に指摘するには留めていない。ここではその実践的な教えもこれに基づいていたが、この実践的な教えとは、魂は人間のうちに堕落した神的なものであって、それはできる限り肉体との関係や共同から引き離され浄化されねばならず、こうして感覚的生に死ぬことによって再び絶対的なものを獲得し、再び原像の直観に参与するようになるというものであった。この同じ教説は、『パイドン』の全篇に描き出されているのが見られる。とりわけそれはエレウシスの秘儀において、デメーテルとペルセポネの略奪の物語によって象徴的に描出されているように見える。*⑯

VI39

*『批判的哲学雑誌』第一巻第三冊、二四・二五頁［SW V, 123］。

われわれは［ここで］、最初に残してきた点に立ち返ろう。――絶対者の本質性は、形相の静かな永遠の作用を通じて客観において模像され、また客観のうちに形像化されるが、この同じ作用によって客観もまた、絶対者と同じく絶対的に自己自身のうちにある。「万有を秩序づける者は」――と、『ティマイオス』はその比喩的な言葉で表現している――「善であった。しかるに善なる者には、何らかのもののゆえにも、またいずれかのときにも、およそ嫉妬ということは起こらない。彼は嫉妬に囚われることがなく、一切ができるだけ彼に似ていることを欲したのである」(17)。――ひとり絶対性にのみ特有なことは、それがその対像に、それ自身の本質とともに、自立性をも賦与するということである。この第一に直観されたものの自己-内-存在、この本来的で真なる実在性こそが自由であり、そして対像のかの第一の自立性から流出するのが、現象界において自由として再び登場するものなのである。かかる現象界における自由は、堕落した世界のうちへ直観し入れられた神的本性のなお最後の痕跡であり、いわばその印判である。対像は、一つの絶対者として、第一の絶対者とすべての特性を共有するが、自ら他の絶対者として真実にあるべく、自己をその自己性（Selbstheit）において把握することができるのでなければ、それは真に自己自身において絶対的ではないであろう。しかしまた対像は、まさにそのことによって真の絶対者から自己を分離し、そこから堕落することなくしては、他の絶対者としてあることはできない。なぜなら、対像は絶対者の自己-客観化においてのみ、言いかえればそれが同時に絶対者のうちにある限りでのみ、真に自己自身のうちにあり、また絶対的だからである。このような対像の絶対者への関係は、必然性の関係である。対像はただ絶対的必然性のうちにおいてのみ、絶対的自由なのである。しかるに対像が、必然性から分離された自由なものとしてその固有な性質においてあることによって、それはまた自由であることをやめ、そして必然性に、すなわちかの絶対的な必然性の否定である、つまり単に有限である必然性に捲き込まれるのである。

このような関係において対像について言われることは、必然的にまた対像のうちで把握される諸理念のそれぞれについても当てはまる。必然性から乖離した自由は、真の無であり、まさにそれゆえにまたそれ自身の空無性の像以外のなにものをも、言いかえれば感性的現実的な諸事物をしか産出することはできない。堕落の根拠、そしてその限りでまた

38 産出の根拠は、今や絶対者のうちにはなく、もっぱら実在的なもののうちに、すなわちまったく自立的なもの、自由なものと見られるべき、直観されたものそのもののうちにのみ存するのである。堕落の可能性の根拠は自由のうちに存し、そしてその自由が絶対的に観念的なものの形像化によって実在的なもののうちへ置かれる限りでは、たしかにそれは形相のうちにあり、またそれによって絶対者のうちに存する。しかしその**現実性**の根拠は、もっぱら堕落したものそのもののうちにのみある。まさにそのゆえに、このものはただそれ自身によって、またそれ自身に対して、感性的諸事物という無を産出するのである。

詳しく言えば、絶対者のうちにある限りでの実在的なものは、直接そのものとしてまた観念的であり、従って理念でもあるが、それが絶対者から分離され、純粋にそのものとしてそれ自身のうちにある場合には、それは必然的にもはや絶対者を産出することができず、ただ絶対性の否定、理念の否定を産出することができるだけである。ところで、絶対性は実在性としてそのまま同時に観念性でもあるが、ここで産出されたものは、観念性から分離された、つまり直接には観念性によって規定されていない一つの実在性であろう。従ってそれはまた一つの現実性、すなわちその存在の十全な可能性を同時に自己自身のうちにではなく、自己のそとにもつ、一つの感性的な、制約された現実性でもあろう。

ここで産出するものは、どこまでも理念であり続け、この理念は、それが有限なるものを産出し、そのもののうちに自己を直観するように定められている限り、魂である。理念がそのうちで自ら客観的となるそのものは、もはや一つの
39 実在的なものではなく、単に一つの仮像「像と見えるもの」、つねにまた必然的に産出されたものである。このものはそれ自体においてではなく、ただ魂への関連において、おまけにその原像から堕落した限りの魂への関連においてのみ、現実的なのである。

対像がそれ自身のうちにあり、自ら原像から離隔することができるのは、形相における絶対者の自己客観化によってであるが、その限りでは現象界は、絶対者に対して一つの関係を、しかしただ間接的な関係だけを有する。それゆえ、

40

いかなる有限なる事物の起源も、直接に無限なるものに遡って導くことはできず、ただ原因と結果の系列を通して把握されることができるばかりである。しかもこの系列そのものは終わりがなく、従ってその法則は何ら積極的な意義をもたず、ただ消極的な意義、すなわちいかなる有限なるものも直接に絶対者から成立し得ず、また絶対者に遡って導かれ得ないという意義をもつに過ぎない。このことによって、すでにこの法則のうちに、有限なる諸事物の存在の根拠が、無限なるものからの絶対的断裂として表現されているのである。

それはそうとして、この堕落は、絶対性そのものやまた理念界と同様に、永遠（あらゆる時間の外）である。と言うのも、絶対性は一つの永遠な仕方で観念性として、しかも実在的なものとしての一つの他の絶対者のうちへと産まれ、そしてこの他の絶対者は、根源的理念として必然的に二重の側面を、すなわち一つは、それによってこのものがそれ自身のうちにあるという側面と、他はこのものが自体なるもののうちにあるという側面とをもつが、同様にまさにこのことによって、また等しく永遠な仕方で、根源的理念ならびにそのうちで把握される諸理念のそれぞれにも二重の生が賦与されているからである。一つはそれ自身における生であるが、それによって理念は有限性に束縛され、またそれが他の生から分離されている限り、いわば仮の生である。そして他は理念にとって真の生であるところの、絶対者における生である。しかしながら堕落とその帰結たる感性的宇宙のこのような永遠性にもかかわらず、堕落および感性的宇宙は、絶対者への関連においても、同じく理念それ自体への関連から見ても、単なる偶有性に過ぎない。なぜなら堕落の根拠は絶対者のうちに存するのでも、理念自体のうちに存するのでもなくて、ただその自己性の側から見られた理念のうちにのみ存するからである。堕落は、絶対者にとっても、同じく原像にとっても、いわば本質外のことである。と言うのも、堕落したものはそのことによって直接自らを無に引き入れ、従って絶対者と原像に関しては文字通り無となって、それ自身だけで存在するのである以上、堕落はこの両者のうちで何ひとつ変えることはないからである。

堕落はまた、説明すること（人はそう言うが）のできないものである。なぜなら、その帰結やそれが伴ってくる宿命

VI42

は、非‐絶対性であるにせよ、堕落は絶対的であり、絶対性よりきたるからである。実際、他の絶対者が、第一の絶対者すなわち形相の自己‐観照において受け取るような自立性は、実在的な自己‐内‐存在の可能性にまで到るだけで、それ以上には到らない。この限界を超えたかなたに存するのは罰であり、それは有限なるものとの絡まりのうちに成り立つのである。

41

すべての最近の哲学者たちのうちで、恐らくフィヒテ以上に明晰にこの関係を解釈した者はいないであろう。そのことは、彼が有限なる意識の原理を、一つの事‐象（That-Sache）のうちにではなく、一つの事‐行（That-Handlung）のうちに定立されるものと主張する場合に示されている。しかしまたいかに同時代の人たちが、この言明を彼ら自身の啓発に役立てる能力をもっていなかったかも、これに劣らず明白である。

対像の対‐自‐存在は、有限性のなかを進み続け、その最高の勢位に到って自我性として表現される。だが、ちょうど惑星の運行において、中心からの最大の離隔が、直ちに再び中心への近接へと移行するように、神からの最大の離隔の点、すなわち自我性もまた、絶対者への帰還の瞬間、観念的なものへの再受容の瞬間なのである。自我性は有限性の一般的原理である。魂はあらゆる事物のうちにこの原理の刻印を直観する。無機的な物体においては、自己‐内‐存在は剛性として現われ、同一が差別へと形像化すること、すなわち賦活化は磁性として現われる。理念の直接的な像と見えるもの、すなわち諸天体においては、遠心性がそれらの自我性である。根源的統一、すなわち第一の対像が、写像化された世界そのもののうちへ落ち込むところでは、自我性は理性として現われる。と言うのも、知の本質としての形相は、根源知、根源理性（λόγος）そのものだからである。しかし、その産物としての実在的なものはその産出者に等しく、従って 42 実在的な理性であり、また堕落した理性として悟性（νοῦς）である。ところで根源的統一は、そのうちにあるすべての理念を自己自身のうちから生み出すが、そのようにまたそれは悟性としても、かの諸理念に対応する諸事物をもっぱら自己自身のうちから産出する。理性と自我性は、その真の絶対性においては同じ一つのものである。そしてこのも

VI43

43

のが、写像化されたものの最高の対自‐存在をなす点であるとすれば、それは同時に、堕落した世界そのもののうちにあって再び原像的な世界が建立され、そしてかの超地上的な諸力つまり諸理念が宥和されるに到り、人間の学問、芸術、道徳的行為において時間性のうちへと降下してくる、そのような地点でもあろう。宇宙と歴史の大いなる意図は、この完成された宥和と、絶対性への再溶解に他ならないのである。

一つの哲学が、堕罪（Sündenfall）という原理を――これを最も一般的な意味にとってであるが――無意識にであれそれ自身の原理にしている場合、この哲学のもつ意義は、それに先立って独断論において理念と有限性の諸概念との混交が行われていただけに、大いに評価されてもされ過ぎることはない(18)。この原理が、学全体の原理としては、一つの消極的な哲学を成果としてもち得るに過ぎないことは事実である。けれども消極的なもの、無の王国が、実在性の王国から、そして唯一積極的なものから、はっきりとした限界によって分けられていることは、すでに大いなる成果である。と言うのも、かの原理も、こうした分離ののちにようやく再びその輝きを発揮することができたからである。善の原理を悪の原理なしに認識することを考える者は、あらゆる誤謬の最たるもののうちにある。まことにダンテの詩におけると同じく、哲学においてもまた深淵を通ってのみ道は天に通ずるのである。

フィヒテは言う。自我性はただそれ自身の行、それ自身の行為であって、その行為を別にしては無であり、そしてそれはただそれ自身に対してのみあり、それ自体においてあるのではない、と。有限性全体の根拠を、絶対者のうちにではなく、もっぱら有限性そのもののうちにのみ存するものとして、恐らくこれ以上きっぱりと表現することは不可能であろう。真正な哲学の最古の教説は、世界の原理とされるこのような自我性の無のうちに、なんと純粋に語り出されていることか。そしてまたそれは、この無の前で怯み退きながら、無限なる思惟が働きかける一つの基体のうちに、つまりある無形相的な質料ないし素材のうちにこの無の実在性を固定しようと努める非哲学とは、何たる対比をなすことであろうか。

VI44

44 われわれはかの原理［堕罪の原理］を、それが自然のうちへ拡げていくその枝分かれのいくつかにおいてさらに追ってみよう。と言っても、その探求の十全さや順序の厳密さを自負するつもりはない。

現象する宇宙が依存的であるのは、それが時間のうちに始まりをもつということによるのではない。むしろそれは、本性上あるいは概念上依存的なのであって、本当は始まったのでも始まらなかったのでもない。なぜなら、それは単なる非存在なのであり、だが非存在は生成したのでも、また生成しなかったのでもあり得ないからである。

魂は、自らの堕落を認めながら、それでもこの堕落のうちにあって一つの他の絶対者であろうと努め、従って絶対者を産出せんと努める。しかし魂の定めは、理念としてのそれのうちで観念的であったものを実在的に産出すること、従って観念的なものの否定として産出することである。魂はそれゆえ、特殊的な有限な諸事物を産み出すのである。ところで、たしかに魂は、これらの仮像［像と見えるもの］のそれぞれのうちに、その二つの統一を具えた理念全体をできるだけ多く表現し、またそれ自身の最も完全な像のもとにあらゆる理念の諸階梯をすら表現することに努め、かくして魂は、産出されたもののこの規定はこの理念から、かの規定はかの理念からと取りながら、全体を真なる宇宙の一つの完全な印刻たらしめんと努める。このような仕方で魂が理念全体を、あるときは実在的なもののうちに、あるときは観念的なもののうちにと段階的に表現しつつ、自らを根源的統一にまで高めることによって、そこに魂にとって諸事物のさまざまな勢位もまた成立するのである。しかしながら、魂の自己性の面から言えば、必然性との絡まりは解かれておらず、魂にとって必然性は、産まれた自然（natura naturata）という有限なる感性的諸事物の誕生の全般的舞台にまで拡がることになる。ただ自己性の放擲とその観念的な統一への帰還によってのみ、再び魂は神的なものを直観し、絶対者を産出することに達するのである。

45 理念のもつ二つの統一、すなわちそれによって理念が自己のうちにある統一と、それによって理念が絶対者のうちにある統一は、その観念性において見れば一つの統一であり、理念はそれゆえ一つの絶対的な一である。堕落において、理念は二、つまり差別となり、従ってまたその統一は、理念にとって、産出において必然的に三となる。[19] 理念がその自体の像を産出できるのは、理念がその二つの統一を単なる属性として実体に従属させるということによってなのである。一方の統一から分離された自己-内-存在は、そのまま現実性と可能性の差別をもった存在（真なる存在の否定）を含んでいる。この差別の一般的形式が時間である。なぜなら、その存在の完全な可能性を自己自身のうちにではなくて、ある他のもののうちにもつ事物は、いずれも時間的であり、それゆえまた時間はあらゆる非-存在者の原理にして、またその必然的形式をなすからである。産出するものは、その自己性の形相を他の形相によって統合せんとして、時間を実体（産出される実在的なもの）の一つの属性、つまり一つの形相とする。この実体の形相たる属性において、実体は時間を第一次元を通じて表現する。実際、線とは、他の統一のうちに姿を潜めた時間のことであり、そしてこの他の統一が空間である。と言うのも、第一の統一が、同一性が差別へと形像化することであるように、この他の統一は必然的に差別が同一性へと逆形像化することであり、つまりは差別が出発点だからである。この差別は、同一性との対立において純粋な否定としてのみ現われ得るものであるが、それが点のうちに自らを現わし示す。実際、点とはあらゆる実在性の否定なのである。同一性の、差別のうちへの解消は、魂にとって、そこでは何ものも他のものと一つではないという一つの絶対的な分離状態によって表わされるが、この解消は、その差別が純粋な否定として定立されることによってのみ除去され得る。そのときここでは――否定は否定に類似し、また等しくなければならないという理由から――同一性が定立されているが、その同一性の定立は、絶対的な分離状態にあってはいかなる点も他の点から本質的に異ならず、各々の点は他の点と完全に類似しまた等しくあり、かくして一つの点はすべての点によって、またすべての点はそれぞれ個々の点によって制約される、という仕方で行われる。これが絶対空間のうちで生ずる事態である。

　空間は、時間をうちに取り込む。このことが生ずるのが第一次元である。ちょうどそれは、時間もまた空間を取り込み、そしてそこに支配する次元（第一次元）に従属してであるにせよ、すべての他の次元をうちに取り込むのと同様である。

空間を支配する次元は第二次元であり、それは観念的統一の像である。この観念的統一は、時間のうちでは過去としてあり、それは魂にとって、空間と同様一つの完結した像であり、そのうちで魂はもろもろの差別を、同一性のうちに立ち返り、もう一度そのうちに取り入れられたものとして直観するのである。実在的統一は、そのものとしては、魂はこれを未来において直観する。なぜなら、この未来を通して諸事物は魂に対して投射され、またそれらの自己性へと入り込むからである。無差別あるいは第三の統一は、先の二つの対像がこれを共通してもつが、それは時間のうちにおける
47
現在が、魂にとっては——空間の静まれる深み同様——決して存在するのではないゆえに、有限なる諸事物が絶対的な無であることの等しい像だからである。

ところが、産出するものは——上述のように——産出されたものを、できるだけ理念に等しいものにせんとする。真の宇宙は、あらゆる時間を自己のうちに可能性としてもちながら、自己の外にはいかなる時間をもたないように、かの産出するものも、時間を第三のもののもとに従わせ、またこれを他の統一のうちに繋ぎ止めようと努める。けれども魂は絶対的定立、すなわち絶対的な一に立ち還ることはできないゆえに、それはただ綜合を、つまり三を産出するだけである。そしてその綜合のうちで、二つの統一は、絶対者におけるごとく濁りなく増し加わることのない同一なる一としてというのではなく、むしろ克服されることのない二として存立するのである。産出されたものは、それゆえ一つの中間存在者であり、それは一性［統一］と二性、善の原理と悪の原理の、それぞれの本性に同等に関与するのであり、またそこにおいて二つの統一は、交錯し合ってともに混濁し、そしておよそ明証には透徹しがたい、真の実在性の仮像あるいは偶像を生み出すのである。

質料は、それが明証の否定、すなわち観念性のうちでの実在性の純粋な出現の否定である限り、徹底的に非存在者の類に属するものである。魂の単なる偶像（simulachrum）として、質料はそれ自体、また魂から独立的に見ても、完全な無である。それはちょうど、ギリシア人の知恵がこのような魂からの分離状態にある質料を、ハーデスの影像とし

VI46

て描き出すものと同じである。そこハーデスでは、ヘラクレスの大いなる力も——彼自身は不死なる神々の仲間内にと
48 どまりながらも——ただ架空のもの（εἴδωλον）として漂うばかりなのである。*

*『オデュセイア』XI. 600。

VI47 ところで、その自己性あるいは有限性の側面から見られた魂は、ちょうど曇った鏡によって見るように、ただこの中間存在者を通じてのみもろもろの真の存在者を認識するのである限り、一切の有限な認識は必然的に一つの非合理的な認識であり、それはもろもろの対象自体に対して、なお一つの間接的な、いかなる方程式によっても解きがたい関係をもつに過ぎないのである。

質料の起源に関する教説は、哲学の最高の秘密に属するものの一つである。いまだいかなる独断的哲学も次のような二者択一を、すなわち質料を神から独立的に、神に対置されたある別の根本存在ないしそのような存在の作用だとするか、あるいはこれを神に依存的に、そしてそこから神そのものを、欠如、制限およびそれらの結果として生ずる災禍のその創出者とするかという、このような二者択一を克服してはいないのである。ライプニッツは——これを正しく理解したとして——質料をもっぱらモナドの表象から導き出し、そしてこれらモナドが適切であるときは、それらはただ神のみを対象としてもち、しかし混乱しているときは世界と感性的事物を対象とすると考えたが、——そのライプニッツですら、これらの混乱した諸表象と、それらと必然的に結びついた災禍と道徳的悪における欠如を説明することはでき
49 なかったがゆえに、神がそれら災悪を決定し認可したことに関して、神を正当化し弁護するという課題を解決することはできなかったのである。

理性が幾千年来その解きほぐしに精魂を傾けてきたあの疑念の結び合わせのすべてに対して、古き聖なる教えがつけ

50

た結末は次のようなものであった。もろもろの魂は知性界から感性界へ下降したものであり、それらはここで、その自己性と、この生に先立って（理念上であって、時間上ではないが）なされた咎に対する罰のゆえに、あたかも牢獄のごとく肉体に繋がれた状態にある。そしてそれらは、なるほど真なる宇宙の協和と諧調の記憶を携えてはいるが、その記憶の響きも目前に漂う世界のもたらす感覚の躁音のうちでは、不協和と妨害する雑音に妨げられてかろうじて聞くだけである。同様に、これらの魂は真理をも、現に存在するか存在するように見えるもののうちにではなく、それらにとってかつて存在していた、そしてそれらがそこに戻るべく努めねばならないものに、すなわちただ叡智的生のうちに認識し得るだけである、というものであった。

しかしながら、悟性や実在論的な見方がそれに捲き込まれることの避けがたいあらゆる矛盾もまた、この教えによって劣らず解決されるのである。と言うのも、例えば宇宙は果てなく拡がっているか、それとも限られているかが問われる場合、答えは、そのいずれでもない、なぜならば非存在者についてはいかなる述語もないゆえに、非存在は限界づけられているのでも、限界づけられていないのでもあり得ない、ということになるからである。しかしまた問いが、宇宙が見かけ上の実在性をもつ限りでは、それは限界づけられているのか否かということであれば、このことは、宇宙には実在性もまた帰せられるという意味において、すなわちただ概念と表象において帰せられるのと同じ意味において、先の二つの述語のうちいずれが宇宙に帰せられるかと問うのと等しいことになる。そしてこの場合もまた答えに窮することはあり得ないのである。

われわれは、自然哲学に対してこの教説からさらに帰結してくる事柄の、なおいくつかの簡潔な系列を提示しておこう。

魂は、有限性のうちに沈み込んだのちは、もろもろの原像をもはやその真なる形姿においてではなく、ただ質料によって混濁された形姿において見ることができるだけである。にもかかわらず、魂はそのようにしてなおそれらのうちにも

VI48

51

ろもろの原存在者を認識し、またそれらをそのまま宇宙として、差別化されて互いに外的でありながら、単に相互に依存的であるばかりでなく、同時に独立的でもあるものとして認識する。ところで、有限なる魂にとっては、理念はただその直接的な写像である諸星辰のうちにのみ現出するが、他方ではこれらの星辰に先立つ諸理念は、魂として有機的肉体と結合するのである。ここから魂と星辰との調和が把握される。第一の諸理念の写像として、従って第一の堕落した存在者として、魂に現われずに措かないのは、自ら善なる原理をなお直接的に表示しつつ、堕落した世界の暗さのなかで理念のごとく固有な光において輝き、かくして自然における永遠の美の流出である光を拡散するものどもである。実際、これら諸星辰は、原像から遠ざかることが最も少なく、また肉体性を受け入れることも最も少ない。それらはさらに、もろもろの暗い星辰に対して、ちょうど諸理念がそれら自身に対するのと同じ仕方で関わる。すなわちそれは、それらが中心としてあり、かの暗い諸星辰は——それら自身のうちにありながら——その中心のうちにあるという関係であり、そしてこのような協和のなかから、それらの運動が成立する。この点については、すでに別のところで十分取り扱った通りである。

神は第一の対象のうちで、形相を通じて、総じて自ら客観的となるばかりか、自己の直観そのものをもその対象のうちでもう一度直観し直すのは、対象が神に完全に類似し、また等しくあらんがためであるが、そのように魂もまた光のうちで、自己自身を再び自然のうちへと直観する。光とは、自然のうちにあってただ瓦礫のうちに住まうごとくにある精神なのである。と言うのも、観念的な原理からは完全に分離されているにせよ、現象界はやはり魂にとって、神的ないし絶対的世界のいわば廃墟だからである。言いかえれば、現象界は絶対性なのであるが、ただそれの直観された形姿でのそれであり、端的に観念的なものではない。その絶対性もその自体においてではなく、それが差別と有限性によって混濁されている限りにおいてである。いかにしてスピノザが、神は延長するものである（Deus est res extensa）[20]という剛直な命題にまで進むことすらできたかは、ここから把握される。もっとも、彼が神について延長を表明するのは、

52 ただ神が思惟と延長との等しい本質あるいは自体である限りのみであるということに、人々は反省を向けようとはしなかった。実際、こう考えられるならば、そこでは延長されているもののうちで延長されてあり、否定されてあるもののうちで否定されてあるその当のものは、やはり神の本質なのである。それとも、感性的なものや延長されたもののうちで否定されているものが、自体であり、従って神的であることに、果たしてどんな哲学者が異論を唱えるというのであろうか。

しかしながら、自然哲学が、まずは唯物論だとして、ついでは神と感性界との同一化として、さらには汎神論として、そしてそのほか民衆がそこで深く考えもせずに武器として用いるのにどんな名前が挙げられるにせよ、それらとして論難されてきたという事実は、ただまったく無知な人々あるいは愚鈍な人々を相手に――もっとも、こうした論難をもち出してきた人たちの一部が、自身はこれらの範疇の一方あるいは他方に属していなかった、としての話だが――仕組まれたことなのかも知れない。と言うのも、第一に自然哲学は、現象全体をひっくるめてそれが絶対的な非-実在性であることを最も明瞭に主張してきたのであり、またカントによれば現象の可能性を表明するとされる諸法則についても、「むしろそれらのすべてが、それ自体無である絶対的同一性以外のある存在を語り出すことによって、まさしくそれらが絶対的な空無性と非本質性を示す表現であることを」*証示してきたからである。また第二に自然哲学は、「現象する世界を端的に実在的な世界から絶対的に分離しておくこと（完全な離絶）を、真の哲学の認識に本質的なこととして」
53 要求したが、それは「そのことによってのみ、現象する世界は絶対的な非-実在性として定立されるが、絶対者へのそれ以外の関係はいずれも、現象する世界そのものに実在性を与えることになる、という理由から」**であった。そして第三には、いつのときも自我性こそは、特殊的な諸形相が統一から分離し移行するその本来的な点として、つまりは有限性の真の原理として打ち建てられてきた。そしてその自我性について、それはあくまでもそれ自身の行であって、それの行動からは独立的であり、同じく有限なるものは、自我性とともにまたただ自我性に対しつつ、万有から分離され

VI50

ることによってまさしく無であるということが証示されてきた。*** それにしてもこうした無は、実際あらゆる時代の真正な哲学によって、その形はさまざまであれ一致して主張されてきたものなのである。

*『思弁的自然学新雑誌』第一巻第二分冊、一一頁。
**同第一巻第一分冊、七三頁。
***『ブルーノ』の多くの箇所のほかに、『新雑誌』第一巻第二分冊、一三頁、『批判的哲学雑誌』第一巻第二分冊、一三頁。

54

自由、道徳、浄福。歴史の最終意図と始源

「私にとって、いつとても一つの解決しがたい問題であると思われたのは」、とエッシェンマイアーは言っている、「絶対者の彼岸からの由来を示す痕跡をすべてそのうちに具えている意志を、絶対的同一性から展開し、そればかりか絶対的認識から展開することである」*。そしてさらに、「認識の圏内におけるあらゆる対立は、絶対的同一性のうちでは廃棄されているということが真であればあるだけ、それだけに此岸と彼岸という主要対立を超え出ることは、いよいよ不可能である」**、とも彼は言う。

*エッシェンマイアー前掲書、五一頁。
**同書、五四頁。

ここに言う此岸が、現象界と有限なる認識の圏域を意味するのであれば、エッシェンマイアーは、われわれがたった今、現象的世界と絶対的世界の両者の絶対的区分について主張したことのうちに、彼の言う対立をまったく確証するも

のを見出すであろう。けれども同じ箇所で、絶対者もなおその彼岸をもつとされ、そして此岸は「認識において有限なるものに繋がれている意志の、その牽引的重力」*として記述されている場合、私はそこに、エッシェンマイアーは絶対者のもとに、私が考えているのとはまったく別のものを考えていることをはっきり見るのである。彼が考えているものが何であるかは、私の知るところではない。と言うのも、すでに言ったように絶対者の外に、またその上に、そもそも何かを求めるということは、私には直接的な矛盾だと思われるからである。

＊同書、五四頁。

55

われわれの言う絶対者が、彼の考えのうちでどこまで引き下げられているのか、いかにしてそうなるのかを、願わくばこの才知豊かな学者が自分自身で明確にしてほしいものである。そうすればまた恐らく、まさに彼が絶対者と名づけるものの彼岸に信仰によって確保しようとする、そのいっそう高次なものが、われわれが明晰な知と、同じく明晰なこの知の意識において所有するのと同じ絶対性であることに、彼は同時に気づくことであろう。

あるいはまた、彼が次のように語るとき、彼自らがすでにこのような絶対性のもとで光を点じたのであり、そしてその光が彼のもとを突き破り、溢れ出ようとしているように見えるのではなかろうか。すなわち、目に見えない世界からわれわれの世界に伝えられてくる神的な自由の火花は、絶対的同一性を突き破り、溢れ出る。そしてそのとき初めて、その火花の配分に応じて一方には思惟と存在が、他方には意欲と行為が成り立つのであると、こう彼が語るときである。*

＊同書、九〇頁。

VI51

われわれの考えによれば、知とは、無限なるものが客観あるいは有限なるものとしての魂のうちへ形像化することである。そしてそのことによって、それ［知］は自立的であり、ちょうど神的直観の第一の対像があったのと同じようなあり方をする。魂は、理性において自らを根源的統一に解消し、これに等しくなる。このことを通じて、魂にはまったくそれ自身のうちにあるという可能性と、まったく絶対者のうちにあるという可能性とが、ともに与えられるのである。

この一方の、あるいは他方の現実性の根拠は、もはや根源的統一のうちには存していない（魂が今や自らこの根源的統一に関わるあり方は、根源的統一が絶対者に関わるあり方と同じである）。そうではなくて、この根拠はもっぱら魂そのもののうちに存するのであって、これに従って魂は自己を絶対性のうちへと作り上げるか、それとも新たに非‐絶対性のうちへと堕落し自己を原像から切り離すかという、いずれかの可能性を新たに手にするのである。

このような可能性と現実性の関係は、自由の現出の根拠である。もっとも、この自由ということは説明され得ないのであって、その理由は、それ自身によってのみ規定されていることが、まさに自由の概念だからである。けれども、自由が現象界に初めて流れ出てくるその最初の出発点は、やはり明示され得るし、またされねばならない。

根源的統一における魂の存在と、またそれを通じての神におけるその存在は、魂にとって何らの実在的な必然性ではない。むしろ魂が根源的統一のうちにあることは、まさにそのことによって魂が真に自己自身のうちにあり、同時に絶対的であるという仕方でのみ可能となる。同じように、魂がまた真に自由であることも、同時にそれが無限なるもののうちにあり、従って必然的であるということによってのみ可能となる。［ところが］魂は、自己をその自己性において捉えつつ、自己のうちなる無限なるものを有限性のもとに従属させ、それとともに原像から堕落するのである。しかし、その魂に定めとして生じてくる直接的な罰は、自己‐内‐存在の積極的なものがそれにとっては否定となること、そしてそれがもはや絶対的なものや永遠なものを産出できず、ただ絶対的でないものや時間的なものを産出することしかできないことである。自由は諸事物の最初の絶対性を証するものではあるが、しかしまたまさにそれゆえにたえず繰り返される堕落の可能性であると同じく、経験的な必然性はまさしく自由の堕落した側面、すなわち拘束であり、魂は原像からの離隔によってこの拘束へと到ることになるのである。

他方、魂が無限なるものとの同一性によって、いかに有限的な必然性を脱するかは、それの絶対的な魂に対する関係

57

から明らかになるであろう。

魂はその有限的な産出においても、永遠なる必然性の道具であるに過ぎず、同じくまた産出された諸事物ももろもろの理念の道具に他ならない。けれども絶対者はその有限なる魂に対して、ただなお間接的で非合理的な関係をもつだけである。それゆえ魂のうちなる諸事物は、永遠なるものから直接的にではなく、ただ相互のうちから発生するのであり、従ってまた産出されたものと同一なものとしての魂も、自然があるのとまったく等しいこの上ない蒙昧さの状態のうちにあるのである。これに反して、無限なるものとの同一性における魂は、自由に対抗するような必然性を超えて、絶対的自由そのものである必然性にまで自己を高める。そしてこの必然性にあっては、自然経過のうちで自由とは無関係のものとして現われる実在的なものも、ここでは自由との調和のうちに置かれているのである。

宗教は、端的に理念的なものの認識として、このような諸概念へと結びついてくるものではなく、むしろこれらの概念に先行し、それらの根底をなすものである。なぜなら、神のうちにのみあるかの絶対的同一性を認識することは、すなわちこの絶対的同一性があらゆる行為の本質あるいは自体として、あらゆる行為から独立的にあるということを認識することであり、これこそが道徳の第一の根拠をなすからである。ある人にとって、かの必然性と自由との同一性が、世界に対するそれの間接的な関係に従って現われつつ、しかもこの関係のうちで世界を卓越して現われるとすれば、このような人にとってこの同一性は運命として現われるであろう。そしてこの運命を認識することが、それゆえ道徳へと

58

向かう第一歩となるのである。この同一性との意識的な宥和の関係のうちにあっては、魂はこの同一性を摂理として認識する。それはこのものを、もはや現象の立場からのように、把握されずまた把握され得ない同一性として認識するこ

とではなくして、むしろ神として、すなわちその本質が精神的な眼にとって、ちょうど感覚的な光が感覚的な眼に対するのとまさに同じように直接的であり、それ自身によって見られ顕らかである、そのような神として認識することなのである。

神の実在性は、道徳を通じて初めて要求されてくるようなものではない。そうではなくて、むしろどのような仕方であれ、ただ神を認識する者にして初めて道徳的なのである。と言ってもそのことは、まるで道徳的命令がそこで立法者としての神に関連づけられ、またそれゆえに遵守されるべきであるのでもなければ、あるいはまたおよそ有限のことしか考えることのできないような人々が考え出してくる、この種のどのような別の関係でもない。そうではなくしてそれは、神の本質と道徳の本質は一なる本質であり、道徳の本質をそのもろもろの行為のうちに表現することが神の本質を表現することとまさに同じであるという、この理由によることである。総じて、神があって初めて道徳的世界はあるのである。道徳的世界があらんがために神をあらしめることは、真の必然的な関係の完全な逆倒によってのみ可能である。

ところで、学問と生のいずれをも教化して、有限な自由を犠牲にして無限なる自由を獲得せしめ、また感性界に死し
59
て精神的世界に安住せしめるのは、同じ一つの精神である。それゆえ道徳説や道徳そのものも、理念の直観なくしては
VI54
ない。逆にまた、道徳の本質を排除するような哲学も、これらに劣らずおよそあり得ぬものである。

エッシェンマイアーの書には、次のような言葉が記されている。すなわち、「シェリングは、叡智的な極点、あるいはもろもろの理性的存在者の共同体――それはわれわれの理性体系の必然的な構成分をなすものである――については、その著作のどこにおいても明瞭かつ詳細には触れておらず、またそのことによって、根本理念の一つとしての徳を理性から除外している*」、と。こうしたことを、彼はさらになお他の言い方でも繰り返し述べている。

*同書、八六節。

60

平板な非学問的態度の持ち主が、自分のつまらなさのはけ口を他に求めて、ある哲学の非道徳性を訴える悲痛な言葉を表明するとか、あるいはまた別の者が悪質な陰険さをもって、何とも軽薄な判断によって自分の溜飲を下げようとするというのなら、それはよくあることで、分からないでもない。エッシェンマイアーがもしこれらと同じ調子にはまり込むという羽目になれば、彼はただ自分自身との矛盾に陥るだけである。と言うのも、どのようにして彼は、自らに矛盾することもなしに、彼が先の非難を加えるその同じ体系に次のようなことを容認することができるのであろうか。すなわち彼はそこで、その体系は、フィヒテの体系以後、哲学にとって今や望むべき何ものをも残さず、これとともに学問の晴朗たる日が始まる、等々のことを語っているのである。[*] それともまた彼によれば、徳の理念も非哲学の圏域に帰属するというのであろうか。ある一つの哲学の体系が、徳の理念を理性から除外しているにもかかわらず、今や望むべき何ものをも残さないことが可能なのであろうか。そうだとすれば、まずはその［可能性の］根拠が問題である。著者はその諸著作のうちで、理性的存在者の道徳的共同体について詳細かつ明瞭には触れなかった（つまり、ただここに言う仕方では触れなかった）のであるから、彼は徳の理念を積極的に除外したことになる（実際、あの箇所はそうとしか説明されない）。そして除外したのは、あらゆる理念を一なるものとして取り扱い、また一切を永遠なるものの勢位において表出することをその固有性とするような体系においてであるが、[**] そこではエッシェンマイアー自身によっても、「徳はまた真にして美しく、真理もまた有徳にして美しく、かくして美は徳や真理と姉妹のごとくに結びついている」[***] のである。だとすれば、この同一性のもとにあって、これらの理念のうちのいずれか一つが除外されることは、どこに由来するというのであろうか。

VI55

*同書、序言二頁、本文一七頁。
**同書、一七頁。
***同書、九二頁。

「ここで言われていることは、すべて素晴らしいことだ」と、今や他の人々は語るであろう。「われわれが言うのもほぼ同じことである（確かに彼らはそのように言うが、その理由は、彼らにとってこうした言い方も――まったく多くの他のもの同様――しばしば用いられることによって、ありきたりのものになっているからである）。けれどもわれわれは、その際、まったく別なあるものを考えているのである」と。

61 それゆえわれわれはここで包み隠さずに打ち明け、はっきりと言うことにしよう。そうなのだ。われわれが信ずるのは、あなたがたの徳や、あなたがたが力なく貧相に語るその道徳よりも、いっそう高次なあるものが存在するということである。つまりわれわれは、そこでは魂がただその本性の内的必然性に従って行動するだけであって、魂にとって徳の命令もなければ、徳の報酬もない、そのような魂の状態が存在すると考えるのである。命令は、一つの当為を通して語り出され、そして善の概念のかたわらに悪の概念を前提する。しかもこの悪を自らに保持するために（と言うのも、上述のことからすれば、悪はあなたがたの感性的現存の根拠だからであるが）、あなたがたは徳を絶対的な自由としてよりも、むしろ服従として把握せんとしている。けれどもあなたがたは、この意味での道徳が何ら最高のものでないことを、それが伴ってくるその対立から、すなわち幸福という対立物からすでに見ることができる。理性存在者の使命は、ちょうど個々の物体が重力のもとにあるのと同じように道徳法のもとにあることではあり得ない。と言うのも、そこに成り立つのは差別の関係であろうからである。魂が真に道徳的であるのは、ただそれが絶対的自由をもって道徳的であるとき、と言うことは、それにとって道徳が同時に絶対的浄福であるときだけである。不幸であることあるいは不幸と感じることが、真の不道徳そのものであるのと同じく、浄福は徳の一つの偶有性ではなくして、徳そのものなのである。依存的な生を生きることではなく、合法性のうちにありつつ同時に自由な生を生きることこそが、絶対的な道徳である。ちょうど理念が、またその写像たる天体が、その中心である同一性をそれ自身のうちに取り込むことによってのみ、同時に

62 その同一性のうちにあり、またその逆も成り立つのと同様に、魂もまたその中心たる神と一であらんとする傾向が、道

徳である。けれども、このような有限性を無限性へと再び取り込むことが、同時に無限なるものの有限なるものへの移行、すなわち後者の完全な自己‐内‐存在であるというのでなければ、そこには差別が単なる否定として存立するであろう。道徳と浄福とは、それゆえ同じ一つの統一の、ただ二つの異なる見方としてのみ互いに関わり合う。それぞれは他方によるいかなる補完を必要とすることもなく、ただそれ自体で絶対的であり、また他方を包み込む。そしてこの一であることの原像は、同時に真理と美の原像でありつつ、神のうちにあるのである。

　神は、まったく等しい仕方で絶対的な浄福であり、かつ絶対的な道徳である。あるいは両者は、等しく無限な神の属性である。なぜなら、神においては、その本性の永遠なる諸法則から流れ出る必然性でないような、言いかえればそのものとして同時に絶対的な浄福でないような、いかなる道徳も考えられ得ないからである。しかし他方では浄福もまた、神に関しては絶対的な必然性のうちに、そしてその限りで絶対的な道徳のうちに基礎づけられている。神においては主観はまた端的に客観であり、普遍的なものは特殊的なものである。神は必然性の側面からと自由の側面から見られて、ただ一つの同じ本質なのである。

　神の浄福の像は自然であり、そして神の神聖性の像――もっとも、ただ不完全な、差別によって妨げられた像であるに過ぎないにせよ――は、観念的世界である。

　神は、必然性と自由との同じ自体である。と言うのも、有限なる魂にとって、必然性が自由から独立のものとして、自由に逆らって現われるのは、否定を通じてであるが、この否定が神においては消滅するからである。しかしその神は、個々の魂――それらは道徳において同じ調和を表現し、またその道徳によって神との再合一に到達するのである――に関してのみならず、同様にその種に関しても、自由と必然性との同じ本質をなし、また理性存在者の個別的な分裂状態とそれらすべての全体的な統一状態との、その同じ本質をなすのである。神はそれゆえ、歴史の直接的な自体である。これに対して、神が自然の自体であるのは、ただ魂の媒介を通じてのみである。と言うのも、行為においては、実在的

VI56

なものすなわち必然性は魂から独立的に現われるがゆえに、必然性と自由との一致・不一致は魂そのものからは把握されず、いつでもただ目に見えない世界の直接的な顕現あるいは返答としてのみ現われるからである。しかるに神は必然性と自由との絶対的な調和であり、しかもその調和は個別的なもののうちにではなく、ただ全体としての歴史のうちにのみ表現され得るものである。それゆえにまた全体としての歴史のみが、——そしてこれもまた、ただ継起的に自己展開する神の啓示としてあるのである。

64 宇宙のもろもろの運命のうちから、ただ一つの面だけを表明するに過ぎないにせよ、歴史というものはやはり部分的に捉えられるべきではなく、それらの運命に対して象徴的なものとして、すなわち歴史のうちに全面的に繰り返されまた明瞭に映し出される、そのような運命を象徴するものとして捉えられるべきである。

歴史は、神の精神のうちで創出される一つの叙事詩である。その二つの主要な筋書きは、一つは人類が彼の中心から出て、そこから最も遠い離隔にまで到るその発出を、他はそのもとへの帰還を叙述するものである。先の側面はいわば歴史のイリアスであり、後の側面はオデュッセイアである。前者においては方向は遠心的であり、後者においては求心的である。世界現象の総体の大いなる意図は、このような仕方で歴史のうちに表現される。もろもろの理念、もろもろの精神は、それらの中心から堕落し、自然という堕落の全般的な圏域のうちで特殊性へと導き入れられねばならなかった。それは、これらのものがのちに特殊なものとして再び無差別へと帰還し、そしてそれと宥和し、それを妨げることもなしに、その無差別のうちに存在することができるためなのである。

われわれは、歴史と世界現象の総体のこのような最終意図をより明瞭に展開するに先立って、ただ宗教だけがそれについての教示を与えるであろう一つの対象について、なお振り返って見ておこう。その対象とは、人間にとってははなはだ興味深い問題、すなわち人類の教育の始源、もろもろの芸術、学問、そして文化全体の起源という問題である。哲学
65 は、かの際限なく暗い空間のうちへも真理の光を拡げようと試みる。それはかつて、神話と宗教が想像力のために詩的

VI57

66

空想をもって満たしてきた空間であった。［ところで］現今見られるような人間は、理性に目覚めるために、すでに教化された人々による教化と馴致を必要とし、理性への教育が欠如すれば、ただ動物的な素質や本能を展開させるだけであると、こうしたことを経験は声高に発言するので、現在の人間が自分自身で動物性と本能から理性と自由にまで高まってきたという考えは、およそ可能とは思われないほどである。同様にまた、偶然に委ねられてきた教化の始源も、そこからたちまち実にさまざまな方向へと分化していったであろうから、かの教化が同一のものであった——それは原始世界や、恐らく人類誕生の地と思われるところに近づくに応じて見出されるが——といったことは、それによってまったく不可解となるであろう。歴史の総体は、あらゆる芸術、学問、宗教そして法制度の一つの共通した起源を指示している。にもかかわらずまた、現に知られる歴史の黎明の極限ですら、すでにそれに先立つ高みから沈下した文化、かつての学問のすでに歪められた残余、とうの昔にその意義が失われてしまったかに見える象徴、こういったものを示しているのである。

このような前提からすれば、あとは次のように想定する他はない。すなわち、現在の人類は、より高い本性をもつものの教育を受けたのであり、従ってこの種族［人類］は、もともとそのうちには理性の可能性があるだけで、それへと教化されない限りその現実性は有しないものであるが、その文化と学問のすべては、もっぱらそれ以前の一つの種族からの伝承と教示によってこれを所有しているのである。人類は、かの種族のいっそう低い勢位あるいは残滓である。かの種族は、直接に自分自身で理性に与るものであり、もろもろの理念と芸術と学問の神的な種子を地上に播き散らしたのちに、この地上から姿を消してしまったのだ、という想定である。理念界に諸段階があるのに応じて、人間の理念にも、そこから人間が作り出されているより高次な序列が先行しているとすれば、次のような事態も、目に見える世界と目に見えない世界との調和に適っていることになるであろう。すなわちそれは、第一の誕生による人間の精神的産出者であった同じ根源存在者は、第二の誕生においては人間を理性的生へと導く第一の教育者かつ教導者となり、それによって人間は自らをそのいっそう完全な生へと建立し直したのである、という事態である。

しかしながら、いかにしてかの精神的種族が地上的な肉体のうちへ下降することができたのか。もしこのような疑いが生ずることになるならば、より以前の地上の本性は現存するもろもろの本性よりもいっそう高貴で、いっそう高度に教化された形姿を受け入れていたことを、すべてのことがわれわれに確信せしめるであろう。例えば、ある種の動物類は、それらの対像［対応するもの］は現今の自然のうちには探しても見つからず、しかもそれらの大きさと骨格によって今現にある諸動物をはるかに凌駕するが、このような動物類の遺物が証示するのは、かの地上の本性はその若々しい力のうちにあって、他種類の生物のうちにもより高い範例とまたより完全に形作られた種類を産み出したのであったが、それらは地上の諸関係の変化を前にして後退し、ついにはその没落を見るに至ったということである。地球の漸次的な退化は、太古の世界に一般的な伝説であるばかりでなく、のちに起こってきた地軸の傾斜とまったく同じように明確な物理学的真理なのである。地球の硬化が増大するにつれ、悪の原理の力もまた同じような関係でそれ自身のまわりに拡がり、また古くは地球のより見事な諸産物に恵みを与えてきた太陽との一体化ものちに消滅したのであった。

67

われわれは、人間がそこから生じてきた同一性としてのかの高次な種族について、こう考えたい。すなわちかの種族は、第二の種族がただ個別的な光線と色彩へと散乱させ、意識をもって結合するに過ぎないものを、その本性から無意識的な壮大さにおいて合一するのである、と。かの無意識的な至福の状態と、同じく地球の最初の穏和な状態をも、あらゆる民族の伝説は黄金時代の神話のうちに保持してきた。第二の人類は、自らの幼少時代のかの守護霊、恩顧者たるものによって本能から鼓舞され、また生存の最初の諸技術を与えられながら、来るべき自然の厳しさからあらかじめ守護され、そしてもろもろの学問、宗教や立法の最初の萌芽をかち得たのであった。それゆえこの第二の人類が、守護霊や恩顧者を英雄たちや神々の形像のうちに永遠化したのは、自然なことであった。人類の歴史はいたるところで、また最初で最古なる諸民族の伝承によっても、まさにこれらの英雄たちや神々とともに始まるのである。

68

魂の不死性

宇宙の歴史は精神の王国の歴史であり、前者の最終意図は後者のそれにおいてのみ認識されることができる。

魂は直接的に肉体に関係し、あるいは肉体の産出者であるが、それは必然的に肉体と同じ空無性のもとに存している。悟性の原理である限りの魂もまた同様であって、その理由は、この魂も、先の魂を通じて間接的に有限なるものに関係するからである。単に現象している魂の、その真なる自体あるいは本質は、理念であるか、またはその理念の永遠なる概念であるが、この概念は神のうちにあり、また神と一体化して永遠なる認識の原理となるものである。この本質が永遠であることは、ここではただの自同命題ですらある。時間的な現存はその原像のうちに何らの変化をもたらさない。原像は、それに対応する有限なるものが現存するからといって、より実在的になるわけでないのと同様、それはまた有限なるものの否定によってより少なく実在的になることも、あるいは実在的でなくなることもあり得ないのである。

しかしながら、この魂の永遠なるものは、そのものの持続の無始性あるいは無終性のゆえに永遠なのではない。それどころか、そのものは総じて時間へのいかなる関係をももたない。そこからして、それが不死であるということも、この「不死という」概念が個体的存続の概念をうちに含むような意味合いにおいては言われ得ない。と言うのも、個体的存続ということは、有限なるものおよび肉体への関係なしには考えられ得ないのであるから、この意味での不死性ならば、それは実際のところ可死性の継続ということに過ぎず、何ら魂の解放ではなくて、魂の継続的な拘禁であろうからである。それゆえ、そうした意味での不死性への願望は有限性から直接に由来するものであって、次のような人には、すなわち魂をできる限り肉体から解き放つことに今すでに努めている者、つまりソクラテスの言う真に哲学する者には、およそ起こり得ないのである。*

*『パイドン』一五三頁。

それゆえ不死性を、魂の永遠性とその理念における存在の上に置くことは、* 真正な哲学精神の誤認であり、そしてまた現に見られる通り、死において魂を感性から脱却させ、それでもなお個体として存続させるのは、明らかな誤解である。** VI61

*エッシェンマイアー前掲書、六七節、五九頁。
**同書、六八節、六〇頁。

魂と肉体との絡み合い（これがもともと個体性と呼ばれるものである）が、魂そのものにおける一つの否定からの帰結であり、一つの罰であるとすれば、魂がその否定から解放されたというその事態に応じて、その魂は必然的に永遠であり、言いかえれば真に不死であるということになるであろう。これに反して、次のような人々、すなわちその魂がほとんどただ時間的で可変的な諸事物だけにかかずらい、それらによって膨れ上がってしまった人々は、無に類似した状態へと移り行き、真の意味で可死的であることが最も多いのも、また当然のことである。彼らが無に帰すること［死］に対して抱く必然的な、また不本意な恐怖も、ここから生じている。他方これに対して、次のような人々、すなわちすでにこの世にあって永遠なるものに充満され、また自己のうちなる悪霊を放逐してしまった人々においては、永遠性の確信が、そしてまた死の軽視ばかりか、死への愛が成立するのである。

しかしながら、もし有限性が真の積極的なものとされ、また有限性との絡み合いこそが真の実在性であり、現存であるとされるのであるならば、先の第一の人々、すなわち有限性を一つの病気と見立て、そこからの解放をひたすら求めてきたような人々は、必然的に（この意味において）最も不死的でないということになろう。これに対して、この世にあって香りを嗅ぐこと、味わうこと、見ること、感触すること等々にひたすら専念してきたような人々は、彼らの願う実在性をまさに余すところなく享受し、また物質に陶酔するのであり、彼らの言う意味でいわば最も在り続ける［不死的］ということになるであろう。

魂における最初の有限性がすでに自由への関係をもっており、またそれが自己性の帰結であるとすれば、魂のいかなる未来の状態も、現在の状態に対してもっぱらこのような［自由への］関係のうちにのみあり得るであろう。そしてまた、現在が未来へと結びつけられるいわば唯一の必然的概念が、罪の概念、あるいは罪からの浄化の概念ということになろう。

VI62

有限性は、それ自体において罰である。すなわちそれは、自由によってではなく、必然的な定めによって生ずる堕落の帰結として罰なのである（そしてこの点に、フィヒテによれば把握不可能と見られる障壁の、その根拠が存している）。こうして、その生がもっぱら原像からの不断の離隔に他ならなかった人々には、必然的にいわば否定の極のような状態が待ち受けることになり、逆にまた生を原像への帰還とみなす人々は、はるかに少ない中間段階を経てかの地点に、すなわち彼らが再びその理念とまったく合一され、そして自らが可死的であることを終える地点に到達することになるであろう。プラトンが『パイドン』のなかでいっそう具象的に描き出している通り、この第一の人々は、いわば物質の汚泥のうちに沈み込み、地下の世界において隠されているが、もう一方の人々のうち、ことに敬虔に生きた人々は、この地上の場所から解放され、まるで獄舎から放免されたごとくに上方に向かってより浄らかな領域へと到り着き、そして地上を離れて住まうであろう。しかしまた知恵への愛によって十分に浄化されている人々は、およそ肉体を伴うこともなしに未来全体を生き、先の人たちよりもなおいっそう美しく居を定めるに至るであろう。

このような段階づけは、以下の考察によっても恐らく確証されるであろう。――有限なるものは、何らの積極的なものではない。それはもろもろの理念の自己性の側面に過ぎず、理念の原像からの分離において、理念に対して否定となる

72 側面である。あらゆる精神の至高の目標は、それらが自己自身のうちにあることを端的にやめることではなくて、むしろこの自己-内-存在が理念に対して否定であることを、つまり自ら相対立するものに変化することをやめることである。精神はかくして、まったく肉体から、またあらゆる物質への関係から解放されることになる。だとすれば、自然とは、すなわちもろもろの堕落した精神のこの混乱した仮像と見えるものは、次のことでなければ何であろうか。つまりそれは、もろもろの理念が有限性の全段階を通じて産み出されて行き、ついには自己性がその諸段階においてあらゆる差別を脱却したのちに、無限なるものとの同一に至るまでに浄化されること、そしてすべての理念が実在的なものとして、同時にそれらの最高の観念性に達するということに他ならないのである。自己性そのものは肉体における産出者であるがゆえに、それぞれの魂は、それらがその自己性に縛られながらも、現在の状態を離れ行く程度に応じて、新たにその仮像において自己を直観し、こうしてそれらの次の転生の場所をそれら自身に定めることになる。すなわちその魂はより高い圏域において、またよりよい星にあって、物質に左右されることのより少ない第二の生を始めるか、あるいはまたいっそう下方の場所へ突き落とされることになるかである。同様にまた、魂がそれに先立つ状態において偶像から自己をまったく切り離し、もっぱら肉体に関わる一切のものを自己から遠ざけていた場合には、それはそのまま理念の種族へと立ち還り、純粋にそれ自身で、他の側面もなしに知性界のうちに永遠に生きることになる。

感性界がただ諸精神の直観のうちにのみ存立するのであるならば、今見たその起源への魂の帰還とその具象的なものからの分離は、同時に感性界そのものの解消であり、感性界はとどのつまり精神界のうちに姿を消すであろう。精神界
73 がその中心に近づくのにまさに比例して、感性界もまたそれだけその目標に進み続ける。と言うのも、諸星辰にとっても、それらの変容や、またそれらのより低次の段階からより高次の段階への漸次的な解消は、すでに定められているからである。

ところで、歴史の最終意図は堕落の宥和にあるが、そうだとすればこの堕落ということも、今述べた関係においてよ

74

り積極的な側面から見られることになるであろう。と言うのも、もろもろの理念の最初の自己性は、神の直接的な作用から流れ出るものであったが、しかしそれらの理念が宥和を通じて到達する自己性と絶対性は、あくまでも自らが与えたものであり、従って諸理念はそこで真に自立的なものとして、絶対性を損なうことなく、その絶対性のうちにあるからである。つまりこのことを通じて、堕落は神の完成された啓示の手段となるわけである。神はその本性の永遠なる必然性の力によって、直観されたものに自己性を賦与するが、そのことによって彼はこのもの自身を有限性のうちへと放出し、このものをいわば犠牲に供することになる。このことは、神のうちで自前の生をもっていなかった諸理念が生のうちへと呼び出され、しかしまたまさにそのことを通じて、それらが独立的に現存するものとして、再び絶対性のうちにあることができるようになるためである。そしてそれは完全な道徳によって行われることなのである。

以上のような見方とともに初めて、かの絶対者の、対象に対する無関心あるいは虚心さのイメージは完全なものになる。この無関心あるいは虚心さは、スピノザが、「神は、知的愛をもって自己自身を限りなく愛する」*という命題のうちに見事に表現しているものに他ならない。そしてこのような神の自己自身に対する愛（それは主–客観化の最も美しい考えである）というイメージのもとに、次いでまた神からの宇宙の起源や、この宇宙に対する神の関係といったことが、あらゆる宗教形態――しかもその精神が、道徳のうちに基礎をもっているような宗教形態――のうちに描出されたのであった。

われわれの全体的な見方によれば、永遠性はすでにこの世に始まり、あるいはむしろすでに現にあるのである。ところが、もしエッシェンマイアーの言うように*、この世では信仰によってのみ顕らかであることがそのまま認識の対象と

*『エチカ』第五部、定理三五。

なるという、そのような一つの未来の状態が存在するというのであれば、その場合、ではなにゆえこの状態が、彼岸においてそれが始まるとされるのと同じ制約のもとに、すなわち魂が可能な限り感性の束縛から解放されるという制約のもとに、すでにこの世においても同じように生起することができないのか、この点が理解されないことになろう。言いかえれば、先の見方を否定することは、逆に魂をどこまでも肉体に縛りつけておくことを意味するのである。

＊エッシェンマイアー前掲書、六〇頁。

75

付録　宗教が存在するその外的な諸形式について

国家というものが、宇宙をその範型として二つの存在者の圏域あるいは階級に、すなわち理念を表示する自由人のそ
れと、具体的・感性的な事物を表示する非自由人のそれとに分かたれるとすれば、最高かつ最上位の序列は、これら両
者によっていまだ充たされないまま残ることになるであろう。もろもろの理念は、諸事物がそれらの道具ないしは器関
であることよって、それら自らが現象への関わりを獲得し、また魂として現象のうちへと入り込む。神はしかし最上位
の序列の統一として、あらゆる実在性のうえに卓越するものであり、また自然に対しては永遠にただ間接的な関係をも
つだけである。そこで今、国家というものがより高い道徳的な序列のうちにあって、第二の自然を表示するものとすれ
ば、神的なものはこの国家に対しても、つねにただ観念的にして間接的な関係にあるだけであって、決して一つの実在
的な関係には立たないであろう。ここからまた宗教は、最も完全な国家のうちにあっても、もしそれが同時に無辜の純
76 粋な観念性においてそれ自身を保持しようとするならば、ただ秘教的に、あるいは密儀という形態において以外には存

77

在することはできないのである。

もしあなたがたが、宗教が同時に顕教的で公開的な側面をもつように欲するのであるならば、あなたがたはこれを、一つの国民の神話、詩歌、そして芸術において与えることになるであろう。つまり本来の宗教は、その観念的性格を銘記するなら、公開性は断念し、秘儀のもつ聖なる暗闇のうちに引き籠るべきものなのである。本来の宗教の、顕教的な宗教に対する対立は、それ自身にも、またこの他方にも害を与えるものではなく、むしろいっそう両者をそれぞれその純粋性と独立性において存立せしめるであろう。われわれはギリシアのもろもろの密儀について知るところははなはだ少ないが、それでもわれわれはそれらの教説が公開的な宗教と真正面から、また歴然たる対立をなしていたことを疑いようもなく知っている。ギリシア人たちが、その本性上公開的でも実在的でもあり得なかったものを、その観念性と閉鎖性において保持したというまさにこのことのうちにも、彼らの清浄な感覚はよく顕われているのである。密儀と公開的宗教とのあの対立は、前者はただわずかの人々にしか伝達されなかったがゆえに存立し得たのだといった仕方で受け止められてはならない。実際、密儀はそれへの参与を制限することによって秘密のものであったのではない。むしろその参与は、ギリシアの国境を越えてまでも拡がっていた。* そうではなくて、密儀の侵犯、言いかえれば密儀を公の生活のうちにもち込むことが、犯罪とみなされ罰せられたことによって、そこからまた国民が、何にもまして密儀をあらゆる公的なものから分離して保持するのに競い合ったことによって、それは保たれたのであった。その詩歌をまったく神話のうえに基づける詩人たちが、あらゆる設えのなかの最も健全にして有益なものとして、密儀について言及する。いたるところで、密儀は公的な道徳の中心点として現われる。こうしてギリシア悲劇の高い道徳美は、もとを辿れば密儀を指し示しているし、またソフォクレスの詩作のうちに、彼が密儀によって聖祓されたその響きをはっきり聴き取ることも困難ではないであろう。もしも異教という概念が、つねにまたもっぱら公的な宗教からのみ抽出され、作り出されてきたのでなかったならば、以下のことは、すなわち異教とキリスト教とは古くから共存していたこと、そしてキリスト教は異教から、ただ密儀を公開的にしたことによって成立したのであること、こういったこともとうの昔に洞察されていたことであろう。このことは大抵のキリスト教の慣習、その象徴的な行持、聖位階や聖祓式らを通じて歴史的に証示されることであろうが、もともとそれらは明らかに密儀のうちで行われていたものの模倣だったのである。

＊キケロ『神々の本性について』一・四二「私は、かの神聖にして威厳あるエレウシスの秘儀のことは述べないが、そこには最も辺境の種族たちも加入している。」

78 VI67

精神的な宗教にとって、実在的なものや感性的なものと混交することはその本性に反することであり、またそれを冒瀆することであるが、同様にまた精神的宗教が自らに公開性と神話的客観性を与えようとする努力も、無駄な骨折りである。

真の神話はもろもろの理念からなる一つの象徴体系であって、それはただ自然の諸形姿を通じてのみ可能であり、また無限なるものの完全な有限化である。こうした有限化は、次のような宗教においては、すなわちそれ自身が直接に無限なるものに関係し、神的なものと自然的なものとの合一を、ただ後者の棄却として考える――奇蹟的なものの概念においてはそれが行われるが――ことしかできない、そのような宗教においては起こり得ない。奇蹟的なものとは、そのような宗教をいわば顕教化する材料である。こうした宗教の諸形姿は、ただ歴史的にあるのみで、同時に自然存在ではない。それらは単に個体であるのみで、同時に種ではなく、また移ろい行く現象であって、永遠に持続する不易なる自然のものではない。だからもし一つの普遍的な神話を求めるのであるならば、あなたがたは自然の象徴的な見方を身につけて、神々をして再び自然を所有せしめ、自然を充満せしめるがよいであろう。これに対して、宗教の精神的世界の方は、どこまでも自由のうちに感官の仮象からまったく引き離されたままにあるべきである。あるいはまた少なくとも、それはただ聖なる狂熱の賛歌や、古代人の秘やかな宗教的詩歌と同種の特別な詩歌によってのみ頌賛されるべきであろう＊。因みに、近代人の詩歌は、こうした古代人の詩歌をただ顕教化する、だがまさにそれゆえにより不純な現象に過ぎないのである。

＊F・シュレーゲル『ギリシア人およびローマ人の詩歌の歴史』、六頁以下。

79

もろもろの密儀の教説や行事については、われわれはただ古代人が伝え残しているもののなかから、理性に適うものとして抽出されることにのみ言及しておきたい。

秘教的宗教が一神教であるのは、顕教的宗教が何らかの形式のもとに必然的に多神教に陥るのと、まさに同じように必然的である。端的に一にして絶対的に観念的なものというこの理念があって初めて、すべての他の諸理念は定立される。この第一の理念から、まずそれに続いて——と言っても、直ちにではあるが——生ずるのが、理念における魂の絶対的状態についての教説であり、また第一の神との合一、すなわち魂がそこでそれ自体で真なるもの、それ自体で美にして善なるものの直観に与るその合一についての教説である。それはまた比喩的には、時間上の魂の先在としても説き示され得る教説でもある。このような認識に直接結びついてくるのが、［次に］その状態の喪失についての教説、つまりもろもろの理念の堕落と、またその帰結としての魂の肉体および感性界への追放という教説である。これについて理性そのもののうちにはさまざまな見解が生じるが、それらに応じてこの教説もまたさまざまな考えを受け入れることになるであろう。感覚的生を、以前に引き寄せられていた罪だとみなす説明は、ギリシアの密儀の大抵のものに行われていたように見えるが、それでもその同じ教説がさまざまな密儀においてさまざまに異なったイメージで考えられ、例えば可死的となって受難する神という考えを生んだのであった。宗教的教説のもう一つの目的は、絶対者からの堕落を宥和

VI68

し、有限なるものの絶対者に対する消極的な関係を、積極的な関係へと変貌させるということにある。それの実践的な教えは必然的にこの教説に基づいている。と言うのも、この教説は、魂をその消極的な側面である肉体から解放することを説くからである。このことは、古代の密儀への参入が生の断念と供犠として、また肉体の死と魂の再生として叙述されたこと、そして一つの言葉が死と聖祓を表示したことに見られる通りである。[21] この魂の単純化と肉体からの撤回の第一の意図は、誤謬からの治癒ということ、すなわち魂の第一の最も根深いこの病いを、唯一真にして永遠なるもの、つまりは理念の知的直観に再び到達することによって癒すことであった。そしてその道徳的〔実践的〕な目的は、もろもろの情念からの魂の解離、すなわち魂が肉体に纏綿される限りそのもとに従属する情念から魂を解き離し、また不道徳性の根拠と動力となる感覚的生への愛好から解き離すことにあったのである。

最後に、これらの教説と必然的に結びついているのは、魂の永遠性と、その現在の状態と未来の状態とのあいだの道徳的関係についての教説である。

このような徳と高次な真理の永遠の基柱をなす教説には、いずれの精神的で秘教的な宗教もそこに立ち返らねばならないであろう。

81

VI69

密儀の外的な形式や体制に関して言えば、それらはその国民の心情と精神そのものから生じてくる一つの公的な機構とみなされるべきものである。この機構は国家自体が設立し、厳粛に維持するものであって、それは秘密結社の流儀に従って、多分に世俗的な諸目的のうちからあるものを許容し、他のものは排除するといったものではない。むしろそれは、国家に属するすべての人々の内的・道徳的な一致に働きかけるものであり、ちょうど国家自体が外的な法的統一に働きかけるのと同様である。とは言え、密儀のうちには必然的に位階づけがある。なぜなら、すべての人が同じ仕方で、それ自体で真なるものの直観に到達することはあり得ないからである。この位階づけのためには、準備となる前段階が設けられねばならず、エウリピデスの比喩によれば、それは十全な聖祓に対して、ちょうど眠りが死に対するような関係

82

にある。眠りはただ消極的である。死は積極的であり、それこそは最後の、絶対的な解放者である。最高の認識へと向かう最初の準備はただ消極的でのみあり得る。それはもろもろの感性的な情念と、また魂の安らかな道徳的体制を乱すすべてのもののその弱体化、できればその抹消にある。大部分の者は解放においてここまで到達すれば十分であり、また総じて非自由人の密儀への参与は、この段階で制限されてよいであろう。あらゆるこの世的なものの空しさを魂に目の当たりに見させ、魂を震駭させつつ唯一真なる存在を予感せしめるようなかずかずの恐るべきイメージですら、この範囲に属するものである。肉体への関わりがある点まで解消されたのち、魂は少なくとも夢見ることを始め、言いかえれば現実のではなくて、観念の世界のイメージを受け取り始める。そこからの第二の段階は、宇宙の歴史と運命がそこでまざまざと、とりわけ行動を通じて描かれるような段階であろう。実際、叙事詩のなかにはただ有限なるものが映し出されるが、無限なるものはあらゆる現象のうちにありながらも、有限なものに対して無縁なままである。他方、顕教的な悲劇は、公的な道徳の本来的な表現であり、同様に戯曲という形式は、宗教的な教説の秘教的な表示に最も適合するものである。こうしたいわば外殻を自分から突き破り、象徴の意義にまで迫る人々、また節制、知恵、自己超克、そして非感性的なものへの傾倒によって、自己の真実を確証した人々が仮にあるならば、彼らこそは一つの新たな生におけるまったき覚醒へと移り行き、真理の目撃者として、それをあるがままに純粋に、形像もなしに見るに違いないであろう。ところが、他の人々に先立ってこの段階に達した人たちがあれば、彼らは国家の首長であらねばならないし、また最終の聖祓を受けていない者は、誰もこの首長の身分に入ることはできないであろう。なぜなら、種族全体の定められた使命もまた、かの最後の殻を破るとき彼ら首長たちに明らかになり、またその同じ集団のなかで王による立法術と崇高な思考方式の最上の諸原則が伝達され、また養成されることになるであろうからである。こうした諸原則は、まさに統治者たるものに最も固有なものでなければならない。

今や宗教は、以上のような機構を備えることによって純粋に道徳的な作用を十全にもつものとなり、また実在的なものや感性的なものと混じり合う危険、あるいはその本性に抗する外的な支配や権力を要求するといった危険の外に置かれることになるであろう。他方また哲学も、今やその愛好者たちが本性的に聖祓された人々であるところから、かの機構を通じて宗教との永遠なる盟合のうちにあるであろう。

人間的自由の本質とそれに関連する諸対象についての哲学的探究

（一八〇九年）

藤田正勝　訳

VII

序文[1]

本巻[2]の第五論文「人間的自由の本質とそれに関連する諸対象についての哲学的探究」は、新しいものであり、ここではじめて印刷出版されるものである。[a]

これ[b]について筆者が［予め］記しておきたいと思うことは、ほんのわずかである。

VII333

VIII

精神的本性の本質としてまず数えあげられるのは、理性、思惟、そして認識である。したがって自然と精神との対立が、まずこの側面から考察されたのは、正当であった。人間にだけ具わっている理性に対する固い信仰、そして思惟や認識はすべて完全に主観に属しており、自然はまったく理性や思想を欠いたものであるという確信、それに加えて、カントによって再覚醒された力動的なものも、ふたたびただ単に高次の機械的なものに姿を変え、精神的なものとの同一性においては決して認識されなかったために、いたるところで支配的になってしまった機械論的な考え方、これらが、いま述べた考察の歩みの正当性を十分に根拠づけている。ところがいまや、自然と精神との対立の根は引き抜かれている。[3]その後、よりよい認識に向かっていたるところで前進がなされており、それにそのまま任せておけば、いっそう正しい洞察が確立されていくであろう。

いまや、高次の、あるいはむしろ本来の対立が現れるべきときである。すなわち、必然性と自由との対立が現れるべきときである。この対立とともに、哲学の最内奥の中心点がはじめて考察の対象に上ってくる。

IX

筆者は自分の体系の最初の一般的な叙述を（『思弁的自然学雑誌』において）発表したが[4]、その続きはもろもろの外的事情のために残念ながら中断されてしまったため[5]、その後は、探究を自然哲学的なもののみに制限してきた。また『哲学と宗教』という著作[6]において開かれた端緒も、もちろんその叙述のせいであるが、不明瞭なままにとどまった。その

VII334

x

後現在のこの論文を発表するのであるが、この論文が、筆者が哲学の理念的な部分についての自分の考えを十分な明晰さをもって提示する最初のものである。それ故、もしかの最初の叙述が若干の重要性をもっていたとするならば、それに並びうるものとして、筆者はまず第一にこの論文を挙げなければならない。この論文は、その対象の性質からしてすでに、他のすべてのもっと部分的な叙述よりも、体系の全体に関して、より深い解明を含まざるをえないからである。

本論文で論じられる主要な論点、すなわち意志の自由や、善と悪、人格性等々について、筆者はこれまでどこにも自分の考えを表明してこなかった（唯一『哲学と宗教』という著作を除いて）。それにも拘わらず、これらの点に関する特定の、しかもこの――まったく注目されなかったように見える――著作の内容と全然合致しない意見が、それぞれの人々の勝手な考えに従って、筆者に帰せられた。いま述べた事情［自分の考えを表明してこなかったこと］も、それを妨げることができなかった。加えて、まったく不適格ないわゆる信奉者たちが、筆者の諸原則に従ったと称して、他のもろもろの事柄に関してと同様、これらの事柄に関しても、多くのまちがったことを申し立てたように思われる。

本来の意味での信奉者というのは、実際、ただできあがって完結した体系のみがもちうるものであろう――私にはそう思われる。筆者はそのようなものをこれまで打ち立てたことはなく、ただそのような体系のいくつかの個別的な側面を（しかもその個別的な側面にしても、多くの場合、ただ個別的な、たとえば論争上の関係において）示したにすぎない。それで筆者は、自分の著作を一つの全体の断片であると宣言したのである。そうした断片の連関を見てとるためには、おしつけがましい追随者たちに通常見いだされるよりも、もっと繊細な観察能力が必要であったし、また反対者た

(a)　『シェリング全集（Sämmtliche Werke）』（Hrsg. v. K. F. A. Schelling）では「序文（Vorrede）」が「はしがき（Vorbericht）」に改められ、「人間的自由の本質」に関する記述のこの最初の段落は省略されている。

(b)　底本（『シェリング哲学著作集』第一巻）では「これ（dieselbe）」となっているところを、『シェリング全集（Sämmtliche Werke）』（Hrsg. v. K. F. A. Schelling）では「以下の論文（die folgende Abhandlung）」に修正している。

ちに通常見いだされるよりも、もっと善い意志が必要であった。筆者の体系の唯一の学問的な叙述は、それが完成されなかったために、その本来の意図に関して、誰からも理解されなかった。あるいはせいぜいのところ、ごくわずかの人にしか理解されなかった。この断章が発表されるとすぐに、一方では、中傷や歪曲が、他方では、解説や改作、翻訳が始まった。後者のうちでも、もっと天才的であると称する言葉に置き換えられたものが（というのも、ちょうどその頃、
XI まったく節操のない詩的な陶酔が人々の頭を占領していたからであるが）、最悪の種類のものであった。[7] いまふたたび、 VII335
より健全な時代が訪れようとしているように見える。誠実なもの、勤勉であるもの、真心からするものがふたたび求められている。フランスの芝居の主人公たちがするように、新しい哲学の金言名句を並べ立てて気取ったりした連中、あるいは綱渡り師のようなあぶなっかしいふるまいをしていた連中の空虚さの正体に、人々は広く気づき始めている。それと同時に、新しいものが出るとさっとつかまえて、それをいたるところの市場で、手回しオルガンに合わせるようにして、声が枯れるまで歌いまくっていた別の連中も、とうとう、あちらでもこちらでも、人々に嘔吐を催させるようになってきた。こういう連中には、もうすぐに聴衆が誰もいなくなるであろう。とくに、高名な作家がよく用いる言い回しを集めただけのわけの分からないラプソディーに関して、そのどれについても、批評家たちが——元来は悪意のない批評家たちが——それらは高名な作家の原則に従って書かれたものであるなどと言わないでくれるならば、そういった連中には聴衆はいなくなるであろう。批評家たちは、むしろこのような連中をすべて、彼ら自身のものを書く連中として取り扱ってもらいたい。ほんとうは誰もやはり自分自身のものを書く者でありたいと思っているのであるし、ある意味では実際多くの連中がそうした者であるのである。

そういうわけで、この論文が、一方では多くの偏見を、他方では多くの軽はずみで浅薄[a]なおしゃべりを打ちこわすのに実際に役立ってくれればうれしいのであるが。

XII 最後にわれわれの希望を述べておきたい。いま述べたような観点から筆者をあからさまに、あるいは陰に隠れて攻撃

399

した人々もまた、いまや、この論文においてなされているように、自分の意見を率直に表明してもらいたいものである。自分の対象を完全に支配することが、その対象を自由に、また巧みに作りあげていくことを可能にするのであるが、論争という螺旋状の不自然で終わりのない歩みは、実際、哲学の形式ではありえない。しかしさらにいっそうわれわれが希望したいのは、力を合わせて努力するという精神がますます強固になること、そして、あまりにもしばしばドイツ人を支配する党派的精神が認識と見解の獲得を妨害しないようになることである。この認識や見解を完全に仕上げていくという仕事は、昔からドイツ人に課されてきたように思われるのであるが、それがドイツ人にとっていまほど近いものになったことはおそらくかつて一度もなかったのである。

ミュンヘン　一八〇九年三月三十一日

【序　論】

【一】

人間的自由の本質についての哲学的探究は、一部は、この自由の正しい概念に関わるものでありうる。というのも、自由の感情がそれぞれの人間にどれほど直接的に刻み込まれているにしても、自由の事実というものは、やはり決してそんなに表面的なものではなく、そのために、この事実を言葉で言い表すためだけにでも、感受性の通常以上の純粋さと深さとが要求されるであろうからである。そしてこの探究は、一部は、この自由の概念と学問的世界観の全体との連

（a）底本で「浅薄な（seichte）」となっているところを、全集版では「安易な（leichte）」に修正しているが、底本に従って「浅薄な」と訳した。

関に関わるものでありうる。［この二つの側面があるが］しかし、いかなる概念も個別的には規定されえない。それと全体との連関が実際に示されることによって、やっとはじめて、この概念が最後に学問的に完成したものになるのである。このことは、この自由の概念の場合には、とくに当てはまるものでなければならない。というのも、この概念は、もしそれがそもそも実在性をもつとすれば、決して単なる従属的な概念、あるいは副次的な概念ではなく、体系全体を統べる中心点の一つでなければならないからである。そうであるが故に、いま述べた探究の二つの側面は、どの場合においてもそうであるように、ここでも一つに合体するのである。

古いが、しかし決して消えてしまってはいないある風説に従えば、たしかに、自由の概念はそもそも体系と相容れない、と言われる。また、統一性と全体性とを要求する哲学はすべて自由の否認に行きつく、とも言われる。

この種の一般的な断言を論駁するのは、簡単ではない。なぜなら、この体系という言葉にすでに、何かそれを制限するような観念が結びつけられているかもしれず、もしそうであれば、この主張はたしかにまったく真実であることを述べてはいるが、しかしまたまったく当たり前のことを述べているにすぎないかもしれないからである。あるいは、この［自由と体系とが相容れないという］主張は、体系の概念が総じて、それ自体として、自由の概念と衝突するという意見なのであろうか。もしそうであるとすれば、個人の自由はそれでもやはり何らかの仕方で世界全体（それが実在論的に考えられても、観念論的に考えられても、いずれでもかまわないが）と関連しているわけであるから、自由がそれと両立する何らかの体系が、少なくとも神的悟性のうちには存在していなければならないが、これは［体系の概念が自由の概念に衝突するという前提からすれば］おかしなことである。

そのような体系は［神的悟性のうちにはありえても］、人間的悟性の洞察にまでは達しえないと主張されるかもしれないが、そのように一般的に主張することもまた、何も主張しないことと同じである。というのも、［自由と世界全体とが関連しているという］陳述［の意味］が理解されるのであれば、それに応じて、その陳述は、真か、または偽のいずれかで［のみ］あ

401

りうるからである。問題は、人間がそもそも認識を行う際の原理をどう規定するか、という点にある。そのような［世界全体の体系の］認識を想定することには、セクストゥスがエンペドクレスに関係して言っていることが適用されるであろう。「文法学者や無知な人々は、このような認識を、大言壮語や、他の人々を見下すこと――これらは、ほんのちょっとでも哲学の訓練をつんだ人であれば誰にとっても縁遠いはずの性質である――から生じてきたものだと考えるかもしれない。しかし、自然学の理論から出発して、等しいものは等しいものによって認識されるということが、まったく古くからの教えであるということを知る者は（この教えはピタゴラスから由来すると言われているが、しかしプラトンのうちに見いだされ、しかもそれよりずっと前にエンペドクレスによって言いだされたものである）、哲学者がそのような（神的な）認識を主張するということを、それというのも、哲学者のみが悟性を純粋に、悪意に濁らされずに保持し、自己の内にある神によって自己の外にある神を把握するからである、ということを理解するであろう」*。ところが、学問を嫌う人々においては、学問だといえば、通常の幾何学の認識のように、まったく抽象的で、生命を欠いた認識のことだと考えることが、実際、しきたりになってしまっているのである。

＊セクストゥス・エンピリクス『文法学者たちを駁して（adversus Grammaticos）』第一巻第一三節二八三頁（ファブリック版）。

［世界全体の体系は人間的悟性の洞察にまでは達しないと一般的に主張するくらいなら］根源的存在者の意志ないし悟性においてもこの体系を否認する方が、より簡単、あるいはよりはっきりしているであろう。言いかえれば、そもそも存在するのは個別的な意志のみであって、そのおのおのが独立して一つの中心点をなしており、フィヒテの表現を借りて言えば、各自の自我は絶対的な実体であると言う方が[8]、より簡単で、よりはっきりしているであろう。しかし、理性というのはもともと統一性を要求するものであり、そのような理性を退けようとするならば、自由と人格性とをあくまで要求する感

情の場合と同様、いつもただ力ずくの命令によるしかない。ところがこの力ずくの命令は、しばらくのあいだはもつが、しかし結局は自壊してしまう。それでフィヒテの教説も、統一性を承認することを――道徳的世界秩序[9]という貧弱な形においてではあったが――言明しなければならなかったのである。しかしそのことによってフィヒテの教説は直接に数々の矛盾や、不当な帰結に陥ったのである。

したがって、先の［自由の概念と体系とは相容れないという］主張を証明しようとして、単に歴史的な立場から、つまりこれまでの哲学の諸体系から、いかに多くのものが引き合いに出されようとも――（理性と認識との本質そのものから汲みとられた論拠を、われわれはそのような試みのどこにも見いださなかった）――、自由の概念と世界観の全体との連関は、おそらくつねに一つの必然的課題の対象でありつづけるように思われる。そしてその課題を解決しなければ、自由の概念そのものがゆらいでしまい、哲学が実際、まったく無価値なものになってしまうように思われる。というのも、この大きな課題のみが、認識に向かってのあらゆる努力――もっとも低いものからもっとも高いものに至るまでの努力――の、意識されない、目に見えない原動力であるからである。必然性と自由との矛盾がなければ、哲学だけでなく、精神の高次の意欲もすべて死のなかに沈んでしまうであろう。死は、この矛盾が適用されない学問にはもとから属しているのである。

理性と手を切って、問題から身を引くということが考えられるかもしれないが、しかしそれは、勝利よりもむしろ逃走に似ているように思われる。もしそうすれば、それと同じ権利をもって、別の者が、自由に背を向けて、理性や必然性の腕のなかに身を投じるかもしれない。そこでは、勝利への原因となるものは、一方の側にも、また他方の側にもない。

【二】

この同じ意見［自由の概念と体系とは相容れないという意見］が、もっとはっきりと表現されたことがある。すなわち、唯一可能な理性の体系は汎神論であるが、しかし汎神論は不可避的に宿命論である*という命題においてである。

*以前になされたこの種の主張はよく知られている。(10)『インド人たちの言語と知恵について（Über die Sprache und Weisheit der Indier）』という著作の一四一頁においてフリードリヒ・シュレーゲルが述べた言葉、すなわち「汎神論は純粋理性の体系である」(11)という言葉が、はたして別の意味をもちうるのかどうかは、われわれは未決定のままにしておく。

そのような一般的な——それによって見解全体が一挙に表示される——名称は、まちがいなくすぐれた発明である。ある体系に対して一度正当な名称が見いだされれば、残りのものは自ずから出てくる。そして人々は、その体系がもつ独自なものをより厳密に探究するという労苦から解放される。無知な者でさえ、ただそうした名称が彼に告げられさえすれば、ただちにこの名称の力を借りて、もっともよく考え抜かれたものを断罪することができるのである。そうではあるが、いまの命題のようにただならない主張の場合には、すべては、この概念をより詳しく限定することにかかっている。

なぜなら、もし汎神論が諸事物の神における内在を説く教説以上の何ものをも意味しないとすれば、理性的な見解はすべて、何らかの意味でこの教説に引きつけられざるをえないということは、おそらく否定されえないであろうからである。しかし、何らかの意味でと言うときの、その意味がまさに、ここでは大事な分かれ目となる。宿命論的な意味が汎神論に結びつけられうるということは否定できないが、しかし、宿命論的な意味が本質的にそれと結びついているのではないということは、次のことから明らかである。すなわち、こんなにも多くの人々が、まさに、この上なく生き生きとした自由の感情によって、かの汎神論の体系へと駆り立てられたということから明らかである。

たいていの人々は、もし誠実であれば、次のように告白するであろう。つまり、個人の自由は、自分のもろもろの観念がそうであるように、最高存在者のほとんどすべての性質、たとえば全能といった性質と矛盾しているように自分には思われる、というように告白するであろう。もし自由をもちだせば、神的な力の外に、またそれと並んで、一つの原理的に無制約な力があることを主張することになるが、この神的な力の外に、またそれと並んである無制約な力というのは、最高存在者について彼らがもっている諸概念に従えば、考えることのできないものである。天空にある太陽が、すべての天体の光を消し去ってしまうのと同じように、あるいはそれよりももっとずっと、無限な力はすべての有限な力を消し去ってしまう。唯一の存在者のなかにある絶対的な原因性は、他のすべての存在者に対して、ただ無制約の受動性だけを残すのである。それだけでなく、すべての世界存在者は、神に依存しており、その存続さえ、たえず更新される創造であるにすぎない。この創造において、有限な存在者は、やはり限定をもたない一般者としてではなく、具体的に限定された、個別的存在者として生みだされる。つまり、他のいかなる思想や努力、行為ではなく、まさにこの思想や努力、行為を具えた存在者として生みだされる。人間が行為できるように神は自分の全能を抑制する、と言ったり、あるいは、神は自由を許容する、と言ったりすることは、何の説明にもならない。というのも、もし神が一瞬でもその力をひっこめれば、人間は存在することをやめてしまうであろうからである。

　このような立論に対抗して、そこから逃れるためには、次のような道をとる以外に、何か別の道があるであろうか。すなわち、人間の自由は全能に対立する形では考えることができないので、人間をその自由とともに神的存在者そのもののなかに救いあげて、人間は神の外にあるのではなく神のなかにあると言うこと、そして人間の活動そのものもともに神の生に属していると言うこと、これ以外に別の道があるであろうか。まさにこのような点から、あらゆる時代の神秘主義者や宗教的心情をもった人々は、人間と神との統一に対する信仰へと至ったのである。この信仰は、理性や思弁にかなったものであるのと同じ程度に、あるいはそれ以上に、もっとも内面的な感情にもかなったものであるように見える。いや、聖書自身が、ほかならぬ自由の意識のうちに、われわれが神のうちに生き、神のうちにある(12)という信仰のしるしとあかしとを見いだしているのである。

VII340

405

そうであれば、これほど多くの人が、人間に関して、まさにその自由を救うために主張したその教説［神における諸事物の内在を説く教説］が、どうして必然的に自由と衝突しうるであろうか。

【三】

汎神論の説明としては、普通にはそれの方がより的確であると信じられている、もう一つ別の説明がある。その別の説明とは、もちろん、汎神論は、神と諸事物とを完全に同一視するところにある、あるいは被造物と創造者とをまぜこぜにするところにある、というものである。ここからさらに、その他のぎくしゃくした、そして聞くに堪えない主張が導きだされてくる。

そのような意味での汎神論の教説としてスピノザが古典的と見なされているが、しかし、スピノザにおいて見いだされる区別以上に、諸事物を神から全面的に区別したものは、ほとんど考えることができない。

神とはそれ自身においてあり、また自己自身からのみ把握されるものである。[13] それに対して、有限なものは、必然的に他のもののうちにおいてあり、ただ他のものからのみ把握されうるものである。[14] この区別に従えば、諸事物は――［スピノザの］変様の教説を表面的に解すればそのように見えるかもしれないが――単に程度上、あるいは諸事物の制限のために、神から異なっているのではなく、明らかに全面的に（toto genere）神から異なっている。たとえ諸事物の神に対する関係がその他の点でどのようなものであれ、次の点で、諸事物は神から絶対的に区別されている。すなわち、諸事物はある別のもの（すなわち神）のうちにおいてのみ、またそれに従ってのみ存在することができるという点、そして諸事物の概念は派生的な概念であり、神の概念がなければ決して可能ではないような概念であるという点において、絶対的に区別されている。というのも、逆に神は、ただひとり自立的かつ根源的なものであり、ただひとり自己自身を肯定するものであって、他のすべてのものは、それに対してただ肯定されたものとしてのみ――ただ帰結が根拠に対するようにのみ——関係しうるにすぎないからである。

この前提のもとでのみ、諸事物のその他の諸性質、たとえば永遠性も妥当するのである。神はその本性に従って永遠であるが、諸事物の方は、ただ神とともにのみ、そして神の現存在の帰結としてのみ、すなわち派生的な仕方でのみ永遠である。まさにこの区別があるが故に、普通そう言われるように、すべての個別的な諸事物が集まって神を構成する、ということはありえないのである。というのも、どのような集め方をしても、本性上派生的なものが、本性上根源的なものへと移行することはできないからである。ちょうど、円周上の個別な点をいくら集めても、円周を構成することができないのと同じである。そうであるのは、全体としての円周が、それら個別な点に対して、概念上必然的に先行するからである。

VII341

以上よりさらにばかげているのは、スピノザにおいては、個物でさえ神と等しいものでなければならないという推断である。というのも、スピノザにおいては、それぞれの事物は変様された神であるという強い表現が見いだされるとしても、この［変様された神］という概念の要素［つまり、変様と神］はまったく矛盾したものであって、それらが一緒にされるや否や、この概念はふたたび分解してしまうからである。変様された、すなわち派生した神というのは、本来のすぐれた意味における神ではない。この［「変様された」という］一つの付け加えによって、事物はふたたび自分の場所に戻る。

406

この場所によって事物は永遠に神から分かたれているのである。

このような曲解は、他の体系においてもおびただしく生じているが、そうしたものが生じてくる根拠は、同一性の法則についての、あるいは判断におけるコプラ（繋辞）の意味についての一般的な誤解のうちにある。一般に受け入れられている説明に従えば、命題は、主語と述語との同一性を言い表すものであるが、どんな可能な種類の命題においても、主語と述語との一様性が、あるいは両者の無媒介的な連関だけが言い表されているということはない——というのも、一つの例をとって言えば、「この物体は青い」という命題は、この物体が、それにおいて、またそれによって物体であるところのものにおいて、またそれによって青くもある、という意味をもつのではなく、この物体であるところのものが、まさにその同じ観点においてではないが、また青くもある、という意味をもつにすぎないからである――。このことは子どもにでも分からせることができる。それにも拘わらず、コプラの本質についての完全な無知を示しているこの前提が、同一性の法則の高次の適用[15]に関わって、われわれの時代においてもたえずなされている。

たとえば「完全なものは不完全なものである」という命題が立てられたとしよう。その場合、その意味は、不完全なものは、それが不完全であることによって、またそれがそこにおいて不完全であるものによってではなく、それのうちにある完全なものによって存在するということである。ところが、われわれの時代にとっては、この命題は次のような意味をもつ。すなわち、完全なものと不完全なものとは一様であるという意味を。つまり、すべてが互いに等しくなる。たとえばもっとも悪いものともっとも善いもの、愚かさと賢さといったものが。

あるいは「善は悪である」という命題で言えば、それが意味するのは、悪は自己自身によって存在する力をもたない、悪のなかにあるものは（それ自体として見られれば）善である、ということである。それが今日では次のように解釈される。正と不正、徳と悪徳との永遠の区別は否定される、両者は論理的に同一のものである、というように。

あるいは別の言い回しで、「必然的なものと自由なものとは一つである」という言明がなされるとき、それが意味するのは、道徳的世界の本質であるその同じものが（究極のところで言えば）自然の本質でもある、ということである。それが今日では次のように理解される。すなわち、自由なものとは、自然力、バネにほかならず、これは、他のすべてのものと同様、機械的な法則の支配下にある、というように。

同じことが、「霊魂は肉体と一つである」という命題においても起こる。この命題は今日では次のように解釈される。すなわち、霊魂は物質的であり、空気、エーテル、神経液等々である、というように。というのも、その逆のこと、つまり肉体が霊魂であるということ、あるいは先の命題で言えば、必然的に見えるものもそれ自体としては自由なもので

Ⅶ342

あるということ、これもまったく同様に当の命題から引き出してくることができるのであるが、それは慎重に排除されるからである。

これらの誤解は、もしそれらが故意になされたものでないとするならば、弁証法についての未成熟さ——その程度たるや、ギリシア哲学がほとんどその第一歩において踏み越えたほどのものであるが——を前提としており、そこでは論理学の徹底的な研究の推奨が差し迫った責務となる。

古くからの深い意味をもった論理学は、主語と述語とを、先行するものと帰結するもの（前件と後件 antecedens et consequens）として区別し、それによって同一性の法則の実質的な意味を言い表した。同語反復的な命題においてさえも、もしそれがまったく無意味なものであってはならないとすれば、このような関係がひそんでいるのである。(16) たとえば「物体は物体である」と言う人は、この命題の主語において、たしかに述語においてとは何か別のものを考えているのである。すなわち、主語においては統一性を、述語においては、物体という概念に含まれている個別な諸性質を考えているのである。この諸性質は、ちょうど前件が後件に対するのと同じように、物体に関係する。やはり比較的古くからある別の言明が意味するのも、まさにこのことである。この言明では、主語と述語とは、包み込まれたものと繰り広げられたもの（implicitum et explicitum）として対置された。*

＊ラインホルト氏は論理学によって哲学全体を改造しようとした人である。(17) 氏はライプニッツが歩んだ跡を歩いていると思い込んでいるが、しかしその氏もまた、ライプニッツがすでにヴィソヴァティウスを論難した際に(18)（デュタン版著作集、第一巻一一頁）、コプラの意味について語ったことをご存じないと見えて、相変わらずこの錯誤——そのために氏は同一性と一様性とを混同しているのであるが——にとらわれて、疲労困憊しておられる。われわれの前にある雑誌のなかには、彼に由来する次のような言葉がある。「プラトンやライプニッツが要求するところによれば、哲学の課題は、有限なものが無限なものに従属していることを提示することにある。それに対して、クセノファネスやブルーノ、スピノザ、シェリングが要求する

ところによれば、それは、両者の無制約的な統一性を提示するところにある」[19]。ここで言われている統一性は、それに対置されているものから考えると、明らかに同等性（Gleichheit）を意味するものでなければならないが、そうであれば私はラインホルト氏に、少なくとも最後の二人［スピノザとシェリング］に関しては、氏が誤謬に陥っていると断言する。有限なものが無限なものに従属していることを言い表すものとして、スピノザの上述の表現よりもさらに明確な表現がどこに見いだされるであろうか。生きている者は、もはや存命していない人々が非難中傷されないように心を砕かなければならない。それはわれわれが、われわれの後に生きる人々が、われわれに対して同じように振る舞うことを期待するのと同じことである。いまはスピノザについてだけ問題にするが、次のように問いたい。ある体系を根本から知ろうとはせずに、ただこれはよいと思ったことをでまかせに主張し、あれやこれやをねつ造してその体系になすりつけたりするのはまるでごくごく小さなことだと見なしたりするやり方は、いったいどのように名づけられるべきであるか、と問いたい。通常の道義の具わった社会であれば、それは良心を欠いた破廉恥なことだと言われるであろう。――いま言及した同じ雑誌の別の個所によれば、ラインホルト氏にとって、すべての新しい時代の哲学の根本的欠陥は、かのやや古い時代の哲学の根本的欠陥とまったく同様に、統一性（同一性）と連関（つながり）とを、さらには相違（多様性）と区別とを区別しなかった（ごちゃごちゃにし、混同した）点にある。ラインホルト氏はその論敵のうちに、ほかならぬ彼自身がもちこんだ欠陥を見いだしているのであるが、これが最初の例ではない。彼が必要な精神の医学(Medicina mentis)[20]を自分に対していかに用いるか、そのやり方がこれであるように思われる。ちょうど、過敏な想像力をもった人々が、他人を自分だと思いこませる薬によって治ったという例を見たいというときの一例のようであるが。なぜなら、やや古い時代の、そして新しい時代の哲学との関わりで指摘されているこの欠陥、つまり、ラインホルト氏が統一性と呼んでいるもの――しかし実際は一様性であるもの――と、連関との混同という欠陥を、ほかならぬラインホルト氏自身以上に明確に犯している人が誰かいるであろうか。氏は、諸事物が神のなかに包含されているということを、スピノザに対して、氏によって主張されている両者の同等性として解釈し、また（実体に関して、あるいは本質に関して）相違がないことを、一般に、（形式に関して、あるいは論理的概念に関して）区別がないことと見なしている。もしスピノザが実際に、ラインホルト氏が解釈しているように理解されなければならないとすれば、事物と事物の概念とは一つであるといった周知の命題も、例えば軍隊の代わりに、軍隊の概念によって敵を打ち破ることができるかのように、あるいはそれに類した仕方で理解されなければならなくなってしまうであろう。これは実際、まじめで思慮深い人であれば、必ずや自ら、うまくできすぎていると感じる帰結である。

409 【四】
　しかしながら、と今度は上述の主張の弁護者たちは言うであろう。そもそも汎神論において問題になっているのは、 VII343
410 神がすべてであるということ（これは、神の諸性質に関する通常の考え方に従えば、首尾よく避けることのできないこ
とである）ではなく、諸事物が無であること、つまりこの体系があらゆる個体性を廃棄することである、と言うであろう。
　この新しい規定はたしかに、前の規定とは矛盾しているように見える。なぜなら、もし諸事物が無であるのなら、神
をそれとごちゃまぜにするということは、どうして可能であろうか。そうしたとしても、あるのはいたるところ、 VII344
純粋で混じりけのない神性だけであろう。
　あるいは、もし神以外に（単に神の外に別個に（extra）というだけでなく、神に添えて（praeter Deum）という意味でも）
何もないのであれば、単なる言葉上のことではなく、それとは違った仕方で、神はいかにして万物でありうるのであろ
うか。それ故結局、この［汎神論という］概念全体がそもそも解体し、無のなかへと消え去ってしまうように思われる。
　そうでなくても、そのような一般的な名称を復活させることによって多くのことが得られるのかどうか、大いに疑わ
しい。そのような名称は異端者の歴史においては尊重されるかもしれないが、しかし精神の所産にそれを適用すること
は、あまりにも粗雑な取り扱いであるように思われる。というのも、精神の所産においては――この上なく精妙な自然
現象においてと同じように――ほんのちょっとした微妙な規定が本質的な変化を引きおこすからである。
　いま最後に挙げた［神以外に何もないという］規定がスピノザにも適用されうるかどうかということが、なお疑念の対象
となりうるであろう。というのも、スピノザは実体のほかには（praeter）この実体の変様態（Affektionen）をしか承
認せず、諸事物はこの変様態であると言明する[21]のであるが、この変様態という概念はたしかに、まったく否定的な概念
であり、何ら本質的なもの、あるいは積極的なものを表現していないからである。しかしながら、この概念は、さしあ
たってはまったくただ、諸事物の神に対する関係を規定するためにのみ用いられているのであって、それ自体として見

られたとき諸事物が何でありうるかを規定するために用いられているのではない。この規定がたしかに欠けているのであるが、しかしそこから、諸事物が総じてまったく積極的なものを（たとえ派生的な仕方においてであれ）含んでいないと結論づけることはできない。

411

　スピノザのこのきわめて生硬な表現は、おそらく次のことを言い表している。すなわち、個別的な存在者は実体それ自身である、ただし、実体の変様つまり帰結の一つにおいて見られた実体それ自身である、ということを。いま無限な実体をAとし、その帰結の一つにおいて見られた実体を A/a としよう。そうすれば、A/a のうちの積極的なものは、もちろんAである。しかし、だからといって、A/a＝Aということは出てこない。すなわち、その帰結においてみられた無限な実体は、そのもの自体として見られた無限な実体と一様である、ということは出てこない。あるいは、言いかえれば、A/a は（Aの帰結ではあるが）一つの固有な特別な実体ではない、ということは出てこない。

　もちろんこのことはスピノザにおいては言われていない。しかし、まず第一に、ここでは汎神論一般が問題にされているのであるし、第二に、問われているのは、いま示された見解がスピノザ主義とそれ自体において相容れないのかどうか、ということだけであるにすぎない。相容れないと主張するのは難しいであろう。というのも、ライプニッツのモナドというのは、とりもなおさず、上述の表現で A/a とされたものであるが、このライプニッツのモナドがスピノザ主義を論駁する決定的な手段ではないということが認められたからである。[22]

VII345

　この種の補足なしには、スピノザの多くの表現は謎のままにとどまってしまう。たとえば、人間の霊魂の本質は神の生きた概念――これは永遠なものと（一時的ではないものと）明言される――である[23]、といった表現である。それ故実体は、それの他の帰結、つまり A/b、A/c、……においては、たとえただ暫時、住するにすぎないとしても、しかしかの帰結、つまり人間の霊魂、すなわちaにおいては、永遠に住するであろう。そしてその故に、実体は A/a として、Aとしての自己自身からは、永遠の、そして移ろうことのない仕方で分かたれているであろう。

412

【五】

さて上の理解をさらに進めて、——個体性の否定ではなく——自由の否定こそが汎神論の本来の性格であるという主張がなされるとすれば、その他の点では汎神論から本質的に区別される多くの体系が、いっしょに、この汎神論という概念のなかに包摂されてしまうことになるであろう。というのも、観念論の発見に至るまでは、自由の本来の概念は、比較的近い時代のすべての体系に——スピノザの体系においてと同様、ライプニッツの体系においても——欠けていたからである。逆に言うと、われわれの時代の多くの者が考えた自由——それらの人々は、自由を考えただけでなく、さらにそれの生き生きとした感情を誇るのであるが、そしてそれらの人々に従えば、自由とは、とりもなおさず叡知的な原理の、感性的な原理や欲望に対する支配[24]と考えられるのであるが——、そのような自由であれば、スピノザからさえも、いろいろ手こずった後でということでなく、ごく容易に、しかもいっそう明確な形で引きだすことができるであろう。したがって、自由一般を否定するか、あるいは主張するかは、汎神論の立場（諸事物の神への内在という意味での）を取るか、取らないか、ということとはまったく別の事柄に基づいているように思われる。

もちろん一見したところでは、たしかに、自由は、神との対立のなかで自己を維持することができなかったために、ここで、すなわち「汎神論から帰結する」同一性のなかで没落するかのように見える。しかし、われわれは次のように言うことができる。すなわち、そのように見えるのは、同一性の法則が、不完全な、そして空虚な仕方で考えられたことに基づく、と。

この原理「同一性の法則」は、ただ単にぐるりと一回転するだけで、なんの進歩をもせず、したがって、鈍く、生命を欠いてさえいるような統一を表現しているのではない。この法則が言い表わしている統一は、直ちに創造的な統一である。主語の述語に対する関係のうちに、根拠の帰結に対する関係があることをわれわれはすでに示した。つまり、根拠の法則「根拠律」は、同一性の法則と同様に根源的な法則である。永遠なるものは、それ故、直接に、そしてそれ自身

VII346

においてあるあり方そのままに、根拠でもなければならない。

永遠なるものが、その本質によって、それに対して根拠であるもの［つまり、根拠から生じる帰結］は、そのかぎりで、依存的なものであり、また内在の観点から言えば、永遠なるもののうちに含まれたものでもある。

しかし［まず第一に］依存性は、自立性を廃棄することはない。いわんや自由を廃棄することはない。依存性は本質を限定するのではなく、ただ、依存するものが――たとえそれがどのようなものであれ――、それに対して依存的であるものの帰結としてのみあるうる、ということを語っているにすぎない。依存性は、依存するものが何であるかを、そしてまた、それが何でないかを語るものではない。有機的な個体はすべて、生成したものとして、ただ他の有機的な個体を通してのみある。そのかぎりでそれは依存的である。しかしその生成に関して依存的なのであって、その存在に関して依存的であるのではない。人間の子である者自身が、また同時に人間であることが、少しも矛盾でないように、神である者が同時に産みだされるということは、そしてまた、その逆も、不合理ではない――このようにライプニッツは語る[25]。逆にもし、依存するもの、あるいは帰結するものが自立的でないとすれば、このことこそ、むしろ矛盾であろう。というのも、そうなれば、依存するものなき依存性、帰結するものなき帰結（Consequentia absque Consequente）があることになってしまうからである。したがってそこでは現実的な帰結もまた存在しないことになる。すなわち、［帰結という］概念そのものがなくなってしまうことになる。

［第二に］これと同じことが、他のもののうちに含まれている、という事態についても当てはまる。体の個々の部分、たとえば眼は、有機体の全体のなかでのみ可能である。それにもかかわらず、それはそれだけで一つの生命、いやそれどころか一種の自由をもっている。この自由をそれは、病気にかかりうるということによってはっきりと示している。もし他のもののうちに含まれたものが、それ自身生きたものでないとしたならば、含まれたものなき包含がある、ということになってしまうであろう。つまり、何ものも含まれていない、ということになってしまうであろう。

神的存在者自身の考察は、［有機体についての考察よりも］ずっと高い立場を与えてくれる。自立的なものの産出、言い
かえれば、自立的なものの定立ではない帰結は、神的存在者の理念に完全に矛盾する。神は、死せるものの神ではなく、
414 生けるものの神であるからである。(26) この上なく完全な存在者が機械のうちに、たとえそれが可能なかぎり完全な機械で
あるとしても、そのうちに満足を見いだすといったことは、とうてい理解することができない。もろもろの存在者が神
から帰結する仕方は、たとえどのように考えられるとしても、しかし、機械的な仕方であることはできない。単にひき
起こすとか、立てるとかいうことではありえない。ひき起こされたものは、それだけで見れば、無であるからである。 VII347
同様に流出（Emanation）でもありえない。流れでるものは、それがそこから流れでた当のものと同一のものであり、
したがって、なんら固有のもの、自立的なものではないからである。

諸事物が神から帰結するということは、神の自己啓示（Selbstoffenbarung）である。神はしかし、それに似たもの
においてのみ、すなわち、自己自身に基づいて行為する自由な存在者においてのみ、自らに対して顕になることができ
る。自由な存在者が存在するためには、神以外のいかなる根拠も存在しない。しかしそれらは、神があるのと同様に[a]あ
る。神が語る、それとともに、それらはそこにある。(27)

もし仮に、いっさいの世界存在者が、神の心のうちで考えられた観念であるにすぎないとしても、まさにその［神によっ
て考えられたものであるという］理由によってすでに、この世界存在者は、生き生きとしたものであるに違いない。それと
同じように霊魂によってもまた、観念が生みだされる。生みだされた観念は、生みだされたにもかかわらず、一個の独
立した力であり、それだけで活動しつづける。実際、人間の霊魂のなかで絶えず成長を続け、ついには、自分の母親［霊魂］
を服従させ、支配下に置くに至る。そうではあるが、しかし、世界存在者の種別化の原因である神の想像力は、創りだ
されたものにただ観念的な現実性のみを付与する人間の想像力と同じではない。(28) ただ自立的な存在者のみが、神的性格
を表わしだすものでありうる。つまり、われわれの表象に制限を与えているのは、まさに、われわれが非自立的なもの

415

を見る、という点であり、それ以外の何が、われわれの表象の制限でありうるであろうか。神は物自体を直観する。自体的にはただ、永遠なもの、自己自身に基づくもの、意志、自由のみがある。派生的な絶対性、ないし神性という概念は、決して矛盾したものではなく、それどころか、むしろ哲学全体の中心概念でさえある。このような神性は、自然に帰属している。

神における内在と自由とは、決して矛盾しない。まさに自由なもののみが、そしてそれが自由であるかぎりで、神のうちにある。それに対して自由でないものは、そしてそれが自由でないかぎりで、必然的に神の外にある。

【六】

このような一般的な演繹は、それ自身では、事態をより深く見ている人には、はなはだ不十分であろう。しかしそのような一般的な演繹からも、次のことだけは明らかになっている。すなわち、形式的な自由[29]の否定と、汎神論とが、必ずしも結びついていない、ということが。

このようなわれわれの主張に対して、スピノザ主義がもちだされることはおそらくないであろうと、われわれは考える。誰かあるひとりの人間の頭のなかで組み立てられた体系が、優れた意味での（κατ᾽ ἐξοχήν）理性体系であるということ、あるいは永遠、かつ不変の理性体系であるということを主張するには、[30]少なからぬ勇気がいることであろう。いったいスピノザ主義という言葉のもとに、何が理解されているのであろうか。たとえばスピノザのさまざまな著作のなかで提示されている教説全体のことであろうか。したがって例をあげれば、彼の機械的な物理学をも意味するのであろう

（a）底本で「同様に（so wie）」となっているところを、全集版では「や否や（sowie）」に修正しているが、底本に従って「同様に」と訳した。

VII348

か。もしその全体でないということであれば、どのような原理に基づいて、それを分けたり、領域区分したりしようと言うのであろうか。というのも、そこでは、並外れて徹底した、そしてただ一つの首尾一貫性が、すべてを貫いている、と一般に言われるからである。

ある時代に次のような主張がなされえたということは、ドイツの精神発展の歴史のなかで、いつまでも注意を引く一大事件でありつづけるであろう。すなわち、神と諸事物とを、そして被造物と創造者とをごっちゃにし（このようにこの体系は理解された）、すべてを、一つの盲目的な、思想を欠いた必然性のもとに置いた体系が、理性にとって可能な――純粋な理性から紡ぎだされ、展開されうる――唯一の体系である、という主張がなされえたということは。

この主張を理解するためには、それよりもう一つ前の時代に支配的であった精神を思い起こすことが必要である。その当時、フランスの無神論においてその不逞不遜の頂点に達した機械的な考え方が、次第に広まり、ついにはすべての人の頭脳を占領するまでになっていた。ドイツにおいても、このような見方や説明の仕方が、本来の、そして唯一の哲学であるとみなされ始めていた。しかし、もともとのドイツ的な心情は、このような機械的な考え方から生じる帰結とは、けっして調和することができなかった。その結果まず生じたのが、比較的近い時代の哲学的文献のなかに特徴的に見いだされる、頭と心との分裂(31)であった。つまり、人々はその帰結を忌み嫌ったのであるが、しかし、この考え方の根底にあるものそれ自身から自分を解放することはできなかったし、また、より良い考え方へと自分を高めることもできなかった。

ともかく人々は、この帰結を言い表わそうとした。ドイツ的精神は、この機械的な哲学を、ただその（ドイツ的精神の考えるところでは）最高の表現においてのみ受け取ることができたので、結局、次のような恐ろしい真理が語られることになったのである。すなわち、ただただ純粋に理性にかなった哲学はすべて、言葉通りすべて、スピノザ主義である、あるいは、それになる、と。

このようにしていまや、すべての人が、深淵に対して注意、というように警告を受けたのである。深淵は、隠されることなく、すべての人の目の前に示された。つまり、なお可能であるように見えた唯一の手段がすでに執られた。かの大胆な言葉は、しかし、危機を引き起こした。ドイツ人たちを驚かせ、破滅への道を歩む哲学そのものから、後ずさりさせた。つまり、彼らを、心や内的な感情、信仰へと引き戻した。今日では、しかし、あのような考え方も、もうとっくに過去のものになっており、観念論のより高次の光がわれわれを照らしている。したがって、あの当時と同じ主張が、同じ程度に理解され、受け入れられるということもないであろうし、また、同じ結果を引き起こす恐れもないであろう。*

＊フリードリヒ・シュレーゲル氏は『ハイデルベルク文学年報』（第一巻第六冊、一三九頁）(32)に発表したフィヒテの近年の諸著作に対する書評のなかで、フィヒテに対して次のような忠告を与えている。もし論争を企てるのであれば、もっぱらスピノザをたよりにした方がよい、というのも、スピノザにおいてのみ、形式に関しても、また首尾一貫性に関しても徹底して完成された汎神論の体系――この汎神論は、上に引用した言葉にしたがって言えば、同時に純粋理性の体系である――が見いだされるからである、という忠告を。この忠告は他の場合であれば、何らかの利益を与えてくれるかもしれない。しかし、フィヒテ氏はまちがいなく（スピノザ主義としての）スピノザ主義を知識学によって論駁したと考えており、しかもその点に関してフィヒテ氏はまったく正当であるのであるから、この忠告は奇妙だと言わざるをえない。ひょっとすると観念論は理性の作品ではないということなのだろうか。理性体系であるという、シュレーゲル氏言うところの悲しむべき名誉は、実際、ただ汎神論とスピノザ主義にのみ残されているのであろうか。

417

【七】

さてそれではここで、スピノザ主義についてのわれわれの明確な見解をはっきりと提示しておきたい。この体系は、諸事物が神のうちに含まれていると主張するのであるが、しかし、それの故に、それは宿命論であるのではない。というのも、すでに示したように、汎神論は、少なくとも形式的な自由を不可能なものとするのではないからである。したがってスピノザが宿命論者であるのは、まったく異なった、それから独立した根拠に基づいてでなければならない。彼の体系の誤りは、けっして、彼が諸事物を神のうちに置いた、という点にあるのではない。そうではなく、それらが、［単なる］事物である、という点にある。言いかえれば、世界存在者の、いやそれどころか、無限な実体そのものの――それもまたスピノザにとってはまさに一つの物である――抽象的な概念［理解］のうちにある。そのために彼の主張するところは、自由と相容れず、完全に決定論的であり、決して汎神論的ではない。

スピノザは意志をも一つの物として取り扱う[33]。そしてまったく自然に、次のように証明する。意志は、その作用のいかなる場合においても、他の物によって限定されていなければならない。そしてこの他の物も、ふたたび別の物によって限定されている。そして次々に、果てしなく、と。彼の体系の生命のなさ、形式の情趣のなさ、概念や表現の貧弱さ、限定の仮借のない厳密さ――この厳密さは彼の抽象的な考察方法とぴたりと調和している――は、このようなところから来ている。彼の機械的な自然観もまた、まったく必然的な仕方でそこから出てくる。それとも人は、自然を力動的に見る見方[34]によってすでにスピノザ主義の根本的見解がその本質において変更を余儀なくされる、ということを疑うであろうか。

すべての事物が神のうちに含まれているという教説が、体系全体の基礎であるとするならば、少なくともこの教説にまず生命が付与されていなければならない。それが抽象化から隔てられていなければならない。そうしてはじめてこの教説は、理性体系の原理となることができる。

［それに対して］有限な存在者は、神の変様、ないし帰結であるといった［スピノザの］表現は、なんと一般的なことか。ここでは、なんと深い溝が埋められなければならないことか。なんと多くの問いが答えられなければならないことか。

VII350

スピノザ主義のなかに、ちょうど、愛の暖かい息吹きによって魂を与えられなければならなかったピグマリオン[35]の像

419

と同じ硬さを見ることができるかもしれない。しかしこの比較は完全ではない。スピノザの体系というのは、ごく大まかな輪郭が描かれたにすぎない作品に似ているからである。そのような作品のうちには、たとえ魂が与えられたとしても、まだなお欠けている、あるいは十分に仕上げられていない多くの特徴があることに気づかれるのである。むしろスピノザの体系は、最古の神々の像と比較することができるであろう。個性的な、そして生き生きとした特徴が見られなければ見られないほど、これらの像は逆に神秘的に見えたのである。

一言で言えば、スピノザの体系は一面的－実在論的な体系である。この表現はたしかに、汎神論という表現ほどに徹底した非難の言葉としては響かない。しかしこのスピノザの体系に固有なものをはるかに正確に言い表わしている。それはまたいまここではじめて用いられたわけでもない。この点に関して筆者［シェリング］の初期の著作のうちでなされた多くの説明をここで繰り返すのは、わずらわしいであろう。実在論と観念論の相互浸透[36]というのが、筆者の努力の意図するところであったことが、そこではっきりと語られている。スピノザの根本概念は、観念論の原理によって精神化され（そしてある決定的で本質的な点において変更を加えられ）、自然のより高次の見方の中で、そして力動的なものと心情的なもの、精神的なものとの統一が認識されることによって、生き生きとした基礎を獲得した。そこから自然哲学が生じた。自然哲学は、単なる物理学としてはたしかにそれだけ単独で成り立つことができた。しかし哲学全体との関わりにおいては、つねにただその一部、すなわち実在的な部分とみなされた。この部分は自由が支配する観念的な部分による補足によってはじめて、本来の理性体系へと高まることができると考えられた。後者（すなわち自由）のうちで、勢位を高める最後の働きが生じ[37]、この働きを通して、全自然が、感覚へ、そして知性へ、ついには意志へと変容を[38]遂げ、純化されると主張された。

究極の、そして最高の次元においては、意欲（Wollen）以外の何物も存在しない。意欲は根源的存在（Ursein）である。[39] 根源的存在のすべての述語、すなわち無根底性、永遠性、時間からの独立性、自己肯定といった述語は、意欲にのみふさわしい。全哲学は、ただこの最高の表現を見いだすことをめざして努力するのである。

420

【八】

この点にまでは、哲学はわれわれの時代に、観念論によって高められた。この観念論のもとでわれわれははじめて、われわれの対象［自由］の探求を本当に取り上げることができる。というのも、一面的－実在論的な、換言すれば独断論的な体系の立場から、自由の概念に対して提示されうる、そして実際に久しい以前から提示されている難問をすべて顧慮するということは、決してわれわれの意図するところではありえなかったからである。われわれは観念論を通して、以上のような点で、非常に高い立場に置かれたのであり、そしてまた、形式的な自由の最初の完全な概念をわれわれが観念論に負うということも確かなのであるが、しかし、［1］やはり観念論それ自体では決して完結した体系ではありえないし、［2］また、われわれがより厳密なもの、より限定されたものに立ち入ろうとするやいなや、観念論は自由の教説においてわれわれをやはり途方に暮れさせるのである。

［1］第一の点について言えば、体系にまで作り上げられた観念論においては、「活動、生命、そして自由のみが真に現実的なものである[40]」と主張することだけでは――それによっては、フィヒテの主観的な（自己自身を誤解している）観念論もまた成り立ちうる――決して十分ではない。むしろ、同時に逆に、すべての現実的なもの（自然、諸事物の世界）が、活動、生命、そして自由を根底にもつということを示すことが要求される。フィヒテの表現を使って言えば、自我性（Ichheit）がすべてであるだけでなく、逆にまたすべてが自我性でもあることを示すことが要求される[41]。

自由をまさに哲学の一にして全なるものにしようという思想[42]は、人間の精神を、単にその自己自身への関係においてだけでなく、全体として自由のうちに置いた。そして学問に対して、そのすべての部門において、これまでのどの革命よりも力強い転換を与えた。観念論の概念は、われわれの時代の高次の哲学、とくにその高次の実在論の成立を祝う真

VII351

421

の聖別式である。しかしこの高次の実在論を批評しようとする人、あるいはそれを自分のものにしようと言う人には、自由こそが、この高次の実在論のもっとも内奥の前提であるということをよく考えてもらいたい。実際にはなんとそれとは異なった光のうちでこの実在論は見られ、把握されることであろうか。

ただ自由を味わった人だけが、すべてを自由に類似したものにしようという欲求、自由を全宇宙にまで拡大しようという欲求を感じる。この道をたどって哲学へと至ったのではない人は、他の人々に従い、他の人々がすることをただまねるだけにすぎない。なぜ他の人々がそうするのかを感じることなしにただまねるだけにすぎない。

しかしカントが、まず最初、物自体を現象からただ消極的に、時間からの独立性ということを通して区別したのに対し[43]、その後『実践理性批判』の形而上学的な究明において、時間からの独立性と自由とを、実際、相関する概念として取り扱ったにも拘らず[44]、この自体的なもの（An-sich）の唯一可能な積極的概念〔自由〕を、諸事物にも移すという思想にまで進んで行かなかったということは、いつまでも奇妙なこととして残りつづけるであろう。もしそうしていればカントは、ただちに、より高い考察の立場へと、彼の理論哲学を性格づけている否定性を越えて高まったことであろう。

［2］しかし他面では、自由が自体的なもの一般の積極的な概念であるとすれば、人間の自由についての探求はふたたび一般的なものに投げ返されてしまう。というのも、人間の自由がひとえにその上に根拠づけられた叡知的なものは、物自体の本質でもあるからである。したがって人間の自由の特異な点、すなわちほかならぬ人間の自由を限定しているものを示すためには、単なる観念論は十分ではない。

422

同様に、汎神論が観念論によって廃棄され、根絶されると考えるのも誤謬であろう――この考えは、ただ、汎神論と一面的な実在論とを混同することからのみ起こりうる――。なぜなら、個別な事物があって、それが一つの絶対的な実体のうちに包含されているか、あるいは、それと同じだけの個別な意志があって、それが一つの根源意志に包含されているかは、汎神論そのものにとっては、まったく同じ事柄であるからである。第一の場合には汎神論は実在論的であり、

VII352

第二の場合には、観念論的である。しかし根本概念はどちらにおいても同一である。

まさにここから、自由の概念のうちにあるもっとも深い困難は、観念論だけを採用しても——ある別の部分的な体系によってと同様——解決されないということを前もって見て取ることができる。つまり観念論は一方では自由のもっとも一般的な、そして他方では、単に形式的な概念を与えるにすぎない。それに対して自由の実在的で生き生きとした概念というのは、自由とは善と悪との能力である、というものである。

【九】

この点がまさに、自由についての教説全体のなかで、もっとも深い困難な点である。この困難はずっと以前から感じとられていたものであり、単にあれやこれといった、個々の体系にのみ関わるのではなく、多かれ少なかれすべての体系に関わる。*

*フリードリヒ・シュレーゲル氏は、彼のインドに関する著作(45)やその他のいくつかの個所で、この困難をとくに汎神論に対して主張したという功績を有している。ただそこで残念なのは、この明敏な学者が、悪の起源と、悪の善に対する関係についての自分自身の見解を明らかにしないほうがよいと考えた点である。

423

［1］その困難がもっとも目立った形で関わるのは、もちろん、内在の概念に対してである。というのも、もし悪が現実にあることが認められれば、［内在ということから］不可避的に悪を無限な実体ないし根源意志そのもののなかにあわせて定立せざるをえず、まさにそのことによって最高度に完全な存在者という概念は、全面的に破壊されることになるからである。あるいは［それを回避するためには］、悪の実在性が何らかの仕方で否定されなければならない。しかしその場合には同時に自由の実在的な概念もまた消滅してしまう。

VII353

424

［2］しかし逆に、神と世界存在者とのあいだに、もっとも遠く離れた連関のみが想定された場合でも、やはり困難は減少しない。なぜなら、この連関が単にいわゆる関与（concursus）、あるいは被造物の行為に対する神の必要最小限の力添え――これは、被造物がその本質において神に依存する以上、たとえ他の点で自由が主張されるとしても、想定されざるをえないものである――に限定されるとしても、神が、悪を共同して生みだしたものとして現われるということは否定しようがないからである。というのも、徹底して依存的な存在者の場合においては、許容するということは、共同原因者となるということとほとんど変わらないからである。それが困ると言うのであれば、先ほどと同様、何らかの仕方で悪の実在性が否定されなければならない。

［a］被造物のもつ積極的なものはすべて神に由来するという命題は、この体系においても主張されなければならない。もし悪のなかに何か積極的なものがあると想定されるならば、この積極的なものも神に由来する。この主張に対して、悪のなかにある積極的なものは、それが積極的なものであるかぎり、善いものであると、異議が唱えられるかもしれない。しかしそのように異議が唱えられても、悪は消滅しない。また悪が説明されるということもない。というのも、悪のなかに有るものが善いものであるとしても、この有るものがそこにおいて有る当のもの、つまり、本来悪を構成している基底の方は、いったいどこから来るのであろうか。

［b］この主張とまったく異なっているのは（もっとも、しばしばそれと混同され、近ごろもまた混同されたのであるが）、悪のなかにはどこにも積極的なものはない、言いかえれば、悪は（別の積極的なものといっしょにでも、あるいはそれに付随してでも）まったく存在しないという主張、つまり、すべての行為は多かれ少なかれ積極的であり、その間の区別は単に完全性のプラスないしマイナス［多い少ない］にすぎないという主張である。この完全性のプラス、マイナスということによってはいかなる対立も根拠づけられず、そこでは悪がまったく消え失せてしまうのである。積極的なものはすべて神に由来するという命題に関して可能な第二の想定は、ここに主張されたようなものであろう。

VII354

それに従えば、悪のうちに現われる力は、たしかに善のうちに現われる力と比較すれば、それよりも不完全であるが、しかしそれ自体としては、つまり比較を離れて考察すれば、それ自身やはり一つの完全性であり、他のすべての完全性と同様、神から導きだされなければならない。そこにおいてわれわれが悪と名づけるのは、単に、完全性の度合いがより少ないということであるにすぎない。この完全性の度合いの少なさは、ただわれわれの比較に対してのみ、欠乏として現われるのであり、その本性においては決して欠乏ではない。これが、スピノザが真に言おうとしことであることは否定できないであろう。

［c］上に見たディレンマから、次のように答えることによって逃れようと誰かが試みるかも知れない。つまり、神に由来する積極的なものは、それ自体としては悪に対しても、また善に対しても無差別（indifferent）な自由である、と答えることによって。しかしもしこの人が、この無差別を単に消極的にのみ考えるのではなく、善と悪への生き生きとした、積極的な能力として考えるとすれば、それだけですでに、善意そのものと考えられる神からどのようにして悪への能力が結果しうるのか、ということが分からなくなる。ついでに言えば、自由が上に述べた概念に従ってそうあらねばならないものであるとすれば（そして自由はまちがいなくそのようなものであるが）、まさに上で試みられた、神からの自由の導出も正しいものではないということが、以上のことから明らかになる。というのも、も
425 し自由が悪への能力であるとすれば、自由は、神から独立した根をもっていなければならないからである。

［3］この結論に駆られて、二元論の腕に身を投じるように誘惑されるということもありうるであろう。しかしこの体系は、もし本当に、二つの絶対に異なった、相互に独立した原理についての教説として考えられるとするならば、理性の自己分裂と絶望の体系であるにすぎない。

しかしそれに対して、悪しき根本存在者が何らかの意味で善い根本存在者に依存していると考えられるとするならば、たしかに、悪が善に由来するということの困難さ全体が、一つの存在者に集中させられるということはあるにしても、

しかしそのことによって困難自体が減るということはない。むしろそれは増える。たとえこの第二の存在者が最初は善く創られ、自分の咎によって根源的存在者から堕落したと考えられる場合であっても、神に逆らう所行への最初の能力がどこから出てくるのかは、これまでのどの体系においても、つねに説明されないままに置かれている。

［4］したがって最後に、世界存在者と神との同一性だけでなく、両者のどのような連関をも廃棄し、世界存在者のいま現にある存在全体、それ故また世界の現存在を神からの離隔（Entfernung）としてみなそうとしても、[46]困難はただ一歩だけ先送りされただけにすぎず、決して廃棄されはしないであろう。なぜなら神から流れでることが可能であるためには、世界存在者はすでに何らかの仕方で現に存在していなければならないからである。したがって流出論が汎神論に対置される[47]ということはとうていありえないであろう。なぜなら流出論は諸事物が神のうちにもともと実存することを、したがって汎神論を明らかに前提とするからである。

上に言った離隔を説明するためには、しかし、ただ次のようなことが考えられるにすぎないであろう。まず第一に、この離隔は、諸事物の側からは意図せざる、しかし神の側からは意図した離隔であるということが考えられる。もしそうであれば、諸事物は神によって災いと邪悪の状態に追放されたのであり、したがって神がこの状態を創りだした当の本人ということになる。第二にそれは、諸事物と神のどちらの側からも意図されたのではない離隔であるということが考えられる。たとえば何人かの人がそう表現するように、存在するものの過剰によって引き起こされるという考えである。しかしこれはまったく根拠の薄弱な考えである。第三にそれは、諸事物の側から意図された離隔、つまり神から身をもぎ離すことと考えられる。したがってまたある罪過――それには一層深いそれへの沈潜が続くのであるが――の結果として考えられる。その場合、この最初の罪過がまさしくすでにそれ自身悪であり、それ故そこでは悪の起源の説明は少しも与えられていない。この補助思想は、この世界における悪を説明する際に、逆に善をまったく抹消し、汎神論に代わって汎悪魔論を導入するのであるが、しかしこの補助思想なしには、流出の体系においてまさに、善と悪との

VII355

あらゆる本来的な対立が消え去ってしまう。つまり最初のもの［純粋に善なるもの］も、無限に多くの中間段階を通って、次第次第に弱まっていき、もはや善の輝きを少しももたないものになってしまう――プロチノスが＊根源的な善の、質料と悪とへの移行を、細かい議論を重ねて、しかし不十分な仕方で記述しているが、ほぼそれと同じように――。すなわち、絶えざる下降と離隔とを通して、それを越えてはもはや何も生じない最後のものが現われる。まさにこれ（それ以上に産みだすことができないもの）が悪である。言いかえれば、最初のものの後にもし何かがあるとすれば、最後のものもまた、つまり最初のものをまったくそれ自身のうちにもたない最後のものもまた存在しなければならない。そしてこれが質料であり、悪の必然性なのである。

＊『エネアデス』第一、第八巻第八節(48)。

427

【一〇】

以上の考察に従えば、この困難さに伴う重荷全体をただ一つの体系にのみ(49)負わせるのは、たしかに正当ではないように思われる。とくに、それに対置される――そしてそれより高次の体系であると自称する――体系(50)も、それと同じように満足を与えないからである。観念論の一般的な議論もここでは何の助けにもなりえない。古い時代の哲学が立てた、もっとも純粋な顕現（Actus purissimus）(51)としての神についての抽象的な諸概念や、近頃の哲学が、神をすべての自然から十分に遠く引き離そうという配慮から繰り返してもちだす諸概念では、まったく何もすることができない。神は単なる道徳的世界秩序(52)といったものよりもっと実在的なものであり、抽象的な観念論者の貧しく、また理屈っぽい議論が神に帰しているのとはまったく別の、そしてもっと生き生きとした活動力をそれ自身のうちにもっている。すべての実在的なものに対する嫌悪は、実在的なものと少しでも接触すれば精神的なものが不純にされると考えるのであるが、そ

VII356

428

のような嫌悪はまた当然悪の起源に対する眼差しをもふさがざるをえない。

観念論も生きた実在論をその基底としてもっていなければ、ライプニッツやスピノザ、あるいはその他の任意の独断論の体系と同様に、空虚で抽象的な体系になる。近世ヨーロッパの全哲学はその（デカルトによる）はじまり以来、自然がそれには存在せず、生きた根底がそれには欠けているという共通の欠点をもっている。そのためにスピノザの実在論は、ライプニッツの観念論と同様に抽象的である。観念論は哲学の魂であり、実在論はその肉体である。ただ両者合してはじめて一つの生きた全体を形作るのである。実在論は決して原理を提供することはできない。しかしそれは、観念論が自己を現実化し、肉と血とをもつにいたる根底であり、手段でなければならない。

もしある哲学にこの生きた基礎が欠けているとすれば――このことは、観念的な原理の方もこの哲学ではもともとただ力弱い仕方でしか働いていなかったことを通常示しているが――、この哲学は、自存性（Aseität）[53]、変様などの、現実性の生命力と充溢とにこの上なく著しい対照をなす抽象的概念をもつ体系になってしまう。観念的な原理が実際に高度に力強く働いているとしても、しかし宥和し、媒介する基底を見いだすことができない場合には、この原理は、陰鬱で荒々しい熱狂を生み、この熱狂が爆発すると、自己の身を引き裂いたり、あるいはフリジアの女神[54]に仕える司祭たちの場合のように、自己を去勢したりするようになる。このような自己去勢は、哲学においては、理性と学問との放棄によって遂行される。

Ⅶ357

【本　論】

【第一章　実存するものと実存の根底】

【一】

ずっと以前から、しかしとくに最近になって混乱に陥っている本質的な諸概念を正すことからこの論文を始めることが必要であるように［筆者には］思われた。したがってこれまで述べられてきた事柄は、われわれの本来の探求の単なる序論とみなすことができる。

われわれはすでに、ここに生じている課題に完全な満足を与える見解は、ただ真の自然哲学の諸原則からのみ展開されうるということを明らかにした。もちろんそう言うことによってわれわれは、この正しい見解が、すでにずっと以前から小数の人々[55]のうちに存在していたことを否定するのではない。まさにこの人々こそがまた、古くからすべての実在的な哲学に対して用いられてきた唯物論とか、汎神論といったような中傷の言葉を恐れることなく、自然の生き生きとした根底を探り、彼らを神秘主義者として排斥した独断論者や抽象的観念論者とは反対に、自然哲学者（二つの意味において[56]）であった人々なのである。

429

【二】

われわれの時代の自然哲学[57]がはじめて学問のうちで、実存するかぎりの存在者と、単に実存の根底であるかぎりの存在者との間に区別を立てた。この区別は、自然哲学の最初の学問的な叙述に際して立てられた。*

430

＊これは『思弁的自然学雑誌』第二巻第二冊五四節注解、九三節注解一、さらに一一四頁の定義に見られる。(58)

この自然哲学がスピノザの道からもっとも はっきりと離れるのは、まさにこの点であるにもかかわらず、ドイツにおいては今日に至るまで、この自然哲学の形而上学的原則がスピノザのそれと同じであるという主張が通ってきた。同時に自然と神とのもっとも明確な区別を引きだすのも、まさにこの区別であるにもかかわらず、なおかつ自然哲学を、神と自然とを混同するものとして弾劾することがまかり通ってきた。

本研究が基づいているのも、まさにこの区別であるから、ここでこの区別の説明のために以下のことを言っておきたい。

【一三】

神以前には、あるいは神以外には何もないのであるから、神は自己の実存の根拠を自己自身のうちにもっていなければならない。そのことはすべての哲学が言う。しかしこれらの哲学は、この根拠を何かある実在的で現実的なものにするということはしない。一つの単なる概念として、この根拠について語る。

神がそれ自身のうちにもつこの実存の根拠は、絶対的に見られた神、すなわち実存するかぎりの神ではない。なぜならこの根拠は、実際、神の実存の根拠にすぎないからである。この根拠は自然――神のうちの自然である。(59) たしかに神から切り離すことはできないが、しかしやはり神からは区別される存在者である。

この関係は、自然における重力と光との関係によって類比的に解明することができる。重力は光の永遠に暗い根底として光に先行する。この根底自身は顕勢的（actu）ではなく、光（実存するもの）が現われるとともに、夜のうちに逃れ去る。光でさえも、重力がそれによって閉じ込められている封印を完全に除き去ることはできない。* 重力はまさにその故に絶対的同一性の純粋な本質でも、その顕勢的な存在でもない。そうではなく絶対的同一性の自然からのみ生じてくる。** あるいは、それは自然である。つまり、ある特定の勢位（Potenz）において見られた自然である。というのも、付け加えて言えば、重力との関係において実存するものとして現われてくるものも、それ自体としては再び根底に属するからであり、したがって絶対的同一性の絶対的存在の彼岸にあるものはすべて自然一般であるからである。***

* 前掲書五九、六〇頁(60)。
** 同四一頁(61)。
*** 同一一四頁(62)。

ついでながら先に述べた先行という点について言えば、それは時間上の先行とも、本質の優先性とも考えることができない。すべてのものがそこから生まれてくる円環のうちでは、一者がそれによって産みだされるものが、それ自身再び、一者によって産出されるということは、少しも矛盾ではないのである。ここでは最初のものも最後のものもない。すべてが互いに相手を前提しあっているからである。どれも他ではないが、しかし他なしには存在しない。(63)

神はそれ自身のうちに実存の内的な根拠をもつ。この根拠はそのかぎり、実存するものとしての神に先行する。しかし同様に神はまた、根底に先行するもの（Prius）でもある。というのも、もし神が顕勢的に実存しないとすれば、根拠は、根拠それ自身としても存在することができないであろうからである。

431

【一四】

諸事物から出発する考察も、これと同じ区別に行きつく。最初にまず内在の概念が——それによってたとえば、諸事物が神のうちに死んだような仕方で包摂されているということが表現されようとするかぎり――すっかり排除されなければならない。われわれはむしろ、生成の概念が、諸事物の本性にふさわしいただ一つの概念であることを認める。しかし諸事物は絶対的に見られた神のうちで生成することはできない。なぜなら諸事物は全面的に（toto genere）、より正確に言えば、無限に神から異なっているからである。神から区別されてあるために、諸事物は、神とは異なった根底において生成しなければならない。しかしまた神以外には何も存在しないのであるから、この矛盾は次のような仕方でしか解決することができない。すなわち、諸事物はその根底を、神自身のうちの神自身でないもののうちにもつ。* 言いかえれば神の実存の根底であるもののうちにもつ。

*これこそ、唯一の正しい二元論である。つまり、［二元論でありながら］同時に統一を許す二元論である。[64] 先に、変容された二元論を問題にしたが、[65] その立場では悪の原理は、善の原理に並立するのではなく、それに従属するものであった。誰かが、ここで定立された関係を、かの変容された二元論と混同するということを恐れる必要はないであろう。かの二元論においては、従属するものは、変わることなくつねに本質的に悪しき原理であり、まさにその故に、その神からの由来に関して、まったく理解できないものにとどまるのである。

この存在者を人間的により身近な形で理解したいと考えるのであれば、それは永遠の一者が自己自身を産もうとして感じる憧憬である、[66] と言うことができる。憧憬は一者そのものではないが、しかしやはりそれと同様に永遠である。
432 それは神、すなわち測りがたい一者を産もうとする。しかしそのかぎりで、そのなかにはまだ統一は存在していない。したがって憧憬はそれ自身として見られるならば意志でもある。しかしそのなかに悟性[67]が存在しない意志である。それ故また自立的な、そして完全な意志ではない。というのも悟性こそ本来、意志の中の意志であるからである。それでもやはり憧憬は悟性の一つの意志である。すなわち悟性の憧憬であり、欲望である。意識を伴った意志ではなく、予感する意志である。そしてその予感するところが悟性である。われわれが語っているのは、それ自体としてみられた憧憬

VII359

の本質についてである。この本質は、そこから立ち現われてきた高次のもの[68]によってすでに久しい以前に押しのけられているけれども、そしてまた、それは感性的にではなく、ただ精神と思想によってのみ把握されうるのであるけれども、しかしこの本質はよく注視されなければならない。

自己啓示の永遠の所行の後では、すなわちわれわれがいま眺める世界においては、すべてが規則であり、秩序であり、形式である。しかしその根底にはつねになお無規則的なものがある。いつか再びそれが突如としてもう一度現われでるかのような仕方で。秩序や形式が根源的なものであるとは、どこを見ても見えない。そうではなく、最初にあった無規則的なものが秩序へともたらされたように見える。この最初にあった無規則的なものこそ、諸事物における実在性の把握しがたい基底である。VII360 決して割り切れることのない余りである。最大の努力を払っても悟性に解消し尽くされることなく、永遠に根底に残りつづけるものである。この悟性なきものから、本来的な意味において悟性が生まれたのである。この先行する暗闇なしには被造物の実在性は存在しない。闇は被造物が必然的に相続した遺産なのである。神のみが――それ自身実存するものである――純粋な光のなかに住している。なぜなら神のみが自己自身によって存在しているからである。

人間のうぬぼれは、自分がこのような根底から出ているというその起源に対して抵抗を示す。そしてそれを否定する道徳的な根底（根拠）を探しだそうとさえする。しかしわれわれは、全力を尽くして光へと向かうように人間を駆り立てるものとして、433 深い夜の意識、つまり、人間がそこから高められ、現存在するに至った源である深い夜の意識以上のものを知らないと言えるであろう。もしそうであれば悟性なきものが悟性の根とされ、夜が光の初めとされるではないかというめめしい嘆きは、もちろん部分的には事柄の誤解に基づいている（というのも、この見解をとる場合であってもなお、概念の上では悟性と本質との優先性が存続しうるということを、そのように嘆く人は理解しないからである）。しかしこの嘆きは、今日の哲学者たちの実際の体系を言い表わしている。彼らは電光から煙を（fumum ex fulgore）[69]

作りだそうとしたのであるが、しかしそのためには、フィヒテの力づくの急降下でさえ十分ではない。すべての誕生は暗闇から光への誕生である。種子は地のなかに埋められ、闇のなかで死ななければならない[70]。そうすることによってより美しい、光輝く姿が現われでて、陽光のもとで花開くのである。人間は母胎のなかで作られる。悟性なきものの暗闇から（認識のすばらしい母である感情や憧憬から）光輝く思想がはじめて生い育つ。したがってわれわれは根源的な憧憬を次のような形で思い描かなければならない。つまり根源的な憧憬は、――ちょうどわれわれが憧憬のなかで未知の、いまだ名前をもたない善を求めるように――いまだ知ることのない悟性へと向かう。そしてまた、プラトンの質料[71]に似て、波打ち、荒れ狂う海のように、暗い不確かな法則に従って、そしてそれ自身ではなにか持続的なものを形成する力なく、予感しつつ動く――このように思い描かなければならない。

しかし、なお暗い根底であり、神の現存在の最初の活動であるこの憧憬に対応して、神自身のなかに、一つの内的な、そして反省的な表象が生まれる。この表象は神以外の別の対象をもつことができない。それ故神はこの表象を通して、自己自身を一つの似姿のうちに見るのである[72]。この表象は絶対的に見られた神がそのなかで現実的なものとなった最初のものである。もちろん神それ自身のなかにおいてではあるが。この表象は最初に神とともにあるものであり、神のうちで産みだされた神自身である[73]。この表象は同時に悟性――つまりかの憧憬の言葉である[74]*。自己のうちにある言葉を、そして同時に無限な憧憬を感じとる永遠の精神は、その精神自身がそれである愛[75]によって動かされ、その言葉を語る。その結果、いまや悟性は、憧憬と一緒になって、自由に創造する全能の意志となる。そのエレメント（固有の領分）であり、また道具でもある自然、最初は無規則であった自然のなかで悟性は像を形成する[76]。

＊「謎の言葉」と言われるが、そのような意味において。

この自然のなかでの悟性の最初の働きは、諸力の分開(Scheidung)である。[77] この諸力の分開を通してのみ悟性は、ちょうど種のなかに含まれているように、自然のなかに無意識に、しかし必然的に含まれている統一を展開することができるのである。それはちょうど人間において、なにかを創造しようとする暗い憧憬のなかに、次のような仕方で光が入り込んでくるのに似ている。つまり、諸思想の混沌とした混合状態――ここでは諸思想すべてが連関しあいながら、しかしそのどれもが他の思想が際立つのを妨げている――のなかで諸思想が分かれると同時に、根底のうちに隠れて横たわり、すべてを自己のもとに包んでいる統一が現われでてくるという仕方で。あるいは植物において、ただ諸力の展開と広がりに比例してのみ重力の暗い紐帯が解け、分かれた素材のなかに隠されていた統一が展開されるのと似ている。

つまりこの存在者（原初の自然という存在者）は、神の実存の永遠の根底にほかならず、自己自身のうちに神の本質を――もちろん閉じ込められた仕方においてではあるが――いわば深い暗闇のなかに輝く生命のきらめきとして含んでいなければならない。[78] 憧憬はしかし、悟性によって刺激されると、いまや自己のうちにつかまえられた生命のきらめきを保持しようとつとめ、また自分を自分自身のなかに閉じ込めようとつとめる。根底がつねにあり続けるためにである。ここで悟性、あるいは原初の自然のなかに置かれた光が、自己自身のなかに戻ろうとつとめる憧憬を刺激し、諸力の分開へと（暗闇の放棄へと）促す。しかしまさにこの分開のなかで、分かれたもののなかに閉じ込められている統一を、言いかえれば隠された光のきらめきを浮かび上がらせる。このような仕方ではじめて概念的につかむことのできるもの、個別的なものが成立する。しかもそれらが成立するのは、外的な表象によってではなく、真の構想（Ein-Bildung、中に-形成すること）[79] によってである。成立してくるものは自然のなかに形成し入れられるのであるからである。あるいはもっと適切に言えば、呼び覚ますことによってである。なぜなら悟性は、分かたれた根底の内に隠されている統一、すなわちイデアを浮かび上がらせるからである。この分開のなかで分離された（しかし完全に別々のものになってしまったのではない）諸力は、後に肉体が形作られる際の素材となる。それに対して、分開のなかで、したがって自然の根底の深みから、諸力の中心点として成立してくる生き生きとした紐帯は、霊魂である。根源的な悟性は、自分からは独立した根底から霊魂を内的なものとして浮かび上がらせるのであるから、霊魂はまさしくこの故に、それ自身一つの特殊な、自分だけで存立する存在者として、根源的悟性から独立して存在する。

436

【一五】

容易に洞察されるように、完全な生誕のためにどうしても必要な憧憬の抵抗を受けながら、諸力のもっとも内奥の紐帯は、ただ段階的に生じる展開のなかでのみ、解けていく。[80] そして諸力の分開のそれぞれの度合いに応じて新しい存在者が自然のなかから生じる。[81] この新しい存在者が、他の存在者のうちではまだ区別されていないものを、区別された形でより多く含めば含むほど、その霊魂はより完全でなければならない。続いて起こる一つ一つの過程が、次第に自然の本質に近づき、諸力の最高の分開のなかでもっとも内奥の中心[82]が現われるに至るまでを示すことは、完璧な自然哲学の課題である。

目下の目的のためには、ただ次のことだけが重要な意味をもつ。上に述べたような仕方で自然のなかに生じた存在者はすべて、それ自身のうちに二重の原理を含んでいる。根本においてはそれは同一のものであるが、しかし二つの可能な側面から考察されたときには二重である。第一の原理は、まさにそれによって諸々の存在者が神から区別されるもの、あるいはそれによってそれらが単に根底のうちにあるものである。しかし根底のうちで前もって形作られているものと、悟性のうちで前もって形作られているものとの間には、一つの根源的な統一が生じる。そして創造の過程は、ただ最初の暗い原理を光へと内的に変化させ、変容させることのみをめざす（なぜなら悟性、あるいは自然のなかに置かれた光は、根本においてただそれと類似した、内に向けられた[a]光のみを求めるからである）。したがってその本性においい

（a）底本では「それらに（ihnen）向けられた」となっているが、新哲学文庫版に従って「内に（innen）向けられた」と読む。

437

て暗い原理は、まさに同時に、光へと変容される原理であり、両者は、もちろん一定の度合いにおいてということであるが、すべての自然存在者において一つである。根底から由来し、暗いものであるかぎりではこの原理は、被造物の我意（Eigenwille）[83]である。そしてそれは、（悟性の原理である）光との完全な統一にまでまだ高められていない（光をまだ捉えていない）かぎりでは、単なる欲動ないし欲望、すなわち盲目的な意志である。この被造物の我意に対して、普遍意志である悟性が対立する。これは我意を使用し、単なる道具として自分に従属させる。しかしすべての力の変化と分開とが進み、最後に原初の暗闇のもっとも内奥、かつもっとも深い点が、ある存在者において全面的に光へと変容されているときには、この存在者の意志は、この存在者が個別的なものであるかぎりで、同様に一つの特殊意志であるが、しかしそれ自体としては、あるいは他のすべての特殊意志の中心としては、根源意志ないし悟性と一つである。このようにしていまや両者からただ一つの全体が生じるのである。

VII363

　最深の中心がこのように光へと高まるということは、ただ人間においてのみ起こるのであり、それ以外のわれわれに可視的な被造物のなかでは起こらない。人間のうちには闇の原理の全威力が存在する。そしてまさにその人間のうちに同時に光の全威力が存在する。人間のうちにはもっとも深い深淵ともっとも高い天とが、言いかえれば、二つの中心が存在する。人間の意志は、まだやっと根底のうちにあるにすぎない神の萌芽、永遠の憧憬のうちに隠された萌芽である。あるいは、神が自然への意志を抱いたときに認めた、深みのなかに閉じ込められた神的な生命のきらめきである。彼（つまり人間）のうちにおいてのみ神は世界を愛したのである。憧憬が光との対立状態に入ったとき、憧憬を中心において捕らえたのは、まさにこの神の似姿であった。

　人間は、根底から出てきている（被造物である）ということのために、神との関係において独立した原理をそれ自身のうちに含んでいる。しかしまさにこの原理は、光へと変容されているのであるから――だからといってこの原理がその根底に関して暗いものであることをやめるわけではないが――同時に人間のなかにある高次のものが、すなわち精神

438
が立ち現われる。というのも永遠の精神は、自然のなかへと、統一ないし言葉を語りだすからである。語りだされた（実在的な）言葉はしかしただ光と暗闇（母音と子音）との統一のなかにのみある。さてたしかにすべての事物のうちに二つの原理があるのであるが、しかし根底から出てきたものがもつ欠陥の故にこの二つの原理が完全に協和することはない。つまり他のすべての事物においてはなお抑制された、不完全な言葉が語られる。それに対し、人間においてはじめて完全な言葉が語りだされる。 VII364

さてこの語りだされた言葉のうちで、精神、すなわち顕勢的に（actu）実存する神は自己を啓示する。そして霊魂は、二つの原理の生き生きとした同一性であるときには、精神である。精神は神のうちにある。さてもし人間の精神のうちにおいてこの二つの原理の同一性が、神においての場合と同様に分かちがたいものであるとすれば、神と人間との区別は存在しないであろう。すなわち精神としての神は顕にはならないであろう。それ故、神のうちでは分離されえない統一が、人間のうちでは分かたれうるのでなければならない――そしてまさにこれが善と悪との可能性なのである。

【第二章　悪の可能性】

【一六】

われわれははっきりと、悪の可能性と言う。そしてまず二つの原理が分離しうるものであることだけでも明らかにしたいと思う。悪の現実性は、まったく別の探究の対象である。

自然の根底から押し上げられてきた原理――そのために人間は神から分かたれているのであるが――は、人間のうちの自己性（Selbstheit）[84]である。この自己性は、しかし、観念的な原理と統一されることによって、精神となる。自己性はそのものとして、精神である。言いかえれば、人間は、自己的で特殊な（神から区別された）存在者として精神で

439

ある。まさにこの結合が人格性を形作る。

しかし自己性が精神であることによって、自己性は、同時に被造物的なものから超被造物的なものへと引き上げられている。自己性は、自己自身をまったき自由において見る意志であり、もはや自然のなかで創造する普遍意志の道具ではない。それはいっさいの自然の上に、またその外にある。精神は、自然のなかで光と暗い原理との統一を超えて高まっており、光をも超えている。自己性は精神であることによって、二つの原理から自由になっている。

さて、しかし、この自己性ないし我意は、我意がほんとうに根源意志（光）へと変化することによってのみ、精神となる。つまり、自由になり、そして自然を超える。我意は、根源意志へと変化することによって、もちろん（我意としては）なお根底にとどまっているが（根底はつねに存在しなければならないからである）――ちょうど、透明な物体において、光との同一性にまで高まった質料が、そこまで高まりながら、質料（闇の原理）であることをやめないように――、しかし、ただ光という高次の原理を支えるものとして、言わばそれを容れる容器として根底にとどまっているにすぎない。

しかし、自己性が精神をもつことによって（この精神は光と闇との上に立って支配するものであるから）、――言いかえれば、精神が永遠の愛の精神(85)でないときには――自己性は光から離れうるものとなる。あるいは我意は、ただ普遍意志との同一性においてのみそれであるところのものに、特殊意志のままで、なろうと努めることができる。さらに言いかえれば、我意は、中心にとどまるかぎりでそれであるところのものに（ちょうど自然の静かな根底のなかで安らう意志が、まさに根底のなかにとどまるが故に、普遍意志でもあるように）、周辺に(86)位置しながら、あるいは被造物でありながら、なろうと努めることができる（なぜなら、被造物の意志はもちろん根底の外にあるからである。しかしそこでは意志はまた、単なる特殊意志であり、したがって自由ではなく、縛られている）。かくして、人間の意志のなかで、精神的となった自己性が（精神は光を超えて立つが故に）光から分離するということが生じる。つまり、神のなかでは

Ⅶ365

解き離しがたく結びついていた二つの原理が解き離されるということが生じる。

440

　これとは逆に、人間の我意が、中心意志として根底のなかにとどまり、二つの原理のあいだに神的な関係が成り立っている場合には（つまり、意志が、自然の中心にあって、光を超えて自分を高めるようなことを決してせず、光のもとで、基底として根底のなかにとどまるような場合には）、そして、自己自身の原理を普遍的な原理から分離しようとする不和の精神に代わって、愛の精神が人間のなかで支配しているときには、意志は神的なあり様と秩序とのうちにある。

　——しかしまさに、先に述べた我意の高揚が悪であることは、以下の叙述から明らかになる。普遍的な意志としての自己を、同時に特殊なもの、被造物的なものとなそうとして、その超自然性から歩みでようとする意志は、原理間の関係を逆転し、根底を原因[87]の上へと高めようとする。あるいは、中心のためにのみ保持している精神を、中心の外で、そして被造物に対して用いようとする。ここから意志自身のなかにも、また意志の外にも、混乱が生じるのである。

　人間の意志は、生き生きとした諸力の紐帯と見なすことができる。さて、その意志自身が普遍意志との統一のうちにとどまるかぎり、諸力もまた神的な節度と均衡とを保つ。しかし、我意自身が、その本来の場である中心から離れるや否や、諸力の紐帯もまた消滅してしまう。そして紐帯に代わって単なる特殊意志が支配する。しかしこの特殊意志は、根源的な意志のように諸力を自己のもとに統合することができない。したがって特殊意志は、互いに離ればなれになった諸力から、つまり高ぶった欲望と欲求とから（なぜなら、個々の力はどれもまた欲動であり、欲求であるから）、自分だけの奇妙な生を形作る、あるいは組み立てるように努めざるをえない。このことが可能なのは、悪においてさえも、

441

VII366

諸力の最初の紐帯、つまり自然の根底がやはりなお存続しているからである。しかしそうは言っても、根源的な関係のうちに存立することができた生以外には、真の生というのはありえないので、そこにはなるほど自分自身の生が成立するが、しかしそれは見せかけの生であり、嘘の生、つまり不安と頽廃とからできあがったものである。

　ここでもっとも適切な喩えとなるのは病気である。病気は、自由の濫用によって自然のなかに生まれてきた無秩序

として、悪ないし罪と格好の対をなす。［1］全般的な病気は、根底の隠れた諸力が現れてくることがなければ決して存在しない。それが生じるのは、深みの静けさのなかで諸力の最内奥の紐帯として支配しているはずの刺激に敏感な（irritabel）[88]原理が自己自身を顕勢化させたときである。あるいは根源生命力（Archäus）[89]が刺激を受けて、中心にあるその静かな居所を離れ、周辺へと歩みでるときである。それに対して、根源的な治癒はすべて、中心に対する周辺の関係を回復するところにある。つまり、病気から健康への移行は、本来、いま述べたことと逆のこと、すなわち、分離した個別的な生を本質の内的な光のきらめきのなかへとふたたび取り戻すことによってのみ生じうる。もちろんこの取り戻しからふたたび分開（危機）が生じてくるが。

［2］部分的な病気もまた、全体のなかにとどまるということのためにのみ、その自由、あるいはその生命をもっているものが、自分だけであろうとすることからのみ生じる。

病気はもちろん実体的なものではなく、本来、ただ生の幻像であり、単に生の気象的な現象[90]——存在と非存在とのあいだの動揺——にすぎないものであるが、しかしそれにも拘わらず、何か非常に実在的なものとして感じとられるのである。悪に関しても、事情は同様である。

【一七】

442 悪は諸原理の積極的な転倒、もしくは逆転に基づくという、悪のこの唯一正しい概念を近年ことにフランツ・バーダー[91]がふたたび強く主張し、意味深い物的類比、つまり病気との類比によってそれを解明した。* 悪についてのその他 VII367
443 のすべての説明は悟性を満足させないし、そしてまた同様に道徳的意識を満足させない。これらの説明はことごとく、根本において、積極的対立者としての悪の否定といわゆる形而上学的な悪（malum metaphysicum）[92]へのその還元、あるいは被造物の不完全性という否定的な概念に基づいている。

＊『朝刊新聞(Morgenblatt)』(一八〇七年、一九七号)の「理性の悪しき使用というものは存在しえないという主張について」と、『学問としての医学年報(Jahrbücher der Medizin als Wissenschaft)』(第三巻第二冊)の「凝固したものと流動的なものについて」において。比較のために、またさらに解明を行うために、後者の論文の終わり、二〇三頁にある関連する注をここにも掲げておく。「ここで有機的な、健康によい生命熱(Lebensglut)と、普通の火(荒々しい、物を焼き尽くす、不快な熱としての)を対比することによって、有益な解明が与えられる。前者においては、火と水とは、一つの(成長する)根底のうちで結びつくか、あるいは融合する。それに対して後者においては、両者は対立しあって分離する。さてしかし火も水も、有機的な過程においては、そのものとして、つまり別々に分かれた領域としてあったのではなく、火は中心(秘奥(mysterium))として、それに対して水は開かれたものとして、言いかえれば周辺としてその過程のなかにあった。そしてまさに前者が外に開かれ、高まり、発火するときに、それと同時に後者が閉じられるときに、病気や死が生じたのである。さて一般的に言えば、自我性、個体性はもちろんあらゆる被造物の生の基底であり、基礎であり、自然的な中心である。しかしこの中心が奉仕する中心であることをやめ、支配する力となって周辺に歩みでるや否や、この中心は、(発火した自我性の)我欲とエゴイズムのタンタロス的憤怒となって周辺で燃えさかるのである。⊙からいまや[93]○が生じる。——これはどういうことかと言うと、惑星系のある唯一の場所にかの暗い自然中心が閉じこめられ、潜んでいる。まさにその故にこの中心は、光を支えるものとして、高次の体系の登場(光の照射——あるいは理念的なものの啓示)に奉仕する。したがってまさしくその故に、この場所は惑星系のなかの開かれた点(太陽——心臓——眼)である——しかしそこでも、もし暗い自然中心が自らを高め、外へと開くならば、光点は自ずから(eo ipso)閉ざされ、光は惑星系のなかで闇となるであろう。言いかえれば、太陽は消え去ってしまうであろう。」

神は人間にあらゆる完全性を分かち与えることはできなかった、もしそうすれば、人間自体を神にすることになったからである、というようにライプニッツは語る。[94] 同じことは創造された存在者一般にあてはまる。そのために創造された存在者には、さまざまな度合いの完全性が、またあらゆる種類の制限が生じざるをえなかったのである。悪はどこから来るのかともし問われるならば、答えは、被造物の観念的本性から、ということになる。ただし、その本性が、神的悟性のなかに含まれている永遠真理に依存し、神の意志には依存しないかぎりにおいてである。[95] 永遠真理の領域が悪と善との理念的な原因であり、それが、古代の人々の説いた質料に代置されなければならない。*

*『弁神論』、『著作集』第一巻一三六頁。[96]

ライプニッツは別の個所で、もちろん二つの原理がある、しかし両者ともに神のうちにである、と語る。この二つの原理とは、悟性と意志である。悟性は悪の原理を提供する――もっとも悟性は、そのことによってそれ自身が悪くなるわけではない――。というのも、悟性は、永遠真理に従ってあるような仕方で〔被造物の〕もろもろの本性を表象するからである。悟性は悪の許容の根拠をそれ自身のなかに含んでいる。しかし、意志の方は、善のみを目ざす。* この唯一の可能性を作ったのは神ではない。なぜなら悟性は、神自身がその原因であるものではないからである。**

*同書二四〇頁。[97]
**同書三八七頁。[98]

このように神のうちの二つの原理として悟性と意志とを区別することによって、悪の最初の可能性が、神の意志から独立したものとされたのであるが、この区別は〔ライプニッツという〕明敏な人物にふさわしい。また、悟性（神の知恵）を、そこで神自身が能動的というよりも、むしろ受動的にふるまうものと見なすのは、何かある深いものを暗示している。そうではあるが、しかし、かの単に観念的な根拠から生まれうる悪というのは、ふたたび、単に受動的なものになってしまわざるをえない。制限、欠乏、剝奪といったものになってしまう。これらは、悪本来の性とまったく相容れない概念である。というのも、悪をなしうるのは、ただ人間だけである、つまり、目に見えるあらゆる被造物のなかでもっ

VII368

445

とも完全なものである人間だけであるということをちょっと考えただけでもすでに、悪の根拠が欠乏とか剝奪とかいったもののなかには決して存在しえないことが示されているからである。キリスト教の見解に従えば、悪魔は、もっとも制限された被造物ではなく、むしろもっとも制限されていない被造物であった。* 一般形而上学的な意味における不完全性というのは、通常の悪の性格ではない。というのも、悪はしばしば個々の卓越した力と結びついて現れるからである——そのような卓越したものが善に伴うことはずっとまれであるにも拘わらず——。したがって、悪の根底（根拠）は、ただ単に積極的なもの一般のうちにあるのではなく、自然が含む最高度に積極的なもののうちに存在しなければならない——われわれの見解に従えば、事態はもちろんこの通りである——。というのも、悪の根底（根拠）は、第一の根底の顕わになった中心ないし根源意志のなかにあるからである。

VII369

＊これとの関連で目を引くのは、悪を単なる欠如であるとしたのは、スコラ学者が最初ではなく、すでに初期教父たちの何人か、とりわけアウグスティヌスがそうしていたという点である。とくに注目に値するのは、『ユリアヌス駁論』第一巻第三章の次の個所である。「彼らは、悪はどこからくるか、とわれわれに問う。われわれは答える。それは善からである。しかし、最高の善からではない。つまり、もろもろの悪はもろもろの善から生じてきている。なぜなら、すべての悪は善を分有しているからである。というのも、純粋に、あらゆる部分において悪として与えられているということは、矛盾であるからである。——悪の概念を一度正しく形成したもの、そして悪がつねにある欠乏を含んでいること、それに対して神はあらゆる面での完全性を、他に伝えられないような仕方で所有していること、さらに、そのように無制限な、そして独立した被造物が創造されるということは、もう一つ別の神が創造されることと同じく、不可能であることを見てとった者は、実際、まったく困難なくすべてのことを解明するであろう[99]」。

ライプニッツは、本性的な欠乏からいかにして悪が生じうるのかを、何とかして明らかにしようと試みる。そして次のように言う。意志は善一般に向かって努力する。そして完全性——その最高度のものが神のうちにあるのであるが

446

——を願わずにはいられない。[100] しかし意志は、感官の情欲に巻き込まれて、より高い財を見失ってしまう。まさにこのさらなる努力の欠乏が欠如（Privation）であり、そこに悪が成立する。さらに彼は次のように考える。悪はそれ以外に特別な原理を必要としない。それは寒さや闇が特別な原理を必要としないのと同様である。悪のなかに肯定的なものがあるとしても、それはただ付随的に悪のなかに入り込んできたにすぎない。ちょうど寒さのなかに力と効力とが入り込んでくるようなものである。水が凍ると、それを収めている容器を、それがどんなに強いものでも破壊してしまうが、しかし寒さは本来、運動の減少にこそその本質があるのである*——このようにライプニッツは言う。しかし、剥奪というのは、それだけで見れば、まったく何ものでもなく、人の目にとまるためだけにさえ、何か積極的なもの、そこでそれが現象する積極的なものを必要とする。したがってそこに、やはりなお悪のうちに想定されざるをえない積極的なものをどう説明するかという困難が生じる。ライプニッツは積極的なものをただ神からのみ導きだすことができたので、神を罪の実質的なものの原因とし、罪の形式的なものだけを被造物の根源的制限に帰さざるをえないと感じたのである。

*『弁神論』二四二頁。[101]

ライプニッツはこの関係を、ケプラーによって見いだされた物質の自然的惰性力という概念によって解明しようとする。彼によれば、この惰性力こそ、被造物の根源的な（すべての活動に先立つ）制限を完璧に映しだしたものである。質量の異なる二つの別々の物体が、同じ推進力によりながら、しかし異なった速度で運動する場合、一方の物体の運動が緩慢である根拠は、推進力のなかにではなく、物質に本来備わった、それ固有の、惰性への傾向性にある。つまり、物質の内的制限、あるいはその不完全性にある。*

VII370

＊同書第一部三〇節。

しかしここで注意しなければならないのは、惰性そのものが決して単なる剝奪とは考えられえないことである。もちろんそれは何かある積極的なものである。すなわち、物体の内的自己性の表現であり、物体が自立的であり続けようと努力する、その力の表現である。われわれは、ライプニッツのようにすれば、形而上学的有限性が理解されるということを否定しない。しかしわれわれは、有限性がそれだけで悪であるということについては否定する。＊

＊同様の根拠から、有限性についての他のすべての説明、たとえば関係の概念による説明も、悪の説明としては不十分であらざるをえない。悪は有限性それ自体からくるのではなく、自己存在にまで高められた有限性からくる。

447

【一八】

このような説明の仕方は、総じて、積極的なものについての生気のない把握の仕方——この把握の仕方は、積極的なものに対しては、ただ剝奪といったものだけを対置することができるとする——から生じてくる。しかし、そのほかになお中間的な把握の仕方が存在する。それは積極的なものに対して、実在的な対立者を想定するので、積極的なものに対してただ否定的なものだけを考える把握の仕方からは遠く隔たっている。この中間的な把握の仕方は、全体の個物に対する関係、統一の数多性に対する関係、その他どのように表現してもよいのであるが、そのような関係［をどう考えるかということ］から生じてくる。

［この把握の仕方によれば］積極的なものはつねに全体であり、統一である。それに対立するものは、全体の分裂、諸力の不調和ないし失調である。分裂した全体のなかには、統一された全体のなかにあるのと同じ要素がある。両者のなか

448

にある実質的なものは同じものである（この面からすれば悪は善よりも制限されたものでも、劣ったものでもない）が、しかし両者のなかの形式的なものはまったく異なっている。ほかならぬこの形式的なものがまさに本質から、あるいは積極的なものそれ自身から由来するのである。したがって善のなかにおいてと同様、悪のなかにも必然的に本質がなければならないが、しかし悪のなかにおいては、善に対立するような本質があることになる。この善に対立する本質が、善のなかに含まれている調和（Temperatur）を不調和（Distemperatur）へと逆転するのである。

この本質を認識することは、独断論哲学[102]には不可能である。なぜなら、この哲学は、人格性の概念を、つまり精神性にまで高められた自己性の概念をもっていないからである。それがもっているのは、有限なものと無限なものという抽象的な概念だけにすぎない。したがってもし誰かが、ほかでもないまさにこの不調和が欠如である、つまり統一の剝奪であると言い返そうとしたとしても、そしてこの剝奪という一般的な概念のうちには統一の廃棄ないし分離という概念が含まれているとしても、この剝奪という概念それ自体が不十分なのである。というのも、諸力の分離それ自体が不調和なのではなく、不調和とは、諸力の不適切な統一——この不適切な統一は、真の統一との関係で、分離と言われうる——のことであるからである。もし統一がまったく廃棄されるならば、まさにそれとともに抗争もまた廃棄されるであろう。ちょうど病気が死によって終わりを迎えるように。また一つ一つの音もまた、それだけでは、不調和を構成しない。しかしまさにかの不適切な統一を説明するためには、ある積極的なものが必要となる。したがってこの積極的なものが悪のうちに想定されなければならない。しかし、自由の根が自然の独立した根底のうちに認められないかぎり、この積極的なものは、説明されないままに置かれる。

【一九】

プラトンの見解については、われわれがそれを判断しうるかぎりで言えば、悪の現実性についての問題を論じる際に[103]

VII371

取り上げた方がよいであろう。この悪の現実性という点に関してはるかにのんきになり、博愛主義をふりかざして、ついには悪を否定するまでにいたっているわれわれの時代の考え方は、上で見た［積極的なもの等々の］観念とは、もっとも隔たった結びつきさえもっていない。われわれの時代の考え方によれば、悪の唯一の根拠は感性ないし動物性のうちに、あるいは現世的な原理のうちにある。というのも、そうした考え方では天に対して、——それがしかるべきであるが——地獄ではなく、地が対置されるからである。

449 この考え方は、自由は、感性的な欲望や傾向性に対する叡知的な原理の単なる支配にあるとする教説、したがってまた善は純粋理性から由来するとする教説[104]から自然に出てくるものである。この教説に従えば、当然のことではあるが、悪へ向かう自由というものは存在しない（悪においては、感性的傾向性が支配しているからである）。いっそう正確に言えば、悪というものが、まったく廃棄されてしまう。というのも、悟性的な原理が弱体化しているとか、働かないというのは、なるほど良い行為や徳にかなった行為がなされない根拠にはなりうるであろうが、しかし、積極的に悪い行為や、徳に反した行為の根拠にはなりえないからである。

それではというので、感性、あるいは外的な印象に対する受動的な態度が、一種の必然性をもって悪い行為を引きおこすのだと仮定しても、この場合もやはり、人間は、この行為において自分自身はただ受動的であり、したがって、悪は彼に関しては、つまり主観的には、何の意味をもたない。また、自然の限定から生じてくるものは、客観的にも悪ではありえないから、悪は総じて何の意味をももちえないであろう。

それで今度は、理性的な原理が悪においては［受動的であるのではなく、そもそも］働かないのだと言うとしても、それ自体は何の根拠にもならない。というのも、理性的な原理はいったいなぜその力を行使しないのであろうか。もし［意図的に］働こうとしないのであれば、悪の根拠はこの意志のなかにあるのであって、感性のなかにはない。あるいは、理性的な原理が感性の抵抗する力にどうしても打ち勝つことができないのであれば、弱さや欠乏があるだけであって、

450

悪はどこにもない。こうした次第で、この説明に従えば、ただ一つの意志（もしそう呼びうるのであれば）のみがある。二重の意志というものは存在しない。この点から、この説明を信奉する人々を、――すでにアリウス主義者等々という名前が哲学的な批評のなかにうまく取り入れられているので[105]――同じく教会史からとられた単意論者（Monothelet）[106]という名前で――ただし別の意味に取ってのことであるが――呼ぶことができるであろう。

しかし、善のうちで働くものが決して叡知的な原理、あるいは光の原理それ自体ではなく、自己性と結合された原理、すなわち精神にまで高められた原理であるのと同様に、悪も、有限性の原理それだけから生じてくるのではなく、中心との親密さへともたらされた闇の原理、あるいは我性的な原理から生じてくるのである。そして善への熱狂が存在するのと同様に、悪の興奮というものも存在する。

動物においても、他のすべての自然存在者と同じように、たしかにかの闇の原理も働いているが、しかしそこでは闇の原理は、人間においてのように、まだ光のなかへと産みだされていない。それは精神ではなく、悟性でもなく、盲目的な欲動であり、欲望である。動物においては、まだ絶対的な統一ないし人格的な統一が存在せず、したがって堕落も、また諸原理の分離も可能ではない。無意識的なものと意識的なものとが、動物的本能においては、ただある一定の仕方でのみ結合されており、したがってまさに変わることがない。というのも、この両者が、統一の単なる相対的な表現にすぎないというまさにその故に、統一のもとにあり、根底において働いている力が、それらに帰属する原理間の統一をつねに同じ関係のうちに保つからである。動物が決して統一からその外へと歩みでることができないのに対し、人間は、諸力の永遠の紐帯を自分の意志に従って引き裂くことができるのである。それ故、フランツ・バーダーが、人間の頽廃がただ動物と同じになるところまで至るのであれば望ましいことであるが、しかし残念なことに、人間は動物よりも下か、あるいは動物よりも上にしかいることができない、と*言うのはまったく正しい。

VII373

＊先に引用した『朝刊新聞』（一八〇七年）掲載の論文七八六頁。

【第三章　悪の現実性】

【三〇】

われわれは悪の概念と可能性とを最初の根拠から導きだし、この［悪についての］教説の一般的な基礎を明らかにしようと努めてきたが、それによれば、この基礎は、実存するものと実存の根底であるものとの区別のうちにある。＊

＊アウグスティヌスは流出（Emanation）に反対して次のように述べている。神の実体からは神以外の何ものも出てくることができない、したがって、被造物は無から創造されたのであり、その堕落しうる性格も、欠乏をはらんだ性格も、無に由来する、と（『自由意志について』第一巻第二章）。さて、かの無こそ、ずいぶん以前から、悟性の十字架でありつづけている。人間は ἐκ τῶν μὴ ὄντων、つまり、現にないところのものから創造されたという聖書の表現(107)が、一つの説明を与えてくれる。それとともに、古代の人たちが語った有名な非有（μὴ ὄν）が説明を与えてくれる。この非有も、無からの創造も、上記の区別によってはじめて積極的な意義を獲得しうるのではないかと思われる。

しかし可能性は、まだ現実性をそのうちに含んでいない。けれども、この現実性こそが本来、［悪をめぐる］問いの最大の対象である。しかも、説明されなければならないのは、たとえば、いかにして悪が単に個々の人間において現実的になるかといったようなことではなく、悪の普遍的な活動である。言いかえれば、まぎれもなく一般的な、つまり善といたるところで戦っている原理としての悪が、創造からいかにして現れでることができたのか、ということである。

452

悪は、少なくとも一般的な対立者として、議論の余地なく現実的であり、悪が神の啓示にとって必須のものであったことは疑うことができない[108]——［検討がなされていないここでは］まだ前もってそう言えるにすぎないが——。ほかならぬこのことは、先に述べたことからも帰結してくる。なぜなら、神が精神として二つの原理の切り離しがたい統一であり、かつ、この同じ統一がただ人間の精神においてのみ現実的であるとき、そこでもしこの統一が人間においても、神においてと同様に、解きがたいものであるとするならば、人間は神からまったく区別されなくなってしまうからである。もしそうであれば人間は神と化し、神が愛を示すということも、その動きも存在しなくなってしまうであろう。というのも、いかなる本質も、それに対立するもののうちでのみ顕わとなりうるからである。たとえば愛がただ憎しみのうちで、統一が争いのうちで顕わになるように。もし諸原理の分裂がなければ、統一がその絶大な力を実際に示すこともできないであろうし、不和が存在しなければ、愛も現実的になることができないであろう。

人間はかの頂点に、つまり、善と悪とへの自己運動の源泉をひとしく自己のうちに含んでいる頂点に置かれている。すなわち、彼のうちにある諸原理の紐帯は、必然的な紐帯ではなく、自由な紐帯である。言いかえれば、彼は分岐点に立つ。何を選ぼうとも、それは彼の所行となるであろう。しかし彼は未決定のままにとどまることはできない。なぜなら、神は必然的に自己を啓示しなければならないからであり、また創造においては、あいまいなものは、いかなるものであっても決して残ることができないからである。

そうではあるが、人間は、この未決定から外に歩みでることができないようにも見える。未決定とは、まさにそうしたものであるからである。したがって、悪への促しや誘惑の一般的な根拠というものが存在しなければならない。二つの原理を彼のなかで生き生きとしたものにするためにだけでも、すなわち、彼にこの二つの原理を意識させるためにだけでも、そうである。

ところで、この悪への促しそのものは、ある悪い根本存在者からのみ由来しうるように思われる。したがってこの悪

453 い根本存在者を想定することが、やはり不可避であるように見える。プラトンの質料についてのかの解釈、つまり、それは根源的に神に逆らうものであり、したがってそれ自体として悪い存在者であるという解釈もまったく正しいように見える。プラトンの教説のこの部分はこれまで不明瞭なままに置かれており、＊そのかぎり、いま述べた点についての確定した判断はたしかに不可能である。しかし、この非合理的な原理について、それはたしかに悟性に、あるいは統一や秩序に逆らうものであると言うことができるが、そうでありながら、この原理を悪い根本存在者とみなさなくてもすますことができるように思われる。それがいかなる意味でできるのかは、先の諸考察から明白である。[109] そうであるとすると、悪は古い自然から来るというプラトンの言葉[110]もまた、おそらく説明がつくであろう。というのも、悪はすべて、混沌へと、すなわち原初の中心がまだ光のもとに従属させられていなかった状態へと、戻ろうと努めるからである。悪は、まだ悟性を欠いている憧憬が支配する中心の沸騰なのである。そうではあるが、しかしわれわれは、ただ被造物においてのみ悪がそのものとして生まれうることをきっぱりと証明した。というのも、被造物においてのみ、光と闇、あるいは二つの原理が、分裂しうるような仕方で統一されることができるからである。原初の根本存在者は、決してそれ自体悪いものであることはできない。そのなかに原理の二重性というものが存在しないからである。

＊いつかプラトンの卓越した解説者[111]が、あるいはそれよりも早く、有能なベックがこの点を明らかにしてくれることを願っている。ベックはすでに、プラトンの和声論について叙述した際[112]の覚え書きによって、また彼自身による『ティマイオス』刊行の予告によって、それを果たしてくれるであろうという最上の希望を与えてくれた。

しかしまたわれわれは、一つの創造された精神――それ自身堕落したものであるとともに、人間を堕落へと促した精神――を前提にすることはできない。なぜなら、いかにして悪がまず最初に被造物のなかに生じたのかということが、まさにここでの問題であるからである。

454

それ故われわれには、悪の説明に対しても、神のうちにある二つの原理以外の何ものも与えられていない。精神（二つの原理の永遠の紐帯）としての神は、もっとも純粋な愛である。しかし愛のなかには決して悪への意志は存在することができない。同様に、観念的原理のなかにも悪への意志は存在することができない。しかし神自身は、自らが存在しうるために、根底を必要とする。ただし、この根底は神の外にあるのではなく、神のうちにある。つまり神は、それ自身のうちに、神自身に属するが、しかし神とは異なった自然をもっている。愛の意志と根底の意志とは、二つの異なった意志であり、そのおのおのが、それだけで独立してある。しかし愛の意志は、根底の意志に逆らうことも、またそれを廃棄することもできない。なぜなら、もしそうでなかったら、愛の意志は自己自身に反抗しなければならなくなってしまうであろうからである。というのも、愛が存在しうるためには、根底が働いていなければならず、愛が現に実存するためには、根底がそれから独立して働いていなければならないからである。そこでもし仮に愛が根底の意志を壊そうとしたとすれば、愛は自己自身に向かって争い、自己自身と不和になり、かくしてもはや愛ではなくなってしまうであろう。このように根底を働かせる［その活動を許す］ということが、許容（Zulassung）ということの唯一考えられる概念である。通常の、人間に対する関係においては、この許容という概念はまったく認められない。

　さて、根底の意志の方について言えば、それももちろん愛を破壊することができないし、破壊を要求しもしない——しばしばそう見えるにも拘わらず——。というのも、根底の意志は、愛から背を向け、それ固有の、特別な意志でなければならないからである。なぜそうかと言えば、それはまさに愛がその全能において現れるためにである。愛は、ちょうど光が闇を通して現れでるように、この固有の意志である根底の意志を通してこそ、現れでるのである。根底は、ただ啓示への意志であるにすぎない。しかし、まさに啓示が存在するようになるために、根底は、我執性と対立者とを呼び起こさなければならないのである。つまり、愛の意志と根底の意志とは、まさに両者が分かたれ、それぞれが最初から独立して働くということを通して一になるのである。したがって、根底の意志は、最初の創造[113]において、ただちに被

455

造物の我意をもいっしょに呼び起こすのである。それは、やがて精神が愛の意志として立ち現れるとき、一つの反抗者を見いだし、そこで自己を現実的なものとなしうるためにである。

【二一】

自然全体を眺めたとき、われわれは、このように根底の意志による我意の呼び起こしが生じたことを確信する。この呼び起こしによってはじめて、あらゆる生命は、究極度の鋭さと限定とを手にしたのである。もろもろの存在者、とくに有機的存在者の形成において、非合理的で偶然的なものが、必然的なものと結びついて現れるが、この非合理的で偶然的なものは、ここで働いたものが単に幾何学的必然性だけではなく、自由、精神、我意がともに働いたことを証明している。

たしかに、欲求や欲望があるところでは、どこでもすでにそれ自体において一種の自由がある。すべての特殊的な自然生命の根底をなす欲望や、また、自己をただ単に一般的にではなく、この限定的なあり様において保持しようとする衝動が、すでに創造された被造物に、後になってはじめて付け加わってきたということは、誰も考えないであろう。むしろそうした欲望や衝動こそが、創造するものであったと考えるであろう。また、経験によって発見された基底（Basis）という概念——これは自然科学全体に対して重要な役割を果たすことになるであろう——も、学問的に評価されるならば、自己性や自我性という概念に至りつくにちがいない。しかしながら、自然のうちには、最初の創造においてすぐに起こった、被造物の非合理的な原理、あるいは闇の原理の呼び起こしということからのみ——つまり自己性の活性化からのみ——説明可能な偶然的諸限定が存在する。自然のなかには、前段階的に形成された道徳的な関係も存在するが、それとともに、悪のまぎれもない前兆もまた存在する——もちろん悪の威力は人間においてはじめて呼び起こされるのであるが——。いったいこの悪の前兆はどこから来るのであろうか。あるいは、人間にとっての危険性ということを考 VII376

456 慮に入れなくても、やはり一般的な自然的嫌悪を呼び起こす諸現象が存在するが、* それらはどこから来るのであろうか。

*たとえば、あらゆる民族の想像力が、とくに東洋のあらゆる説話や宗教が、蛇と悪とを結びつけているが、両者の密接な結びつきは、たしかに、根拠のないものではない。補助機関の完全な発達は、人間において最高度に進んでいるが、とりもなおさずこの完全な発達がすでに、欲望からの意志の独立を、あるいは中心と周辺との、唯一本来的に健全な関係を暗示している。この健全な関係のなかでは、中心は、自由と思慮深さのうちに引きさがっており、単に道具的なもの（周辺的なもの）から自分を区別している。それに対して、補助機関が発達しなかったり、あるいはまったく欠けているところでは、中心が周辺に歩みでている。あるいは中心が、フランツ・バーダーから前に（注のなかで）[114] 引用した個所において言われているように、中心点を欠いた円環となっている。

457 あらゆる有機的存在者が解体に向かっていくということは、決して根源的な必然性であるとは思われない。生命を構成する諸力の紐帯は、［事実はそうではないが］その本性からすれば、同様に、解きえないものでありうるであろう。また、永遠に運動するもの（Perpetuum mobile）であるように定められているものがもしあるとすれば、次のような被造物こそ、それであるように思われる。つまり、自分のなかに欠陥が生じたとき、そこを自分の力でふたたび補うような被造物こそ、それであるように思われる。

悪は、自然のなかでは、さしあたってはその働きを通してのみ、その存在を示してくるにすぎない。悪自身が直接的な形で現れでてくるのは、ようやく自然の［生成の］終局段階になってのことである。

原初的な創造は光の誕生にほかならないが、そこでは闇の原理が根底として存在していなければならなかった。そのことによって、光がこの根底から（言わば単なる潜勢から顕勢へと）立ち上がってくることができたのである。それと同じように、精神の誕生のためには、もう一つ別の根底が、つまり第二の闇の原理が存在しなければならない。そして、この第二の闇の原理は、精神が光よりも高いのに応じて、はるかに高いものでなければならない。この第二の闇の原理

Ⅶ377

とはまさに、創造の際に、闇の自然根底の呼び起こしによって呼び覚まされた悪の精神、すなわち、光と闇との分裂の精神である。この精神に対して、愛の精神が――かつて原初的自然の規則を欠いた運動に対して光を対置したように――いまや高次の理念的なものを対置する。というのも、悪のうちの自己性が、光ないし言葉をわがものとし、それ故にまさに闇の高次の根底として現れてきているのと同様に、悪との対立において世界のなかへと語られた言葉も、人間性ないし自己性を帯び、人格的とならなければならないからである。[115]

　このことは、言葉のもっとも厳密な意味における啓示を通してのみ起こる。この啓示は、自然における最初の顕現と同じ諸段階をもたなければならない。すなわち、ここでも啓示の最高の頂点は人間である。ただしここでは、原像的な、そして神的な人間である。つまり、原初においては神のもとにあった、そしてそのなかで他のすべての事物が、また人間自身が創造された[116]原像的で神的な人間である。

　光の誕生が自然の国であるように、精神の誕生は歴史の国である。自然の国に存在する創造の諸時期と同じものが歴史の国にも存在する。そして一方は、他方の比喩であり説明である。最初の創造において根底であったその同じ原理が、ここでもまた――ただ高次の形態においてであるが――ふたたび、そこから高次の世界が展開される芽であり種子である。というのも、悪は実際、実存への元根底（Urgrund）――創造された存在者のうちで現勢化へと努めるかぎりで――にほかならず、したがって事実、ただ自然のうちで働いている根底のより高い勢位にあるものにすぎないからである。しかし、この自然のうちで働く根底が、永遠にただ根底であるにとどまり、それ自身となることがないのと同様に、悪もまた、決して現実化へとは到達することができず、ただ根底としての役割を果たすにすぎない。この根底から善なるもの[117]が自分自身の力によって自己を形成し、自己の根底によって神から独立し、分かたれたものになるためにである。この神から独立し、分かたれたもののうちで、神は、自己自身を所有し、自己自身を認識する。この神から独立し、分かたれたものは、そのようなものとして（独立したものとして）、神のうちにある。

459

［1］しかし、原初の根底の未分化の力が、人間のなかではじめて個別者の内面的なもの（基底ないし中心）として認識されるように、歴史においても、悪は、最初はまだ根底のうちに隠されたままにとどまっている。咎と罪の時代に無垢の時代が、言いかえれば、罪についての無意識の時代が先行する。つまり、自然の原初的な根底は、おそらく久しい以前からそれだけで働いており、自分のうちに含まれている神的な諸力によって、自分だけで創造を企てたのであるが、しかしこの創造の試みは、（愛の紐帯が欠けていたために）そのたびごとに結局はもとの混沌へと沈み込んでいった（現在の創造以前に没落し、ふたたび現れなかった諸種族の系列[118]は、おそらくそれを暗示するものであろう）。やがて愛の言葉が発せられ、その言葉とともに、持続的な創造が開始されたのである。これと同様に、歴史においても、愛の精神はすぐに自己を啓示したのではない。神は、根底の意志を神の啓示への意志として感じとったが故に、また、神（精神としての）から独立した根底が神の実存に対して存在しなければならないということを予見によって認識したが故に、神は根底を独立した状態で働かせたのである。あるいは、別の言い方をすれば、神自身が、ただその自然に従って動いただけであって、その心胸ないし愛に従って動いたのではなかった。さて根底もまた、まったき神的本質を自己のなかに――ただ統一としてではないが――含んでいたので、根底のこの独自の働きのうちで支配していたのは、ただ個別の神的存在者でしかありえなかった。つまり、この太古の時代は、現在の人類にとってはただその口碑のうちにかすかな記憶が残っているにすぎない黄金の世界時代（Weltalter）から始まる。[119]言いかえれば、善も悪もなかった至福の未決定の時代から始まる。

［2］それに続いたのは、神々と英雄たちが支配した時代である。言いかえれば、根底が自分だけで何をなしうるかを示した自然の全能の時代である。その当時は、人間には、悟性と知恵とは、ただ深みからのみ上ってきた。地から湧きでてきた神託の力が、人間たちの生活を導き、形成した。根底のあらゆる神的な諸力が地上を支配し、権力をもった君主として確固たる玉座の上に座した。そこに現れたのは、最高の自然賛美の時代であった。神々の美しさが眼に見う

VII379

460

るようにされ、芸術や深い思想をもった学問がまばゆい輝きを放った。そしてついに、根底のうちに働いている原理が、世界を征服する原理として立ち現れて、あらゆるものを自己のもとに服従させ、確固として永続的な世界帝国を打ち立てるまでにいたった(120)。

［3］しかし、根底の本質は、それ自身だけでは、決して真の完全な統一を生みだすことができず、そのためにやがて、この壮麗なものがすべて解体する時が訪れる。恐ろしい病気によるかのように、これまで打ち立てられた世界の美しい体軀は潰え、最後には、ふたたび混沌が現れる。それよりも前にすでに、つまり、まだ完全な壊滅が生じない以前から、かの全体のなかで支配していた諸力が悪しき精神（悪霊）の本性を帯びてくる。ちょうど、健康なときには生命にとって有益な守護神であったその同じ力が、死が近づいてくるにしたがって、邪悪な、毒を含んだ本性のものになるのと同じように。神々への信仰が姿を消す一方で、偽りの魔術が、まじないや呪文とともに、消え去ろうとする神々を呼び戻し、悪霊を鎮めようと努める。それとともに、根底の引き寄せる作用がいっそう明確に現れてくる。つまり根底は、光が現れつつあるのを予感しながら、出現の前にすでにあらゆる力を未決定から引きだし、あらゆる抵抗を行ってこの光に立ち向かおうとする。ちょうど雷雨が、間接的には太陽によって、しかし直接的にはそれに反抗する大地の力によって呼び起こされるように、悪の精神（それの気象的な本性については、われわれはすでに以前に説明した(121)）が善の接近によって呼び起こされる。力を分け与えることによってでなく、力が反撥して分散することによってである。すなわち、善の決定的な出現によってはじめて、悪もまた真に決定的に、つまり悪として出現するのである（そうではあるが、悪がここではじめて成立したと言うのではない。そのように言うのは、いまはじめて対立者が与えられ、そこでのみ悪が全面的に、つまり悪そのものとして現れることができるからである）。ちょうど逆に言うと、大地がふたたび荒廃して空虚になる瞬間が、まさに精神の高次の光が誕生する瞬間になるのである。光ははじめから世界のなかに存在したが、自分だけで働く闇によって捉えられず、なお閉じられ、限定された啓示の状態にあった。それがいま現れるのであるが、詳

461

しく言うと、人格的で精神的な悪に対抗するために、それと同様に人格的で人間的な形態においてである。そして仲介者として、創造されたものと神との関係を最高の段階においてもとに復するためにである。というのも、人格的なもののみが人格的なものを癒しうるからである。つまり、神は、人間がふたたび神へと戻るために、人間とならなければならない。神に対する根底の関係が打ち立てられることによって、はじめて治癒の（救済の）可能性がふたたび与えられるのである。

治癒のはじまりは、透視・予言（Hellsehen）の状態である。この状態は、神的な天命を通して、（このために選ばれた機関としての）個々の人間に向けられる。このはじまりは徴候と奇蹟の時代である。そこでは、いたるところに現れてくる悪魔的な諸力に神的な諸力が対抗し、諸力の分割にそれを和らげる統一が対抗する。最後に危機が訪れ、諸民族の混乱[122]（Turba gentium）が生じて、諸民族が古き世界の地に氾濫する。ちょうど、古い時代に原初の洪水[123]が、第二の創造を可能にするために、太古の被造物をふたたび覆ったように。民族や言語の新たな区分が生じ、新たな国[124]が生まれる。この国においては、生きた言葉が、混沌に対する戦いにおいて、確固とした不変の中心として登場する。そして善の悪に対する断固たる――いまの時代の終わりまで続く――争いが始まる。この争いのなかでまさに神が神として、すなわち顕勢的に（actu）現実的なものとして自らを啓示する。*

＊この節全体に関して、筆者の講義『大学における学問研究の方法について』の第八講「キリスト教の歴史的構成について」を参照されたい。

462

【三二】

かくして一つの普遍的な悪が存在する。この悪は原初的な悪ではない。原初の神が行う啓示においてはじめて、根底の反作用によって呼び覚まされた悪である。この悪はたしかに現実化には決して至らないが、しかしたえず現実化へと

VII381

努める悪である。この普遍的な悪が認識されてはじめて、人間における善と悪をもまた把握することが可能となる。つまり、最初の創造においてすでに、悪は同時に呼び起こされ、根底の自分だけでの活動によってついには普遍的な原理にまで発展させられたのであるが、人間の悪への自然な傾きも、このことからすでに説明できるように見える。なぜなら、我意の呼び覚ましによってひとたび被造物のなかに出現した諸力の無秩序は、人間に、すでにその誕生の際に伝わっているからである。

しかし、根底は個々の人間のなかでも、たえまなく働きつづけており、そのなかに我執性と特殊的意志とを呼び起こす。それはまさに、この特殊的意志に対抗して、愛の意志が立ち現れうるためにである。神の意志は、あらゆるものを普遍化し、光との統一へともたらすことに、あるいはその統一のなかに保つことにある。それに対して、根底の意志は、あらゆるものを個別化することに、あるいは被造物化することにある。根底の意志は不等性のみを欲するが、それは、同等性がそれ自身に、そして根底の意志自身に感知されるようになるためにである。かくして根底の意志は必然的に、超被造物的なものとしての自由に反撥し、自由のなかに被造物的なものへの欲求を呼び覚ます。それはちょうど、高く急峻な頂の上に立ってめまいを感じた人に、ひそやかな声が「落ちろ」とささやくように感じられるのに似ている。あるいは、古い物語が伝えるように、抗しがたい魅力をもったセイレーンの歌が深い底から響き、通り過ぎる舟人を渦のなかに引きずり込もうとするのに似ている。

普遍的意志を人間のなかにある特殊的意志と結びつけるということは、それ自体がすでに矛盾であるように見える。
463 両者の統合は、不可能ではないにしても、困難である。生そのものの不安が、人間を中心から――そこへと人間が創りだされた中心から――外へと追いたてる。というのも、この中心は、あらゆる意志のもっとも純粋な本質であり、いかなる特殊的意志にとっても、それ自身を焼き尽くす火であるからである。中心で生きることができるためには、人間は我執性をすべて捨て去らなければならない。そのために、自己性の安らぎを求めて、中心から周辺へと歩みでることが、

［人間にとって］ほとんど必然的な企てとなる。ここから罪と死との普遍的必然性(125)が出てくる。死とは、我執性が現実に死滅することである。あらゆる人間的意志は、浄められるためには、この火としての我執性の死滅のなかを通り抜けなければならない。

悪はこのように普遍的必然性をもったものであるにも拘わらず、つねに人間が自ら選んだものである。悪そのものを根底が作りだすことはできない。いかなる被造物であれ、自己自身の咎によって堕落するのである。

しかし、それでは、個々の人間において、善ないし悪への決定がいかにしてなされるのか、まさにこの点がなおまったくの闇に包まれている。それは特別な探究を要求するように見える。

VII382

【第四章　個々の人間における悪の現実化】

【二三】

われわれは大体においてこれまで、自由の形式的本質には比較的注意を向けてこなかった。しかし、それについての洞察には、自由の実在的概念を解明する場合に劣らない困難がつきまとっているように見える。

【二四】

なぜなら、自由についての普通の考えによれば、自由とは、矛盾対立する二つのもののうち、それを決定する十分な根拠がないのに、一方もしくは他方を——ただ単純にそれを欲するが故に——欲するというまったく無限定的な能力のうちにあるとされるのであるが、この自由についての普通の考えは、たしかに人間の根源的未決定を、観念それ自体のうちには保持しているのであるが、個々の行為に適用されると、とんでもない不合理に行き着いてしまうからである。

いっさいの動機となる根拠がないのに、Aあるいは−Aに決めることができるというのは、ほんとうのことを言えば、まったく非理性的に行為するという特権にすぎないであろう。またそのように考えれば、人間を、かのよく知られたビュリダンの動物(126)から決して適切な仕方で区別することができないであろう。この恣意の概念を擁護する人たちの見解によれば、この動物は、同じ距離のところにある同じ量と性質の二つの干し草の山のあいだで餓死しなければならないのであるが（というのはつまり、かの恣意の特権をもたないために）。

この恣意の概念を証明する唯一のやり方は、次のような事実を引き合いに出すことである。たとえば、誰であっても、別に根拠もないのに、いま自分の腕を引っ込めたり伸ばしたり、思い通りにすることができる。もし仮にある人が［根拠の存在を指摘しようとして］、彼はまさに自分の恣意を証明するために自分の腕を伸ばすのだと言うとしても、彼は腕を引っ込めることによってもまったく同様に、自分の恣意を証明することができるであろう。［根拠なしに行為しうるという］命題を証明しようという関心が、彼を限定することができるのは、ただ、二つのうちの一つをするということだけである［そのどちらかということは限定しない］。したがってここには［どちらをも根拠なしになしうるという］均衡があることは明瞭である、等々と言われるかもしれない。

しかしこれは、まったく拙劣な証明方法である。というのも、意志を限定している根拠を知らないということから、その限定根拠の不在を推論しているからである。しかしこの証明方法をここではまさに逆に用いることができるであろう。なぜなら、まさに不知が現れるところにこそ、それだけ確実に、限定されているということが起こっているからである。

大事な点は、この恣意という概念が、個々の行為について、まったき偶然性というものを導入する点にある。恣意の概念は、この点で、まったく正当なことであるが、エピクロスが考えた原子の偶然的逸脱と比較された。これはエピクロスが自然学において、同じ意図から、つまり運命［の必然］を避けようとして案出したものであった。

465

しかし、偶然というのは不可能である。偶然は理性にも、また全体の必然的統一にも矛盾する。もし自由が、この行為のまったき偶然性によってしか救いだすことができないのだとすれば、自由はそもそも救いだすことができないのである。

以上で見た恣意の均衡の体系に対置されるのは、しかも十分な権利をもって対置されるのは、決定論である（あるいはカントによれば予定論（Prädeterminismus）(127)である）。というのも、この決定論は次のような理由から、あらゆる行為の経験的な必然性を主張するからである。すなわち、行為はすべて、過去の時間のうちにあって、行為自身がなされるときにはわれわれがもはや左右できない諸表象や、あるいはその他の原因によって限定されているという理由から、そのように主張するからである。

この二つの体系［恣意均衡の体系と決定論］は、同じ立場に属している。両者の違いはただ次の点にある。すなわち、もし高次の立場が存在しなければ、後者の方がまちがいなく優先されるにふさわしいという点にあるにすぎない。両者は、どちらも等しく、かの高次の必然性を知らない。つまり、偶然からも、また、強制ないし外的限定からも等しく遠く隔たっており、むしろ行為者自身の本質から湧きでてくる内的必然性というものを知らない。決定論に改良を加えようということも試みられたが、そうした改良は実質的には何の役にも立たない。たとえば、動機となる原因は、実のところただ意志を傾けるだけであって、それを限定するのではないというライプニッツの改良などは、実質的には何の役にも立たない。

【二五】

そもそも観念論がはじめて、自由の教説を、そこでのみそれが理解可能であるような領域へと高めたのであった。あらゆる事物の叡知的本質、とりわけ人間の叡知的本質は、観念論に従えば、あらゆる因果連関の外にある。またあらゆ

466

る時間の外ないし上にある。(128) したがって、叡知的本質が、先行する何らかのものによって限定されているということはありえない。というのも、叡知的本質自身が、むしろ、それのなかにあるいっさいの他のもの、もしくはそのなかで生じるいっさいの他のものに対して、時間上というよりもむしろ概念上、絶対的統一として先行しているからである。この絶対的統一は、そのなかで個々の行為ないし限定が可能であるために、いつでもすでにまったきもの、完成したものとして現存していなければならない。要するに、以上によってわれわれはカントの考えを言い表したのであるが、もちろん、まったく厳密にカントの言葉通りにそれを言い表したのではない。しかしカントの考えが理解されるためには、そう言い表されなければならないとわれわれが考える通りに言い表した。

ところでもしこの考えが採られるならば、以下のこともまた、正当な結論として導きだされるように思われる。つまり、自由な行為は、人間の叡知的なものから直接にその結果として生じてくるということが。しかしながら、その自由な行為というのは、必然的に一つの限定された行為である。たとえば、卑近な例を挙げれば、一つの［具体的な］善い行為、あるいは一つの悪い行為である。しかし、絶対的に無限定なものから限定されたものへの移行というのは存在しない。たとえば、叡智的存在者はまったくの純粋な無限定性から、いっさいの根拠なく自己自身を限定するであろうなどと言えば、上述した恣意の無差別の体系に逆戻りしてしまう。したがって、自己自身を限定しうるためには、叡知的存在者は、それ自身のうちですでに限定されていなければならないであろう。もちろん外からではない。外から限定されるということは、叡知的存在者の本性に矛盾する。また内から、何らかの単に偶然的な、あるいは経験的な必然性によって限定されているのでもない。というのも、こういったものはすべて（心理的なものも物理的なものも）叡知的存在者の下位にあるものだからである。そうではなく叡知的存在者自身が、つまりその本質が、言いかえれば、それ自身の本性が、それにとって限定でなければならないであろう。叡知的存在者は、実際、無限定的な一般者ではなく、この［個別的な］人間の叡知的本質を限定しているものである。ところで、この限定性に関しては、かの「限定は否定である」

(Determinatio est negatio)[129]という格言は決して当てはまらない。というのも、この限定性は、存在者そのものの定立および概念と一体であるからである。文字通り、それは［叡知的］存在者（Wesen）のなかの本質（Wesen）なのである。
　叡知的存在者がまったく自由に、そして絶対的に行為するものであることは確かであるが、それと同様にたしかに、叡知的存在者は、それ自身の内的本性に従ってのみ行為することができる。言いかえれば、行為は、叡知的存在者の内
467 面から、同一性の法則に従ってのみ、そして絶対的必然性に従ってのみ生まれてくることができる。ただこの絶対的必然性のみがまた絶対的自由なのである。なぜなら、それ自身の本質の諸法則に従ってのみ行為し、自分の内もしくは外のいかなる他のものによっても限定されていないものこそ、自由であるからである。[130]

【二六】

　事柄をこのように捉えることによって、少なくとも一つのことが得られた。つまり、個々の行為が偶然的なものであるというばかげた考えが遠ざけられた。これに加えて、個々の行為は自由な存在者（本質）の内的必然性から生じてくる、したがってそれ自身必然性をもって生じてくるということが——どの高次の見解においても——動かしえないこととして考えられなければならない。ただこの必然性は——相変わらずそういうことが起こっているが——強制に基づく
VII385 経験的な必然性（これはしかし、それ自身ベールをかぶった偶然性にすぎない）と混同されてはならない。
　ところでこの［自由な］存在者（本質）それ自身の内的必然性とはいったい何であろうか。自由と必然性とがそもそも結合しうるものであるとすれば、そこでこそ両者が結合されなければならない点が、まさにここにある。この存在者（本質）がもし死んだものであるならば——人間に関して言えば、それがもし人間に単に与えられたものであるならば——、行為はそこからただ必然性に従って生じてくることができるだけであるから、責任能力やいっさいの自由は、廃棄されてしまうであろう。ところが、かの内的必然性は、まさにそれ自身が自由なのである。人間の本質は、本質的に、彼自

468

身の所行である。必然性と自由とは、融合して一つになっている。つまり両者は一つの本質としてある。この一つの本質が、異なった側面から見られると、一方のものとして、あるいは他方のものとして現れるのである。つまりそれ自体としては自由であるが、形式的には必然性なのである。

　フィヒテは、自我はそれ自身の所行であると言う。つまり、意識は自己定立である――しかし、自我はこの自己定立と異なったものではなく、まさにこの自己定立そのものである。[131] しかしこの意識は、単に自我の自己把握、あるいは自我の認識として考えられるかぎり、決して第一のものではない。すべての単なる認識と同様、本来的な存在をすでに前提にしている。この認識に先立って想定される存在は、認識ではないけれども、存在でもない。それは実在的な自己定立である。それは根源意欲（Urwollen）であり、根底意欲（Grundwollen）である。これがそれ自身を或るものへと作りあげるのである。つまり実在するものすべての根底であり基底である。

【二七】

　ところで、これらの真理は、人間への直接的な関わりにおいては、いま述べた一般的な意味においてよりもずっと限定された意味において当てはまる。

　人間は根源的な創造においては、すでに示したように、[132] 未決定の存在者である――（このことは神話的には、現世的な生に先行する無垢の状態として、また原初的な至福の状態として言い表すことができるかもしれない）――。つまり人間自身だけが自己を決定することができる。しかしこの決定は、時間のなかに属することはできない。それはあらゆる時間の外にある。言いかえれば、第一の創造と（この第一の創造とは異なった所行としてではあるが）同時に生じる。人間は時間のうちに生まれるものであるが、しかし同時に創造の原初（中心）へと創りだされている。その所行によって、時間のなかの人間の生は限定されているのであるが、この所行自体は時間には属さず、永遠に属している。実際こ

469
の所行は、時間上、生に先行するのではなく、時間を貫いて（時間に捉えられることなく）本性上永遠である所行とし VII386
て生に先行する。(133) この所行を通して、人間の生は、創造の原初にまで延びひろがっている。それ故、人間はこの所行を通して、同時に、創造されたものの外にある。つまり、自由であり、それ自身永遠なる始まりである。

　この考えは、普通の考え方には、いかにも捉えがたいものに思われるかもしれないが、しかし、この考えと一致するような感情が、どんな人間のうちにもある。すなわち、それぞれの人間が、はるか永遠の昔からすでに、彼が現にそうであるところのものであって、時間のなかではじめてそうなったのではないといった感情が。それ故、いっさいの行為の否定しがたい必然性にも拘わらず、また誰しも、自分を注意深く観察すれば、偶然に、あるいは恣意的に悪かったり、善かったりするのではないと認めなければならないにも拘わらず、たとえば悪人は、実際、決して強制されたようには感じずに（というのは、強制は生成においてのみ感じられ、存在においては感じることができないが故に）、自分の行為を――自分の意志に反してではなく――自分の意志によってなすのである。ユダはキリストを裏切る者となったが、それを彼自身も、また他の被造物もいかんともすることができなかった。しかしそれでもやはり彼は強制されてではなく、自発的に、まったく自由にキリストを裏切ったのである。*

*このようにルターは『奴隷的意志について（De servo arbitrio）』において語っている。(134) それは正しい。ただ彼は、そのような誤ることのない必然性と行為の自由との結合を、正しい仕方では理解していなかった。

　善人についても同様である。つまり彼は偶然に、あるいは恣意的に善いのではないが、しかもまた強制されているのでもない。むしろいかなる強制も――地獄の門でさえ――彼の心根を打ち負かすことはできないであろう。

単なる自己把握であり、単に観念的であるにすぎない意識のなかには、かの自由な所行――必然性となる所行――は、もちろん現れることはできない。というのも、かの所行は、存在者に先行するのと同様に、意識にも先行し、むしろ意

470 識をはじめて作りだすものであるからである。

しかしこの所行は、そうであるからと言って、それについての意識が人間のどこにも残っていない所行ではない。というのも、たとえば、不正な行為を弁明しようとして、とにもかくにも自分はそういう人間なんですと言うような人でも、一方ではたしかに、別の仕方で行為することが不可能であったという点で彼の言うことがもっともではあっても、しかしそれでもやはり、自分の咎によってそうしたということを十分に意識しているからである。

また次のようなことも、まことにしばしば起こることである。すなわち、ある人間が子どもの頃から、つまり、経験的に見て、自由や思慮があるとはほとんど思えないような時期から、悪への傾向を示すというようなことが。しかも、この傾向について、どんなにしつけをされ、教育を施されても、それがなくならないであろうことが予見され、そして実際、後にそれが、最初は萌芽状態で予見されていた邪悪な果実を実らせる、ということがしばしば起こる。そうであるにも拘わらず、誰も、この邪悪な果実に関しての責任能力の存在を疑うことをせず、この人間の咎を確信する。どんなものであれ、個々の行為がこの人間の左右しうるものであったときには、必ずや咎ありと確信したであろうと考えられるが、それとまったく同様に、この場合にもその咎を確信する。こうしたことがまことにしばしば起こるのである。

その起源に関してまったく無意識であり、その上抗うことのできない悪への傾向が、このように一般に自由の働きと判定される[135]ということは、一つの所行を、言いかえれば、この現世の生以前の生を指し示している。ただ、この生は、決して時間上先行するものとは考えられない。というのも、叡知的なものはそもそも時間の外にあるからである。

創造においては最高の調和があり、そこでは何ものも分離したり、相前後したりしていないと、われわれは言い表さざるをえない。そこでは先にあるもののうちにすでに後に来るものもまたともに働いており、あらゆるものが、不可思議にも一挙に、同時的に生起する。その故に、人間は――ここで〔現世の生において〕決定され、限定されて現れる人間は――、最初の創造において自己を限定された形態において捉えたのであり、永遠からそうであるようなものとして生

VII387

471

まれるのである。というのも、かの所行によって、彼の形体化の仕方や性質までもが限定されているからである。

昔から、人間の行為の偶然性が想定されるとともに、その偶然性が、神の悟性のなかで前もって計画された世界全体の統一と比較されたとき、［この統一と相容れないように思われ、］自由の教説における最大の障害となってきた。そのような状況のなかで、神の予知も、本来の摂理も断念することができなかったので、予定説というものが想定された。この説を唱えだした人々は、人間の行為は、永遠の昔から限定されていなければならないと感じた。しかし彼らはこの限定を、創造と時を同じくする永遠の行為——これこそが人間の本質そのものをなしているのであるが——に求めるのではなく、絶対的な、すなわち、まったく根拠をもたない神の意志に求めた。つまり、それによって或る者は永遠の罰へと、そして別の者は至福へと予め定められている神の意志に求めた。そうすることによって彼らは、自由の根を根こそぎ引き抜いてしまったのである。

われわれもまた一つの予定説を主張するのであるが、しかしまったく別の意味においてである。すなわち、人間は、ここにおいて［現世の生において］行為するのと同じように、永遠の昔から、すでに創造の始まりから行為していたという意味においてである。つまり、人間の行為は生成しない。それは人間自身が、道徳的存在者としては、生成せず、本性上、永遠であるのと同様である。

このように考えれば、かのしばしば耳にするやっかいな問いも消え去ってしまう。つまり、なぜほかならぬこの人間は悪い行為を、あるいは卑劣な行為をするように限定されており、それに対してこの別の人間は敬虔な、あるいは正義にかなった行為をするように限定されているのか、という問いも消え去ってしまう。というのも、この問いは、人間がすでに原初において行為でも所行でもなかったということ、また、人間が精神的存在者として自分の意志以前に、そして自分の意志から独立して一つの存在をもっているということを——こうしたことは、すでに示したように、ありえないのであるが——、前提にしているからである。

VII388

472

【二八】

ひとたび創造において、啓示に対する根底の反作用によって、悪が一般的に呼び起こされたのち、人間は、永遠の昔から、自己を我執性と我欲のうちに捉えた。そのために、生まれてくるすべての人間は、悪の暗い原理がまとわりつくように生まれてくるのである。もっとも、この悪は、対立者の出現を待ってはじめて、人間の自己意識にまで高められるのであるが。ただこの暗い原理からのみ、いま［つまり現世の生において］人間がそうであるように、光としての善が、神的な変化[136]を通して作りだされることができるのである。

　この人間のうちにある根源的な悪を否認することができるのは、自己の内なる人間、そして自己の外なる人間をただ表面的にしか経験しなかった者だけである。この根源的な悪は、現在の経験的な生との関わりで言えば、自由からまったく独立したものであるが、その根源においては、人間自身の所行であり、その故に、それのみが根源的な罪である。動乱ののち、伝染病原体のように広がっていった諸力の無秩序も、もちろんそれと同じように否定しがたいものであるが、それについては根源的な罪であるというように言うことはできない。というのも、激情それ自体は悪ではないからである。われわれは肉や血とだけではなく、精神（霊）であるわれわれの内にある悪、そしてわれわれの外にある悪[137]とも戦わなければならないのである。

473

　つまり、自分の所行によって、しかも誕生の時にすでに身に招いた悪のみが、根源悪（das radikale Böse）[138]と呼びうるのである。カントは、理論においては、いっさいの人間的存在を限定する超越論的な所行について語らなかったが、後年の諸研究においては、道徳的判断に関する諸現象をただ忠実に観察しただけで、――彼の表現によれば――主観的な、そして感官に取り込まれてくるいっさいの所行に先行するところの――しかしやはりそれ自身ふたたび自由の働きであらざるをえない――人間の行為の根底を承認するようになった。そのようにカントが変わっていったことは注目に値する。それに対してフィヒテは、思弁においては、このような所行の概念を把握していたのに、道徳論においては、

VII389

ふたたび博愛主義に陥ってしまった。そして、かの、あらゆる経験的な行為に先行する悪を、ただ人間本性の不活動性（Trägheit）に見いだそうとした。(139)

【二九】

以上で述べた私の見解に反対してもちだされるかもしれない論拠としては、ただ一つのもののみがあるように思われる。すなわち、以上の見解は、人間の悪から善への、そしてその逆の転換をすべて、少なくともこの現世に生きているあいだは、奪い去ってしまうという論拠である。

しかし、人間を限定して善へと転換させるものが、人間の助けであるのか、神の助けであるのか――（いずれにしても人間は助けを必要とする）――いまその点は措くとしても、やはり人間が、善の精神がそのような働きを及ぼすことを許容するということ、あるいは、善の精神に対して自己を積極的に閉ざしてはいないということ、このことは同様にかの原初の行為――この原初の行為によって人間は、ほかならぬこの人間としてあるのであるが――のうちにすでに存している。

それ故、かの善への変化がまだ起こっていないが、しかしまた、善の原理がまったく死に絶えてはいない人間においては、彼自身の、――現にいまそうである彼との関係で言えば――より善い本質の内面の声が響いて、彼をかの変化へと促してやまないのである。さらにはまた彼は、実際の決定的な転換によってはじめて、自分自身の内面に平和を見いだし、――いまはじめて原初のイデアに満足を与えたかのように――自分を守護する精神（霊）と和解したように感じるのである。

人間自身ではなく、彼のうちにある善い精神か、あるいは悪い精神が行為する――人間とはそもそもそういう性質のものである――ということは、もっとも厳密な意味において真である。そしてそうであるにも拘わらず、このことは、自由をいささかも損なわないのである。というのも、自己のうちで善い原理なり、悪い原理を働かせるということ、まさにこれは、彼の本質や生がそれによって限定されている叡知的所行の結果であるからである。

474

【第五章　人間における悪の現象】

【三〇】

このようにしてわれわれは、悪の始まりと成立とを明らかにして、個々の人間における悪の現実化にまで至った。あとは、人間における悪の現象を記述する以外に何も残っていないように思われる。

【三一】

すでに示されたように、悪の一般的な可能性は次の点にある。すなわち、人間がその自己性を、基底ないし道具とするのではなく、むしろ支配するものや全意志[140]にまで高めようとし、それに対して、自己のうちにある精神的なものを手段にしようと努めることができる、という点にある。

人間において自己性と我意という闇の原理が、完全に光によって貫かれ、光と一つであるときには、神が、永遠の愛として、あるいは現実的に実存するものとして、人間のうちで諸力の紐帯となっている。それに対して、二つの原理が不和の状態にあるときには、別の精神が、神が存在するはずの場所に乗り移ってくる。すなわち転倒した神が乗り移ってくる。これは、神の啓示によって呼び起こされて現勢化しようとする存在者である。もっともそれは、決して潜勢を脱して顕勢へと至ることができない。それは決して存在するものではないが、しかしつねに存在しようと欲してやまないものである。したがって、古代の人々が言う質料のように、完全な悟性によってではなく、ただ偽りの想像

VII390

475

力（λογισμῷ νόθῳ）*――これがまさに罪なのであるが――によってのみ、現実的なものとして把握され（顕勢化され）うるものである。それ故、この存在者は、それ自身は存在しないにも拘わらず、あたかも蛇が光から色を借りるように、真の存在から仮象を借り、鏡像のような表象によって人間を無分別な行為へと引きずりこもうと努める。かの存在者は、この無分別な行為のなかでのみ、人間によって受け入れられ、理解されうる。したがってこの存在者は、当然のこととして、あらゆる被造物の敵として（なぜならあらゆる被造物は愛の紐帯によってのみ存在しつづけるからである）、そしてとりわけ人間の敵として考えられる。しかしそれにとどまらず、人間を誘惑するものとして、つまり、人間を偽りの快楽へと誘い、実際には存在しないものを人間の想像力のなかに受け入れるように誘うものとして考えられる。この想像力のなかで、存在しないものは、人間自身の悪い傾向性によって支えられるのである。人間の眼は、神的なものや真理の輝きを見やりながら、身を保持することができず、存在しないものの方を見てしまうのである。

＊『ティマイオス』におけるプラトンの表現。ツヴァイブリュッケン（Zweibrücken）版第九巻三四九頁[141]。それ以前にロクリスのティマイオスの『世界霊魂について（De anima mundi）』のなかに。同書五頁[142]。

そういうわけで、人間が本来的な存在から非存在へと、真理から虚偽へと、光から闇へと歩み入って、自ら、創造する根底となろうとすること、そして自己のうちにもつ中心の力によってあらゆる事物の上に君臨しようとすること、このことが罪の始まりである。始まりと言うのは、中心からはずれた者にも、やはりなお、自分があらゆる事物であったという感情、神のうちに、また神とともにあったという感情が残っているからである。したがって人間はふたたび中心へと戻ろうと努力する。しかし自分ひとりでそうするのであり、彼が本来そこでそうするであろう場所、つまり神のなかにおいてではない。ここから我欲の飢えが生じる。我欲は、全体から、また統一から離れれば離れるほど、いっそう不足を覚え、いっそう貧しくなる。まさにその故に、欲や飢えや毒が強まる。悪のなかには、自分自身を食い尽くし、

476
たえず自己を壊滅へともたらそうとする矛盾が存在している。すなわち、被造物であろうと努めながら、実際にはまさに被造物性の紐帯を無に帰してしまう。あるいは、すべてのものであろうとする高慢から、非存在へと転落してしまう。ところで、顕わになった罪は、――単なる弱さや能力の欠如が憐みで人の心を充たすのとは違って――恐怖と戦慄で人の心を充たす。それはただ次のことからのみ説明することができる。すなわち、顕わになった罪は、言葉を打ち砕き、創造の根底を侵害し、神秘を冒瀆しようと努める。

しかしこの神秘もまた顕わとなる運命をもっていた。というのも、罪が対立しているところでのみ、諸事物の依存性のかの最内奥の紐帯が、そして神の本質が、自己を啓示するからである。この［啓示以前の］神の本質は、言わばすべての実存以前のものであり（実存によってまだ和らげられていないものであり）、その故に恐ろしいものである。つまり、神自身は、被造物のうちにあるこの［恐ろしい］原理を蔽っており、愛でそれを覆い隠している。そしてこの原理をもろもろの存在者の根底とし、言わばその担い手としている。ところがもし誰かが、我意を濫用によって自己存在にまで高め、それを掻き立てるならば、この原理は、この者の意図に沿って、しかしこの者に敵対するものとして顕勢的となる。というのも、神はその実存においては、やはり決してかき乱されることはなく、ましてや廃棄されることはないが故に、神とその基底とのあいだに成立している必然的な対応関係に従って、まさにかの生命の閃光が――個々のどんな人間のうちにおいても、暗黒の深みにおいて輝いている生命の閃光が――罪人に向かって、焼き尽くさないでは措かない火となって燃え立ってくるからである。これはちょうど生きた有機体において、個々の部分やシステムが、全体から逸脱するや否や、いまやそれに対立するに至った統一や共同性を火（熱）と感じ、内なる炎熱によって燃えだすのと同じである。

【三二】

われわれは、偽りの創造によって、また非存在に依拠した認識によって、人間の精神がどのようにして嘘と虚偽の精

VII391

477 神に自己を開き、すぐにそれに魅せられ、原初の自由を失うに至るかを見た。

ここから結果として出てくるのは、逆に、真の善はただ神的な魔術[143]によってのみ生じうるということ、すなわち、存在者が意識と認識のなかに直接に現在することによってのみ生じうるということである。恣意的な善は、恣意的な悪と同様に、不可能である。真の自由は、われわれが本質的な認識のうちで感じとる聖なる必然性と調和している。なぜなら、精神と心とは、ただそれ自身の法則にのみ縛られており、必然的であるものを自由意志に従って肯定するからである。 VII392

悪が二つの原理の不和のうちにあるとすれば、善は、両者の完全な和合のうちにのみ存立することができる。そして両者を統一する紐帯は、神的な紐帯でなければならない。というのも、両者は、制約された仕方においてではなく、完全で無制約な仕方で一つになっているからである。したがって両者の関係は、自分で任意に選びとる道徳性、あるいは自己限定から生じる道徳性と考えることはできない。このような道徳性の概念は、両者がそれ自体としては一ではないことを前提にしている。しかし、もし両者が一でないとしたら、両者はどのようにして一になればよいのであろうか。それのみでなく、この概念は、恣意の均衡というあのばかげた体系に逆戻りしてしまう。二つの原理の関係は、闇の原理（自己性）が光につながれている関係である。

この関係を、言葉のもともとの意味に従って、宗教性（Religiosität）[144]と言い表してもかまわないであろう。われわれがそのもとに理解しているのは、病的な時代がそう名づけているものではない。つまり、神的なものについて、閑座して考慮を重ねたり、信心ぶって予感したり、感じとろうと努めたりすることではない[145]。なぜなら、神はわれわれのうちにおいて、明瞭な認識、あるいは精神的な光そのものであるからである。この光のうちではじめて、他のすべてのものが明瞭になるのであり、この光自身が不明瞭であるといったことは決してありえない。この明瞭な認識を有する者には、
478 この認識が、実際、無為に過ごしたり、休んだりすることを許さないのである。この認識は、それが存在するところでは、われわれの感傷哲学者たちが考えるよりも、ずっと実質的なものである。

479

われわれはこの宗教性という言葉を、そのもともとの、そして実践的な意味において理解している。つまり、それは良心的なことである。言いかえれば、知るとおりに行為せよ、あるいは、その行為において認識の光に矛盾してはならない、ということである。人間的な、あるいは物理的、心理的な仕方においてではなく、神的な仕方で、この矛盾が生じえない人間こそ、言葉の最高の意味において、宗教的、良心的であると呼ばれる。事が現に起こっているのに、まだまず義務の掟を前に掲げ、この掟に対する尊敬[146]に基づいて正しい行為へと決断しようとする人は、良心的ではない。語義から言ってもすでにこの宗教性は、対立するもののあいだの選択を許さない。つまり恣意の均衡（aequilibrium arbitrii）（あらゆる道徳の疫病）を許さない。ただ、いっさいの選択なしに行われる、正しいものへ向かっての最高の決断のみを許す。

良心的であるということは、必然的に、またつねに、ことさら熱狂という形をとって、あるいは自己自身を超越するというただならぬ高揚という形をとって現れるのではない。むしろ、自ら任意に選択するという道徳性のうぬぼれが打ち砕かれたときに、ほかのもっとずっと悪質な高慢の精神が、この道徳性を好んでこの熱狂や高揚へと仕立て上げようとするのである。

良心的であることは、まったく形式的に、厳格な義務遂行のうちに現れることもありうる。その場合には、良心的であることに、マルクス・カトー[147]の魂のなかでそうであったように、さらにかたくなさや苛酷さといった性格が混じっている。ある古人[148]はカトーに、かの内的な、ほとんど神的な行為の必然性を帰している。というのも、彼の語るところによれば、カトーは、正しく（掟に対する尊敬から）行為するために正しく行為したことはなく、ただ他の仕方ではまったく行為することができなかったがために正しく行為したのであるが、そのために徳にこの上なく近い存在であったからである。

心根のこの厳格さは、自然のなかの生命の厳格さと同様、そこからはじめて真の優美さや神々しさが花となって現れでてくる萌芽である。[149] それに対して、この核をさげすんでもよいと信じている――それ自身が考えるところでは、より高尚な――道徳性は、何の果実をも生みださないあだ花に等しい。*

＊これまで何度か引用したフリードリヒ・シュレーゲル氏の『ハイデルベルク年報』に発表された批評には、現代の道徳的天才についてのきわめて的確な見解が含まれている。その一五四頁。[150]

最高のものは、まさにそれが最高のものであるが故に、必ずしも普遍妥当的なものであるとはかぎらない。一群の精神的放蕩者たち――こうした人たちにとっては、ほかならぬ学問や感情の最高のものは、もっとも奔放な精神的淫蕩のために、あるいは、いわゆる平俗な義務遵守といったものを超えでるために役立つべきものなのであるが――を知った人は、最高のものを最高のものと言い表すことにきっとためらいを覚えるであろう。そのような状況から将来のことがすでに予見されるのである。つまり、誰もが、理性的な魂であるよりも先に、美しい魂[151]であることを欲し、正しいと言われるよりも、むしろ高貴であると言われることを欲しているが、この道を進めば、道徳論などはいずれ趣味という一般的な概念に還元されてしまうであろうし、そうなってしまえば次に悪徳は、ただわずかにいかがわしい劣悪な趣味のなかに存することになるであろう。*

＊ある若者が[152]――おそらく現今の他の多くの者たちと同様に、カントの尊敬すべき道程を歩むには高慢すぎ、そうかと言って、自分をほんとうによりよいものにまで高める能力もなく、ただ耽美的な世迷いごとを言っているにすぎないのであるが――すでに美学による道徳のこのような基礎づけを予告している。そのような進歩が生ずれば、ユークリッドの道程を、いくぶんぎこちないものではあるが、図形を描くための手引きとみなすというカントの冗談[153]も、ひょっとするといまに、まことに転じるかもしれない。

480

厳とした心根のなかを、この心根の神的な原理が、神的な原理として貫いているときには、徳は熱狂として現れる。（悪への戦いにおける）英雄主義として現れる。神が教える通りに行為し、その行為において、知のなかで認識したものから離反しないという、美しく自由な勇気として現れる。そして信仰として現れる。ただし真とみなすという意味においてではない。真と見なすというのは、きわめて称揚すべきものとみなされるが、しかし確実性と言うには何かが欠けているものである――こうした意味は、この信仰という言葉が卑近な事物に使われるようになって付け加わってきたものである――。この意味においてではなく、神的なものへの信頼、確信――これはいっさいの選択を排除するものである――というもともとの意味においてである。最後に、心根の犯しがたい厳格さ――これがつねにどこまでも前提とされるのであるが――のなかに、神の愛の光が入り込み、沈殿するときには、道徳的な生命が優美に、そして神々しい美しさに最高度に変容するということが生じる。

Ⅶ394

【第六章　神の自由】

【三三】

さて、われわれは、善と悪との対立の成立や、両者が創造においてどのように相互に関わりあいながら働くのかを、可能なかぎり探求してきた。しかし、この研究全体の最高の問題がなお残っている。

神はこれまでは、ただ自己自身を啓示する存在者としてのみ考察されてきた。［1］しかし神は、道徳的存在者として、この啓示にどのように関わるのであろうか。啓示は、盲目的で無意識的な必然性をもって行われる行為なのであろうか。それともそれは、自由で意識的な所行なのであろうか。

もし後者であるとすれば、［2］神は道徳的存在者として、この悪――その可能性と現実性は神の自己啓示に依存し

481 ている――にどのように関わるのであろうか。神は、自己啓示を欲したとき、悪をも欲したのであろうか。もしそうだとすれば、この意欲は、神のうちの神聖性や最高の完全性とどのように調和するのであろうか。あるいは、一般的な表現で言えば、神はこの悪に関してどのように弁護されうるのであろうか。

【三四】

自己啓示における神の自由に関する最初の問い［先の［1］の問い］については、たしかに、これまでの叙述によって答えが与えられているように見える。もし仮に神がわれわれにとって単なる論理的抽象物であるならば、すべてのものも神から論理的必然性をもって生じてこなければならないであろう。神自身が言わば単なる最高の法則になり、そこからすべてのものが流れ出てくるが、しかし人格性ももたず、それについての意識ももたないものになってしまうであろう。しかしながら、われわれはすでに神を、諸力の生きた統一であると明言してきた。そしてわれわれの以前の言明によれば(154)、人格性は、ある自立的なものとそれから独立した基底との結合に依拠している。その結果、この二つのものは相互にまったく浸透しあっており、ただ一つの存在者となっている。そうであるとすると、神は、それのうちの観念論的な原理と（この原理との関係において）独立した根底との結合によって――神のうちでは基底と実存するものとが必然的に合一して、一つの絶対的な実存となっているが故に――最高の人格性であるということになる。

あるいは(a)また、両者の生きた統一が精神であるとすれば、神は、両者の絶対的な紐帯として、すぐれた、また絶対的な意味において、精神である。神と自然との紐帯によってのみ神のうちの人格性が基礎づけられているということは、まったく確実なことである。ちょうどそれとは逆に、純粋な観念論の神も、また純粋な実在論の神も、必然的に非人格的な存在者である。フィヒテとスピノザの神概念がそのもっとも明瞭な証明である。

しかし、神のうちには一つの独立した実在性の根底があり、それ故、神の自己啓示には二つの、ともに永遠である始

VII395

482

元があるために、神もまた、その自由に関して、この二つのものとの関わりで考察されなければならない。創造の最初の始元は、自己自身を生もうとする一者の憧憬である。言いかえれば、根底の意志である。第二の始元は、愛の意志である。それによって言葉が自然のなかに発せられ、それによって神自身がはじめて人格的になるのである。

根底の意志は、したがって、愛の意志が自由であるのと同じ意味で自由であることはできない。根底の意志は、意識的な、あるいは反省と結びついた意志ではない。もちろんまた、まったく意識を欠いた意志――これは盲目的で機械的な必然性に従って動くであろう――でもない。それはむしろ、欲望や欲求といった中間的な自然と比べることができる。あるいは生成する自然の美しい衝動ともっともよく比較することができる。生成する自然は、自己を展開するように努めており、その内的運動を意のままにすることはできない（それをやめることはできない）のであるが、しかしその運動のなかにあって、強制されているとは感じない。

それに対して、愛の意志は、端的に自由な、意識的な意志である。愛の意志とはまさにそうしたものであるからである。愛の意志から生じてくる啓示は、行為であり、所行である。

自然全体は、それが決して単なる幾何学的必然性によって現存しているのではないということを、われわれに語っている。[155] 自然のなかにあるのは、混じりけのない純粋な理性ではなく、人格性であり、精神である（ちょうどわれわれが理性的な著作者を、精神の豊かな著作者からはっきりと区別するのに類似している）。もしそうでなければ、このように長く支配してきた幾何学的悟性は、とっくに自然のなかに浸透し、普遍的で永遠である自然法則という自分の偶像を、今日までになされてきた以上に、真なるものとして証明してきたにちがいない。ところが逆に幾何学的悟性は、自分に対する自然の非合理的な関係を、日々ますます認識せざるをえないのである。

VII396

（a）この「あるいは（oder）」を全集版は der としているが、底本の通り「あるいは」と訳した。

483

創造は〔受動的な〕出来事ではなく、所行である。普遍的な法則から〔必然的に〕生じてきた結果が存在するのではない。神が、すなわち神の人格が普遍的な法則であり、生起するものはすべて、神の人格性によって生起するのである。抽象的な必然性によって生起するのではない。抽象的な必然性は、われわれでも行為に際してそれに堪えることができないであろうが、ましてや神ともなれば、当然そうであろう。

ライプニッツの哲学は、あまりにも抽象の精神に支配されたものであるが、それでもそこで自然法則が、幾何学的に必然的な法則としてではなく、また恣意的な法則としてでもなく、道徳的に必然的な法則として認められているのは、もっとも喜ばしい側面の一つである。ライプニッツは次のように語っている。「自然のなかで実際に証明されうる諸法則は、しかしやはり絶対的にその根拠を示しうるものではないし、またそうしたことは必要でもないということを私は発見した。もちろんそうした法則は、さまざまな仕方で証明されうるであろう。しかし、何かが——まったく幾何学的に必然的でない何かが——つねに前提にされざるをえない。それ故これらの法則は、むしろ、絶対的必然性の体系を論駁し、最高の、そして叡知的で自由な存在者を証明するものである。それらは、（かの抽象的な意味で）まったく必然的なものではないし、またまったく恣意的なものでもなく、あらゆるものを超えて完全な知恵から由来する諸法則として、中間に位置する」*。力動的な説明方法の最高の努力は、このように自然法則を心情や精神、意志に還元することにほかならない。

*『弁神論』、『著作集』第一巻三六五、三六六頁(156)。

【三五】

しかしながら、道徳的存在者としての神が世界に対していかに関わっているかを規定するためには、創造における自

484

由の一般的な認識だけでは十分ではない。それ以外になお、自己啓示の所行が、そこから生まれてくるいっさいの結果が神のうちで予見されていたという意味において、自由であったかどうか、ということが問題になる。

しかし、このこともまた必然的に肯定されなければならない。なぜなら、もし啓示への意志に対して、もう一つ別の、本質の内面へと帰って行こうとする意志が対立して働いていないとするならば、この啓示への意志自身が生きたものではないであろうからである。ところが、この自己自身のとどまろうとする働きにおいて、［それに対抗して］本質のうちに潜在的に（implicite）含まれているいっさいのものを映しだす像[157]が生じてくる。そしてこの像において神は、自己を観念的に現実化する。あるいは、同じことであるが、現実化される自己を予め認識する。そして、啓示への意志に対抗して働く傾向が神のうちにある以上、啓示が実際に存在するためには、やはり愛や善意、自己を分かち与えるもの（Communicativum sui）[158]が優勢にならなければならない。そしてこのこと、つまり決断が、意識的で道徳的に自由な所行としての啓示の概念を、はじめて文字通りに完全なものにするのである。

【三六】

この概念にも拘わらず、また、神における啓示の行為はただ道徳的にのみ、言いかえれば、善意と愛とに関わってのみ必然的であるにも拘わらず、神が自己自身と協議するとか、いくつかの可能な世界のなかから一つのものを選択するとかいう考えは、根拠のない、維持しがたい考えである。

むしろ逆に、道徳的必然性に、ただ詳細な規定が付け加えられるや否や、神的本性からいっさいのものが絶対的必然性をもって生じてくるという命題や、絶対的必然性によって[a]可能であるすべてのものはまた現実的でなければならず、

（a）　底本では“Kraft”となっているが、新哲学文庫版に従って“kraft”と読む。

485

現実的でないものはまた道徳的に不可能でなければならないといった命題は、どうしても否定することができないものになる。スピノザ主義が失敗に終わっているのは、決して、神のうちに確固不動の必然性があることを主張するからではない。そうではなく、この必然性を生きたものとして、また人格的なものとして見ないからである。というのも、このスピノザ主義の体系は絶対者についてまるっきりその一面だけを捉えているために——つまり実在的な側面だけを、言いかえれば、神がただ根底において働くかぎりの側面だけを捉えているために——当然のことではあるが、いま挙げた諸命題が、盲目的で悟性を欠いた必然性に行き着いてしまうからである。しかし神は本質的に愛と善意であり、神のうちで道徳的に必然的であるものもまた、真に形而上学的な必然性をもって生じてくるのである。

もし神のうちの完全な自由に対して、もっとも本来的な意味での選択というものが要求されるとすれば、話をずっと先に進めなければならないであろう。というのも、選択の完全な自由というのは、あらゆる条件に従って可能であった世界よりも、完全さの度合いが少ない世界を神が創造することができたときに、はじめて存在しえたであろうが、しかしなにしろこれ以上にばかげた主張はなく、そのためにこうした主張は一度ももちだされたことがないからである。何人かの人によって実際にそして真面目に主張されたのは、神は、もし彼が欲するのであれば、この世界よりもよりよい世界を創造することができたであろうというものである——そう言っても、ただ単にカスティーリヤの王アルフォンス[159]によって主張されたようにではない。アルフォンスのよく知られた言葉は、当時支配的であったプトレマイオスの天体論に対してのみ当てはまるものであったからである——。

VII398

神における可能性と現実性との統一に反対するもろもろの論拠もまた、このように可能性のまったく形式的な概念から取ってこられている。すなわち、自己矛盾しないものはすべて可能であるという概念——たとえば、もしそうであれば筋の通った仕方で創作された物語はすべて実際に起こった出来事であるはずだといった、よく知られた抗弁などに見られるような概念——から取ってこられている。

486

このようにただ単に形式的な概念は、スピノザさえもっていなかった。可能性はすべて、彼においては、神的完全性に関係するかぎりでのみ妥当する。ところがライプニッツがこの概念を受容したのは、明らかに、ただ神のうちの選択をもちだし、そうすることによって可能なかぎりスピノザから遠ざかるためであった。ライプニッツは次のように言う。「神はさまざまな可能性のなかから選択する。言いかえれば、自由に、強制されることなく選択する。もしただ一つのものだけが可能であるのなら、そのときにはもう選択も自由もないであろう」(160)。

自由が成り立つために求められるものが、そのような空虚な可能性でしかないとするならば、形式的には、言いかえれば、神の本質性を見ないかぎりでは、無限なものが可能であったし、いまもなお可能であるということを認めることができる。しかし、それは、それ自体として誤っている概念、神のうちでは可能ではなく、ただ単にわれわれの悟性のうちでのみ可能である概念によって、神の自由を主張しようとするということを意味する。神において、その本質を、あるいはその完全性を考慮の外に置くということは、決して考えることができないのである。

可能な世界が複数ありうるということに関しては、次のように言えるであろう。それ自体として無規則的なもの――われわれの説明では、根底の根源的な動きというのはこうしたものである――はもちろん、まだ形を与えられていないが、しかしあらゆる形を受け入れることができる素材に似て、無限の可能性を提示しているように見える。ひょっとしてもし、いくつかの世界の可能性ということが、そうしたものに基礎づけられるのであれば、ただ次のことだけを言わなければならないであろう。すなわち、そこからはやはり決して神に関するそのような可能性は生じてこないであろうと。というのも、根底を神と呼ぶことはできないし、神はその完全性に従って、ただ一つのものだけを欲することができるからである。さて、いま述べた無規則性ということに関しても、決して次のように考えることはできない。すなわち、無規則なのであるからやはり根底には、神の本質に従って唯一可能である世界の原型といったものも含まれていないというように考えることはできない。実際の創造においては、この原型が、諸力の分開や規整を通して、あるいはこの原

487

型を阻害したり曇らせたりする無規則的なものを排除することを通してのみ、潜勢から顕勢へと高められるのである。
ところで神的悟性はもっとも原初的な知恵であり、そこで神は観念的に、あるいは原像的に自己を現実化するのであるが、その神的悟性のなかにはただ一つの可能的世界があるのみである。それはただ一つの神が存在するのと同じである。

【第七章　神と悪の問題】

【三七】

神的悟性のうちには一つの体系がある。しかし神自身は体系ではなく、生命である。そのことのうちにのみ、かの問い、すなわち神に関する悪の可能性についての問い［【三三】節の［2］の問い］の答えも含まれている。この問いのためにこのこと[161]が先に述べられたのである。

すべての実存は、それが現実的な、すなわち人格的な実存であるためには、一つの条件を必要とする。神の実存であっても、そのような条件なしには人格的なものであることはできないであろう。ただ神はこの条件を自己の外にではなく、自己の内にもっている。神はこの条件を廃棄することはできない。というのも、もしそれを廃棄すれば、神は自己自身を廃棄しなければならないであろうからである。神はそれをただ愛によってのみ克服し、自己に従属させ、そうして自分の栄光を顕わにするのである。もし神がこの条件を自己としないならば、つまり、それと結びついて一つになり、絶対的な人格性にならないのであれば、神のうちにさえ、暗黒の根底が存在することになってしまうであろう。

人間はこの条件を決して支配下に置くことができない。もちろん悪においてそうしようと努めるのではあるが。この条件は人間にただ貸し与えられただけの、彼からは独立した条件である。それ故に、彼の人格性と自己性とは、決して

VII399

488

完全な顕勢へと高まることはできない。これは、すべての有限な生命にまとわりついている悲哀である。神のうちにも、［人間においてのように完全に独立したものではないが］少なくとも比較的独立した条件があり、したがって神自身のうちにも悲哀の源泉がある。しかしこの悲哀は決して現実化せず、ただそれを超克するという永遠の喜びに役立つにすぎない。自然全体の上に広がっている憂愁のとばり、あらゆる生命がもつ深くて打ち消しがたいメランコリーも、ここからきている。喜びは悩みをもたなければならず、悩みは喜びに変貌しなければならない。

それ故、単なる条件、あるいは根底からくるものは、神の実存にとって必要なものではあっても、神からくるものではない。しかしそれとともに、悪は根底からくるとか、根底の意志は悪の生みの親であるとかいったことも言うことができない。なぜなら、悪は、つねにただ自分自身の心の最内奥の意志のなかにのみ成立しうるのであり、自分の所行なしには決して実行されないからである。根底による促し、もしくは、超被造物的なものに対する反作用は、ただ被造物的なものへの欲求、あるいは我意を呼び覚ますだけであり、しかもそれを呼び覚ますのは、ただ、善の独立した根底が存在するようになるために、言いかえれば、根底が善によって克服され、貫かれるためにである。というのも、呼び起こされた自己性それ自体が悪ではないからである。それが悪であるのは、ただそれがそれに対立する光ないし普遍意志から自己を全面的に引き離してしまったかぎりにおいてである。ところでまさにこの引き離しこそが、はじめて罪と呼ばれるのである。

呼び覚まされて活動的になった自己性は、生命の鋭さ(162)のためになくてはならぬものである。それがなければ、まったくの死だけがあり、善は眠りに落ちてしまうであろう。というのも、戦いのないところには生命もないからである。つまり、根底の意志は、生命を呼び覚ますだけにすぎず、それ自身が直接に、あるいはそれ自体が悪なのではない。もし人間の意志が、この活動的となった自己性を愛によって包み、それを普遍的な意志である光に従属させるならば、そこからはじめて顕勢的な善意が、つまり意志のなかにある鋭さによって鋭敏になった善意が生じてくる。それ故、善人に

489 おいては根底に対する反作用は善へと向かう働きであり、悪人においては悪へと向かう働きである。ちょうど聖書において、敬虔な者たちのうちでは汝は敬虔であり、まちがった者たちのうちでは汝はまちがっていると言われているのと同じである。[163] 活動的な自己性をもたない善は、それ自身活動性を欠いた善である。被造物の意志によって悪くなるものも(自己を完全に引き離して、自分だけであろうとするときに悪くなるのであるが)、それ自体としては善である。つまり、善のなかに取り込まれ、根底にとどまっているかぎりは善である。超克された、つまり活動性から潜勢性へと引き戻された自己性のみが善である。そして勢位という観点から言えば、この自己性は、善によって克服されたものとして、いつまでも善のなかにとどまる。

体のなかに寒さの根がなければ、暖かさもまた感じることができないであろう。牽引する力にしても、純粋に反撥する力にしても、それだけを考えるということは不可能である。というのも、もし牽引するものが反撥するものに対してその対象とならないならば、反撥するものは何に対して働くと言うのであろうか。逆に、牽引するものが自分自身のうちに同時に突き返すものを含んでいないとするならば、それは何に向かって働くと言うのであろうか。

したがって、善と悪とは同じものであり、異なった側面から見られたにすぎないと言われたり、[164] あるいは、悪はそれ自体としては、すなわちその同一性の根において見られれば善であり、逆に善は、その分裂ないし非同一性において見られれば悪であると言われたりするのは、弁証法的にまったく正当である。おなじ理由から、悪へと向かう素材も力ももたない者は善に対しても無能である――現代われわれはその例を十分見ているが――という言葉もまたまったく正しい。

われわれの消極的な道徳は情熱を否定しようとして戦いを挑んでいるが、情熱は力であり、その力のどれもが、それに対応する徳と共通の根を有している。すべての憎しみの魂は愛であり、もっともはげしい怒りのうちに現れてくるのは、ただ、最内奥の中心において攻撃や刺激を受けた静けさにすぎない。しかるべき節度と有機的な平衡を保っている

Ⅶ401

490

ときには、情熱は徳そのものの強さであり、徳が直接に用いる道具である。すぐれた人物であるヨハン・ゲオルク・ハーマンが次のように語っている。「情熱が不名誉を構成する要素であるとしても、そうだからといって情熱は男らしさの武器であることをやめるであろうか。かの寓意的な解釈の好きなアレキサンドリア教会の顧問は、聖書の文字に従って天国のために自ら去勢した者となったが[165]、諸君は彼よりも賢明に聖書の文字を理解するであろうか。——この世界時代（Aeon）の支配者は、自分自身に対して最大の悪を犯す者たちを自分のお気に入りとする。——この支配者（悪魔）の道化師たちは美しい自然のもっとも邪悪な敵である。美しい自然は、たしかにコリュバントやガリアーたち[166]を職業坊主としたが、しかし強い精神の持ち主たちを自分のほんとうの崇拝者としている」*。

*「ヘレニズム書簡集」第二、一九六頁[167]。

そうではあるが、［プラトンの］アカデメイアや［アリストテレスの］リュケイオンの闘技場のためにではなく、むしろギュネツェーウム[168]向けに哲学を講じるような人々が、かの弁証法的な命題[169]を一般の人々の前にもちだすことだけはしてほしくない。それを聞いた一般の人々は、かの哲学者たちと同様に、これらの命題を誤解して、正義と不正との、善と悪との区別の廃棄[170]をそのなかに見てとってしまう。たとえば古代の弁証法論者たち、つまりゼノンやその他のエレア学派の人々の命題が、浅薄な文芸愛好家たちの議論の場にもちだされるのがふさわしくないように、いま言った命題も、一般の人々の前にもちだされるのはふさわしくないのである。

【三八】

我意の呼び起こしが生じるのは、ただ、人間のうちの愛が、それ自身を実現するための素材ないし対立物を見いだす

491
ためにである。自己性が自分だけを切り離そうとする場合には、自己性は悪の原理となるから、根底はたしかに悪の可能的原理を呼び起こすのであるが、しかし悪そのものを呼び起こすのではないし、悪となるように呼び起こすのでもない。しかしまたこの呼び起こしは、神の自由な意志に従って起こるのでもない。神は、根底においては、自由な意志に従って動くのでも、また彼の心胸に従って動くのでもなく、ただその性質に従って動くにすぎない。

【三九】

それ故、神自身が悪を欲したのだと主張する人は、その主張の根拠を、創造という自己啓示の所行のうちに求めなければならないであろう。通常もしばしば、世界を欲した者は同時に悪をも欲しなければならなかったと考えられるように。

VII402

しかし神は、カオスの無秩序な産物を秩序へともたらし、彼の永遠の統一を自然のなかへと語り出したのである。そしてそうすることによって神はむしろ闇に反対して働き、悟性を欠いた原理の無規則的な運動に対して、言葉を恒常的な中心として、また永遠の灯火として対置したのである。創造への意志は、それ故直接的には、ただ光の誕生への意志であった。それとともに、善の誕生への意志であった。それに対して悪は、この意志のなかで、手段としても考慮に入っていなかったし、ライプニッツが言うような、世界の可能なかぎり最大の完全性のための不可欠な条件（Conditio
492
sine qua non）*としてさえも考慮に入っていなかった。悪は神の意志決定の対象ではなかったし、ましてや許可の対象などでは少しもなかった。

＊『弁神論』一三九頁。「これらのことから次のことが結論として導きだされなければならない。すなわち、神は先行的には、それ自身において善であるものを欲し、帰結的には、最高善を目的として欲する。神は無差別なもの［善でも悪でもないもの］

や物理的な悪を手段として欲する。しかし、道徳的な悪は、それがなければ最高善が獲得されなかったであろう条件としてのみ許容することを欲する。このようにしてもちろん悪は、悪そのものを最高善と結びつける仮定的必然性の名のもとにのみ容認される」。——二九二頁。「悪徳に関して言えば、すでに示したように、それが神の決意の対象であるのは、手段としてではなく、不可欠な条件としてである——そしてそれ故単に許容されるにすぎない」[171]。——この二つの個所はライプニッツの『弁神論』全体の核心を含んでいる。

神は、悪が神の自己啓示から少なくとも随伴的に生じてくるであろうということを必然的に予見していたのであるから、まったく自己啓示をしないということの方をなぜ選ばなかったのか、ということが次に問われるかもしれない。しかしこの問いは、実際、答えるに値しない。なぜなら、このように言うことは、次のように言うことと同じことであるからである。すなわち、愛に対立するものが存在しえなくなるように、愛そのものが存在するべきではないというように。つまり、絶対に積極的なものが、ただ対立者としてのみ実存するもののために犠牲にされるべきである、言いかえれば、永遠なるものが、単に時間的なものに犠牲にされるべきであるというように。われわれは、神における自己啓示が絶対に恣意的な所行としてではなく、道徳的に必然的な所行として見られなければならないということ、そしてこの所行において愛と善意とが絶対的な内面性を超克するのだということを、すでに明言した。つまり、神が実際に悪のために自己を啓示しなかったとすれば、悪が善と愛に打ち勝ったことであろう。

不可欠な条件（Conditio sine qua non）としての悪というライプニッツの概念は、根底に対してのみ適用される。詳しく言えば、根底が被造物の意志（悪の可能的原理）を、そこでのみ愛の意志が現実化されうる条件として呼び起こすということに対してのみ適用される。

それでは、神はなぜ根底の意志を阻止したり、廃棄したりしないのか、ということが問われるかもしれないが、その理由をわれわれはすでに同じように示した。もしそうしたりすれば、それは、神が神の実存の条件を、すなわち彼自身

Ⅶ403

の人格性を廃棄するということに等しいであろう。言いかえれば、悪が存在しないようにするために、神自身が存在してはならない、ということになってしまうであろう。(172)

493

【四〇】

もう一つ別の反論がある。それはわれわれの見解だけではなく、すべての形而上学にあてはまるものである。その反論とは、たとえ神が悪を欲したのではないとしても、神は罪人のなかでもやはり働きつづけ、彼に悪を実行する力を与えている、というものである。これであれば、しかるべき区別をした上で、全面的に承認することができる。ちょうど病気のうちでもなお健康が働きつづけるように、実存のために元根底は、悪のうちでも働きつづける。すっかりかき乱され、もとの姿をまったく変えてしまった生命であっても、神が実存の根底であるかぎり、なお神のうちにあり、また神のうちを動く。しかしそうしたものは、神を、焼き尽くす憤怒と感じ、根底自身の引き寄せる作用(173)によって、統一に逆らってますます高じてくる緊張のなかに置かれ、ついには自己破棄へと、つまり最後の危機へと至る。

【四一】

以上のすべてのことが論じられたあとにも、なおさらに問いが残っている。悪は終わるのか、いかにして終わるのか、という問いである。そもそも創造は終極の目的をもっているのか。もしそれがあるのなら、なぜそれはただちに達成されないのか。なぜ完全なものが最初からすぐに存在しないのか。これらの問いも残っている。

これらの問いに対しては、すでに与えられた答え以外に答えはない。すなわち、神は単なる存在ではなく、一つの生命であるから、という答え以外に答えはない。

ところで、あらゆる生命は一つの運命をもち、苦悩と生成との支配下にある。つまり神は、人格的になるために、まっ

494

さきに光の世界と闇の世界とを分けたとき、そのときすでに自ら進んでこの苦悩と生成にも身を委ねたのである。存在は生成においてのみ自らを感覚しうるものとなる。(174) 存在のなかにはもちろん生成はない。存在のなかではむしろ、生成自身がふたたび永遠性として定立されている。それに対して、対立を通しての現実化のなかには、必然的に生成がある。人間として苦悩を経験する神という概念——これは古代のあらゆる秘儀や精神的な宗教に共通して見られる——がなければ、歴史全体は不可解なものにとどまる。聖書もまた啓示の諸時期を区別し、はるかな未来として、神がすべてのもののうちのすべて（Alles in Allem）(175) となる時期、すなわち、神が完全に実現されるであろう時期を置いている。創造の第一期は、以前に示されたように、光の誕生である。(176) 光ないし観念的原理は、闇の原理の永遠の対立者として、創造する言葉である。この言葉は、根底のうちに隠されている生命を非存在から救いだし、それを潜勢から顕勢へと高める。

この言葉の上に精神が立ち現れてくる。この精神は、闇の世界と光の世界とを統合し、かつ、二つの原理を自分の現実化と人格化のために自分に従属させる最初の存在者である。この統一に対して根底が反作用を起こし、原初の二元性を主張する。しかしそれもただ、善がいっそう高く上昇して、ついには悪から分かれるためにである。すべてのものが成就し、現実的になってしまうまでは、根底の意志は自由のうちにとどまらなければならない。もしそれ以前に根底の意志が屈服するならば、善は、悪とともに、根底のうちに隠されたままになってしまうであろう。そうではなく善は、闇から顕勢性へと高められなければならない。そうすることで善は神とともに滅することなく生きつづけることができる。それに対して悪は、善から分離されなければならない。そうすることで悪は永遠に非存在のなかに突き落とされる。

というのも、次のことが、創造の終極の目的であるからである。すなわち、それだけでは存在することのできないものが、神から独立した根底としての闇から現存在にまで高められることによって、それだけで存在するようになるということが、創造の終極の目的であるからである。誕生と死との必然性もそこからくる。神は、それ自身のうちに自立的

495 な生命をもっていなかった理念を、自己性と非存在者のなかに投げ入れ、それらが、そのなかから生命へと呼び戻されて、独立して実存するものとしてふたたび神のなかに存在するようにする。*

*『哲学と宗教』（テュービンゲン、一八〇四年）、七三頁。(177)

つまり根底は、その自由において、分離と審判（κρίσις）(178)とを引きおこし、まさにそのことによって神の完全な顕勢化を引きおこす。というのも、悪は、善から完全に分離されてあるときには、もはや悪としてあるのではないからである。悪は、悪自身にも意識されずに悪のなかにあった善（濫用された善）によってのみ働くことができたのである。悪は、生命においては、なお外的自然の諸力を享受し、それによって創造しようと試みた。それだけでなく、間接的にではあるが、神の善意にも関与していた。それに対して、死においては、悪はいっさいの善から分離される。たしかに欲求としては、つまり現実性に向かっての永遠の飢えと渇きとしては、残りつづけるが、しかし、潜勢性から歩み出ることはもはやできない。したがってその状態は非存在の状態である。活動性が、あるいは、悪のなかで活動的であろうと努めるものが、たえず衰弱させられる状態である。

それ故、最終的な全面的完全性という理念を現実化するためにであっても、悪を善に復するということ（あらゆる事物をもとに戻すということ）は少しも必要ではない。なぜなら、悪は、潜勢性を超え出ていくかぎりで、悪であるにすぎないからである。それに対して、非存在へと、あるいは潜勢状態へと還元されているときには、悪は、それがつねにそうあるべきはずのもの、つまり基底であり、服従したものである。このようなものとしては、悪は、もはや神聖性とも、神の愛とも矛盾しない。したがって、啓示の終極は、悪を善から追放すること、あるいは悪をまったくの非実在性と
496 宣告することである。それとは逆に、根底から高められた善は、根源的な善(179)と結合されて、永遠の統一をなすに至る。

闇から光へと生みだされたものは、観念的原理と結びつき、この原理の肉体——そのなかでこの原理は完全に現実化され、いまやまったく人格的な存在者となる——の構成要素となる。

　原初の二元性が持続していたあいだは、創造する言葉が根底のうちで支配していた。創造のこの時期は、すべての時期を貫いて終極にまで至る。しかし二元性が分離によって破棄されたときには、言葉ないし観念的原理も、それと一つになった実在的な原理も、ともに精神に従属する。そして精神は、神的な意識として、二つの原理のうちに同じ仕方で生きる。ちょうど聖書がキリストについて、すべての敵を足下に置くまでキリストは支配しなければならないと語るように。[180] 最後に滅ぼされる敵は死である[181]（というのも、死は分離のためにのみ必要であった。善は自己を悪から分離するために死ななければならないし、悪は自己を善から分離するために死ななければならない）。しかしすべてのものが彼［神］に従属するようになれば、神の子自身も、すべてのものを自分に従属させた神に従属するであろう。それは、神が、すべてのもののうちのすべてとなるためにである。[182] というのも、精神といえどもまだ最高のものではない。精神はただ精神、言いかえれば、愛の息吹にすぎない。[183] それに対して、愛こそが最高のものである。[184] 愛は、根底が、そして実存するものが（分かれたものとして）存在していた以前に、現存していたものである。しかしまだ愛としてあったのではない。そうではなく——われわれはそれをどのように言い表すべきであろうか。

【第八章　一元論の体系か二元論の体系か】

497

【四二】

　われわれはここで最後に、研究全体の最高点に行き着く。すでにずっと以前から、われわれは次のような問いを耳にしている。根底であるかぎりの存在者と、実存するかぎりの存在者とのあいだの、最初になされたかの区別は、いった

VII406

い何の役に立つと言うのか、という問いである。というのも、両者にとって、共通の中心点が存在しないか、あるいは存在するかのどちらかであるが、［1］もし前者であれば、われわれは絶対的二元論に与すると宣言せざるをえない。［2］後者の場合には、両者は、究極的に見れば、ふたたび一つになってしまう。そのときにはわれわれは、すべての対立に代わって、一つの存在者をもつことになる。つまり、光と闇との、善と悪との絶対的な同一性をもつことになる。言いかえれば、すべての理性体系が陥らざるをえない、そして本体系に対してもずっと以前から指摘されている、あらゆる不整合な帰結をもつことになる。

【四三】

第一の点［【四二】節の［1］］に関してわれわれが何を考えているかは、すでに説明した。すべての根底に先立って、すべての実存するものに先立って、したがって、総じてあらゆる二元論に先立って、一つの存在者が存在しなければならない。われわれはそれを元根底、あるいはむしろ無底（*Ungrund*）[185] と名づける以外に、どのように名づけることができるであろうか。

その存在者はあらゆる対立に先行するものであるから、対立は、この存在者のうちでは区別されえず、また何らかの仕方で存在することもできない。したがってこの存在者は、二つのものの同一性と言い表すことはできず、ただ両者の絶対的な無差別（*Indifferenz*）と言い表すことができるだけである。たいていの人々は、いっさいの対立の消失を認めなければならない地点まで考察を進めてくると、いまや実際に対立が消失してしまっていることを忘却してしまう。そして彼らは、対立をふたたび対立として無差別の述語とする。無差別は、彼らに対して、対立がまさに対立であることを止めることによって成立していたにも拘わらずである。無差別は対立の産物ではない。また対立がそのなかに内包的に（implicite）含まれているのでもない。無差別は、あらゆる対立から区別された固有の存在者である。あらゆる対立はそれに当たって砕け散る。それはあらゆる対立の非存在にほかならない。それ故にそれは、ほかならぬ無述語性という述語以外のいかなる述語をももたない。そうであるからと言って、それは無でもないし、ナンセンスなものでもない。

そこで［彼らには二つの可能性があるが］、［a］もし彼らがあらゆる根底に先行する無底のうちに実際に無差別を定立するとすれば、彼らは善も悪ももたないことになる――（というのも、善と悪との対立をこの地点にまで高めることはそ VII407
もそも認められないのであるが、そのことにはさしあたって立ち入らないことにするので）――そのために彼らは善悪の一方も、また他方も、さらには同時にその両者をも、この無差別の述語とすることができない。［b］あるいは善と悪とを定立するならば、彼らは、ただちに二元性をも定立することになる。つまり、そうすることですでに、無底あるいは無差別を定立しないことになる。

後の場合の説明のために、以下のことを述べておきたい。実在的なものと観念的なもの、闇と光、そのほかこの二つの原理をどのように言い表そうとも、それらは、対立するものとしては、決して無底の述語となることはできない。しかしそれらが、非対立として、すなわちその分離において、つまり各々が単独に無底の述語とされることは、何の差し支えもない。もっともそのことによってまさに二元性（原理の現実的な二重性）が定立されることになる。無底自身のなかには、このことを妨げる何ものも存在していない。なぜなら、無底が両者に対してまったくの無差別として関わるというまさにその故に、無底にとって両者はどちらでもかまわないからである。もし仮に無底が両者の絶対的同一性であるとすれば、無底はただ同時に両者であるということが可能であるだけであろう。すなわち、両者は対立するものとして無底の述語とならなければならないであろう。そうであることによって両者はそれ自身ふたたび一つになってしまうであろう。

つまり、あれでもなく－これでもない（Weder-Noch）から、言いかえれば無差別から直接に二元性が現れでてくるのである（この二元性は対立とはまったく別のものである。とはいえ、われわれはこれまで両者をひょっとして同じ意味で用いたかもしれない。それは、われわれがまだ探究のこの地点にまで至っていなかったからである）。もし無差別がなければ、すなわち無底がなければ、原理の二重性もまた存在しないであろう。つまり、無底は――実際にそう考えられたように――区別をふたたび廃棄してしまうのではなく、むしろそれを定立し、確証するのである。根底と実存するものとの区別は、単なる論理的な区別、あるいは、ただ単に一時的に事をしのぐために呼び出され、結局はまた当を得ないものとみなされることになる区別であったのではまったくない。それどころか、むしろそれはまったく実在的な区別であることが判明したのであり、最高の立場からいよいよ真なるものと確証され、完全に理解されたのである。

【四四】

以上の弁証法的な究明を行って、われわれはいまや、われわれの見解をまったく明確に次のように言い表すことができる。根底の本質は――実存するものの本質も同様であるが――ただあらゆる根底に先立ってあるもの、つまりそのものとして見られた絶対者、無底でのみありうる。しかし無底がそのようなものでありうるのは、（すでに証明されたように）それが二つの等しく永遠である原初に分かれていくことによってであり、それ以外の仕方によってではない。しかしそれは、無底が同時に両者であるというようにしてではない。そうではなく、無底がそれぞれにおいて同様にある、つまりそれぞれにおいて全体である、あるいは一つの固有な存在者であるというようにしてである。

ところで無底が二つの等しく永遠である原初に分かれるのは、ただ、無底のうちでは――それが無底であるかぎり――同時にあることも、あるいは一つであることもできなかった二つのものが、愛によって一つになるためにである。すなわち、無底が分かれるのは、ただ、生命と愛とが存在するために、また人格的に実存するものが存在するためにである。なぜなら、愛は無差別のなかにも存在せず、また、その存在のために結合をどうしても必要とする対立者が結合されているところにも存在せず、（すでに述べられた言葉を繰り返せば）次のことこそが愛の秘密であるからである。

500
すなわち、愛は、それぞれがそれだけで存在しうるように見えて、実際にはそうではなく、他者がなければ存在しえないもの同士を結びつけるのであるが、それが愛の秘密であるからである。*

*『学問としての医学年報』第一巻第一冊所収の「自然哲学に関する箴言」中の箴言一六二、一六三。[186]

それ故、無底のなかに二元性が生じてくるや否や、愛もまた生じてきて、実存するもの（観念的なもの）を実存への根底と結合する。しかし根底は、最後の全面的な分離に至るまでは、自由であり、言葉から独立している。全面的な分離のときには、根底は解体してしまう。それはちょうど、人間が透明性へと移行し、自己を永続的な存在者として根拠づけるとき、人間のなかで原初の憧憬が溶解するのと同じである。それが溶解するのは、この憧憬のうちのすべての真なるもの、善なるものが、明るく輝く意識へと高められ、それに対して他のすべてのもの、すなわち偽りのものや不純なものは永遠に闇のなかに閉じこめられて、自己性の永遠に暗い根底として、人間の生命過程の残滓（Caput mortuum）[187]として、また決して顕勢へと現れでることができない潜勢として、残りつづけるからである。

そのとき、すべてのものは精神に服することになる。精神のなかでは、実存するものは実存への根底と一つである。精神のなかでは両者は実際に同時にある。言いかえれば、精神は両者の絶対的同一性である。しかし、この精神の上に原初の無底がある。これはもはや無差別（無関心）ではなく、しかもまた両原理の同一性でもない。そうではなく、すべてのものに対して平等で、それでいて何ものによっても捉えられない普遍的な統一である。言いかえれば、すべてのものから自由で、しかもすべてのものを貫いて働く慈善の心である。一言で言えば、すべてのもののうちのすべてである愛である。

501

【四五】

それ故、もし誰かが（先のように［【四二】節の［2］のように］）次のように言おうとしたとすれば、すなわち、本体系においてはすべてのものに対してただ一つの原理があると、あるいは、闇の自然根底のうちで統べているものと永遠の透明性のうちで統べているものとは同一の存在者であり、諸事物の厳格さと区別とを生みだしているものと諸事物の統一と柔和さとを生みだしているものとは同一の存在者であり、善において愛の意志で支配しているものと悪において怒りの意志で支配しているものとは同一の存在者であると言おうとしたとすれば、その人はたしかにこれらすべてのことをまったく正しく言明しているのであるが、しかしやはり、次のことを忘れてはならないであろう。すなわち、この一つの存在者は、その二つの活動の仕方において、実際に自己を二つの存在者へと分離するということ、また、その一つの存在者は、一方の存在者においては単に実存への根底であり、他方の存在者においては単に存在者である（したがって単に観念的である）ということ、さらに、精神としての神のみが二つの原理の絶対的同一性であるが、しかしそうであるのはただ両者が神の人格性に服従していることによってであり、またそのかぎりであるということ、これらのことを忘れてはならないであろう。

しかし以上に加えて、もし誰かが、この見解の最高の立場の上に、善と悪との絶対的同一性を見いだすとすれば、その人は自分のまったくの無知をさらすことになるであろう。というのも、悪と善とは、断じて根源的な対立をなすものではないし、ましてや二元性をなすものではさらさらないからである。二元性は、二つの存在者が実際に対立しあっているところにある。ところが悪は存在者ではなく、むしろ非存在者である。つまり、ただ対立においてのみ実在性をもち、[a]それ自体としては実在性をもたないものである。絶対的同一性、言いかえれば愛の精神が悪よりも以前に存在するというのも、まさに悪が愛の精神との対立においてはじめて現れうるものであるからである。したがってまた悪が絶対的同一性によって包まれるということは可能ではなく、悪はむしろ永遠に絶対的同一性から排除され、放逐されている

VII409

のである。＊

＊善と悪との対立が最初の［二つの］原理においてすぐに説明されることを要求することが、いかにおかしなことであるかが、ここから明らかである。もちろん、善と悪とを現実的な二元性と見なし、二元論をもっとも完全な体系と見なす者は、そのように言わざるをえないであろうが。

502

【四六】

最後にもし誰かが、そのものとして見られた絶対者への関係においてはいっさいの対立が消失するという理由で、本体系を汎神論と名づけようと欲するならば、それもまたかまわないであろう。＊われわれは誰に対しても、時代と、時代のうちにあるものとを理解する際の、それぞれのやり方を喜んで各自に任せる。名前はどうでもよいのであり、問題なのは事柄である。

VII410

＊フリードリヒ・シュレーゲル氏が『ハイデルベルク年報』第二冊二四二頁において表明している願望(188)、すなわち、いじけた汎神論的な眩惑がドイツにおいてやんでくれればよいがという願望については、筆者以上にそれに同意することができるものはいないであろう。シュレーゲル氏がそこに美的な夢想や空想をも付け加えている以上、そしてまた、われわれが、スピノザ主義だけが唯一理性にかなったものだという意見をも同時にその眩惑のなかに数え上げてもかまわないのであれば、とくにそう言うことができる。ドイツでは、哲学的な体系が文筆に関わる産業の対象となっており、また、日常の諸事物についてさえ理解力を自然から与えられていないきわめて多くの人々が、ともに哲学をする能力を自分に授かっていると信じ込

（a）　底本で「をもち（hat）」となっているところを、全集版では「である（ist）」に修正しているが、底本に従って「をもち」と訳した。

んでいるのであるが、そのドイツでは実際、偽りの意見を惹き起こすこと、それどころか眩惑を惹き起こすことは、きわめて簡単なことである。自分としてはそのような眩惑を一度も助長したようなことはないし、その手助けとなるような支持によってそれを煽るようなことは一度もしたことがないという意識をもっている。むしろ、エラスムスとともに（その他の点では彼と共有するものがきわめて少ないとしても）、「私はいつも一人でいることを欲した、互いに誓いあった者たちや党派心の強い者たち以上に嫌悪するものはない（semper solus esse volui, nihilque pejus odi quam juratos et factiosos）」と言える意識をもっているが、それがせめてもの気休めとなりうる。筆者は党派を立てることによって、他人から、そしてとくに自分から探究の自由を奪おうと欲したことは一度もないし、この探究の自由のうちにずっと変わらずに身を置いていると宣言してきたし、またおそらくいつまでもそこに身を置くと宣言するであろう。現在の論文では、たしかに対話という外面的な形式は欠けているが、しかしすべては対話的に成立している。筆者はここでとった行き方を将来においても保持するであろう。この論文では多くのことを、もっと厳密に限定することができたし、もっと無造作にならないように取り扱うことができた。また多くのことを、もっと明確に誤解から守ることができた。筆者がそれをしなかったのは、部分的には、故意にである。そのような仕方で筆者から受けとることができない者、あるいは受けとろうとしない者は、そもそも筆者から何も受けとらないでほしい。そういう人はほかの文献を当たってほしい。以前の、この論文と近い関係にある著作、つまり『哲学と宗教』に対して、十分な資格をもたない追随者や反対者たちは、それをまったく黙殺することによって、その尊敬を示したが——前者の者たちがそうするに至ったのは、きっと、緒言の脅し文句[189]や叙述の仕方によってよりも、むしろ内容そのものによってであろう——ひょっとするとこの論文に対しても、彼らによってそれと同じ尊敬が示されるかもしれない。

503 さまざまな哲学体系に付与された一般的な概念に基づいて、ある限定されたもの[190]に対して——この限定されたものは、なるほど、これらの哲学体系と多くの接点を共有しうるし、それ故に実際すでにこれらすべてと混同されているのであるが、しかしこの限定されたものは、どの個別的な点においても、それ固有の限定を有している——加えられる論難の空虚さについて、われわれはすでに本論文の冒頭において触れておいた[191]。つまり、ある体系が神における諸事物の内在を説くと言う場合、そう言うことには手間はかからないが、しかし、たとえばわれわれに関しては、そう言っても何も言っ

504 たことにはならないであろう――もちろんそれが直ちに間違っていると言うことはできないけれども――。というのも、われわれはすでに以下のことを十分に示したからである。すなわち、すべての自然存在者は、単に根底のうちに、言いかえれば、まだ悟性との統一へと至っていない原初の憧憬のうちに、存在を有するのであり、したがって神との関係で言えば、単なる周辺的存在者にすぎないということを十分に示した。人間のみが神のうちにあり[192]、そしてほかならぬこの神‐内‐存在（in-Gott-Sein）によって人間のみが自由でありうる。人間のみが中心存在者であり、その故にまた中心にとどまらなければならない。神はただ人間を通してのみ自然をも受け入れ、自然と自己とを結びつけるのであり、人間のなかでこそ、あらゆる事物は創造されるのである。自然は最初の、あるいは古い契約である。なぜなら、諸事物はなお中心の外にあり、したがって法則のもとにあるからである。人間は新しい約束の始まりである。人間自身は神と結びつけられているので、その人間が仲介者となり、その仲介者を通して神は（最後の分離の後に）自然をも受け入れて、それを自己へと作りあげる。それ故、人間は自然の救済者であり、自然のすべての予示的なものはこの救済者をめざす。人間のうちで成就される言葉は、自然のうちでは、まだ暗い、予言的な（まだ完全に語り出されていない）言葉として存在している。自然自身のなかでは解き明かされず、人間によってはじめて明らかにされるような前兆も、ここからくる。同様に、この立場からのみ理解可能となる諸原因の普遍的な目的も、ここからくる。

もし誰かが、これらすべての中間規定を省略するか、あるいは看過するならば、その者は容易に異議を唱えることができるであろう。実際、単なる歴史的な批判であれば[193]、容易な仕事であろう。そこでは人は自ら、自分の能力で、何も提示する必要がない。神々の助力で用心して進め、人を欺く灰の下には火が隠れている（Caute, per Deos! incede, latet ignis sub cinere doloso）[194]というモットーを立派に守ることができる。しかしその際には、恣意的な、そして証明されていない前提を避けることができない。たとえば、悪の説明の仕方には二つしかないと主張して――一つは二元論
505 的な説明の仕方であり、それによれば善なる根本存在者の下に、あるいはその傍らに、悪なる根本存在者が（いかなる

506

変容がそれに生じるかはともかくとして）想定される。もう一つはカバラ的な説明の仕方であり、それによれば悪は流出と離脱によって説明される――、それ故にまた、これ以外の他の体系はすべて、善と悪との区別を廃棄せざるをえないと主張して、それを証明しようとするのであれば、そのためには、深い熟考の上に根底から作りあげられた哲学の全威力などは、まったく必要としないであろう。

体系のうちにおいては、すべての概念は、それぞれの特定の位置を有している。そこでのみそれは妥当するし、その位置がまたそれぞれの概念の意義と制限とを規定している。さて誰かが、内面に入り込まないで、全体の連関のなかからただ一般的な概念だけを取りだすとすれば、その者はどのようにして全体を正しく判定することができるのであろうか。それでわれわれは、そこで無差別の概念がたしかに絶対者についての唯一可能な概念である特定の点を示したのであった。もしこの概念が一般的に受けとられるならば、全体は歪められるし、さらには、この体系が最高存在者の人格性を廃棄するといったことも生じてくる。

われわれは、しばしば耳にするこの非難について、その他の多くの非難についてと同様、これまで沈黙を守ってきたのであるが、しかしこの論文において、この人格性についての最初の明確な概念を打ち立てたと信じる。(195) 無差別のうちにはもちろん人格性は存在しない。しかしそもそも、出発点は全体であろうか。われわれはいま、あの非難をあのように軽々に行った人々に対して、反対に、この人格性の概念について納得のいくものを、たとえごくわずかでも、彼らの見解に従って提示するように要求する。

ところが逆に、われわれはいたるところで、彼らが神の人格性を把握不可能なもの、そしてどのようにしても理解できるようにはなしえないものと述べているのを見いだす。そのように述べるとき、彼らはまたまったく正当なことを行っているのである。というのも、彼らは、まさに、そこではあらゆる人格性がそもそも不可能であるような抽象的な体系(a)を、理性にかなった唯一の体系と見なしているからである。そしてそれが、どうやら、学問と理性とを軽蔑しない者であれば、誰でもその同じ体系をとるであろうと彼らが信じる根拠でもあるのである。われわれはこれとは逆に、ほかならぬ最高の概念については、明晰な理性洞察が可能でなければならないと考える。というのも、最高の理性概念は、そうすることによってのみ、実際にわれわれ自身のものとなり、われわれ自身のうちに取り入れられ、そして永遠に根拠づけられたものとなりうるからである。いや、われわれはもっと先に進んで、レッシングその人とともに、もし啓示された真理が当然人類の助けになるとするならば、この啓示された真理を理性真理にまで作りあげることが絶対に必要であると見なす。* 同様にまたわれわれは、（本来精神的な対象における）あらゆる可能な誤謬を明らかにするために、理性は完全にそれだけで十分であり、異端者を裁くような顔つきは、哲学体系の是非を判定する際にはまったく不必要であると確信している。**

*『人類の教育（Erziehung des Menschengeschlechts）』第七六節。

**他面、世の人々は、それのみが唯一至福をもたらす真理について語られるべきところで、ただ単にもろもろの見解（*Ansichten*）について語ろうとするが故に、[196] とくにそうである。

善と悪との絶対的二元論が歴史のなかにもち込まれて、人間精神のあらゆる現象と成果のなかでは、一方の原理か、VII413 あるいは他方の原理が支配していると言われたり、二つの体系と二つの宗教のみが存在する、すなわち、絶対的に善いものと絶対的に悪いものとであると言われたりする。さらには、いっさいのものは純粋で無雑なものから始まっている 507 が、それ以後のいっさいの展開（この展開は、最初の統一のうちに含まれている部分的な諸側面を、そしてそれを通して統一それ自身を完全に啓示するために、やはり必要であった）は、ただ堕落と不純化にすぎなかったという意見が出

（a）「抽象的な」の部分は底本では abstrakte となっているが、全集版に従って abstrakten と読む。

されたりする。こうした見解はすべて、たしかに批判においては、アレクサンダーの強力な剣として、いたるところでゴルディアスの結び目[197]を苦もなく両断するのに役立つが、しかし、歴史のなかに、まったく偏狭な、この上なく融通性を欠いた観点を導入するものである。かの［二元論で問題にされる］分裂に先立つ時代があったし、また、絶対的な世界観や宗教に対立してはいるが、しかし固有の根底から生じてきたものであり、最初のものの不純化から生じてきたのではない世界観や宗教があった。異教[a]は、歴史的に見れば、キリスト教と同じく根源的であり、高次のものの根底や基底にすぎないとしても、しかしやはり他のものから導出されることはないのである。

【第九章　哲学はいかにあるべきか】

【四七】

以上の考察はわれわれの出発点へと立ち帰っていく。もっとも神聖な感情に矛盾し、心情や道徳的意識に矛盾する体系は、少なくともそのような性質においては、理性の体系と呼ばれることはできない。ただ非理性の体系と呼ばれうるにすぎない。それに対して、そのなかで理性がほんとうに自己自身を認識しているような体系は、精神と心胸とのすべての要求を、また道徳的感情ともっとも厳格な悟性とのすべての要求を統合するものでなければならないであろう。

理性と学問に対する論難もたしかに一種の高尚な普遍性を許容しているが、その普遍性は厳密な概念を避けようとする。そのためにわれわれは、その論難の意図についてはよりたやすく察知できても、論難の明確な意味の方は簡単には察知できない。しかし、もし仮にわれわれがそれを究明したとしても、何も特別なものには行きあたらないのではないかと恐れる。というのも、われわれが理性をどんなに高いところに置いたとしても、たとえば、純粋な理性から誰かが有徳の人になるとか、英雄になるとか、あるいはそもそも偉大な人物になるとかいうことを、われわれはやはり信じないからである。いや、よく知られた言い方で言えば(198)、人類は理性によって繁殖するであろうといったことは、とてもではないが信じないからである。

ただ人格性のうちにのみ生命がある。そしてすべての人格性は、暗い根底の上に立っている。したがってもちろんこの根底は認識の根底でもなければならない。しかしただ悟性のみが、この根底のうちに隠されたもの、そして単に潜在的に含まれたものを取りだして発展させ、顕勢へと高める。このことはただ分離（分開）を通してのみ生じうる。つまり学問と弁証法とを通してのみ生じうる。学問と弁証法とに関してわれわれは次のことを確信している。すなわち、われわれが考えるよりも頻繁に現に存在しながら、しかしいつもいつも逃れ去ってしまったかの体系、つまり、われわれすべてのものの前に姿を見せながら、まだ誰も完全に捉えたことのないかの体系をしっかりとつかまえ、永遠に認識へともたらすのは、学問と弁証法のみであろうということを確信している。

509

われわれは生活において、文字通りただ力強い悟性にのみ信頼を置いている。われわれに対してつねに自分の感情をあからさまに見せるような人々において、真の細やかな感情がどれもこれももっとも多く欠けているのを見て、われわれはとても残念に思う。それと同じように、真理と認識とが問題になるところでも、ただ単に感情にまでしか至らなかった自己性は、われわれの信頼をかちとることはできない。感情は、根底にとどまっているときはすばらしいものであるが、しかし、それが明るみに現れ出て、自らを本質となそうとし、支配しようとするときには、そうではないのである。フランツ・バーダーのすぐれた見解によれば、認識衝動は、生殖衝動にもっともよく似ている。* そうだとすれば、認識のなかにも、礼儀正しさや羞恥に似たものが存在するとともに、それとは逆に、ふしだらさや無恥も存在する。真剣

（a）底本で「異教（Heidenthum）」となっているところを、全集版は「神聖なもの（Heiligthum）」に修正しているが、底本に従って「異教」と訳した。

さも愛もないのに、あらゆるところを回って、それを味わい、何かを生みだしたり、作りだそうとする一種のファウヌス[199]的な色欲も存在する。われわれの人格性の紐帯は精神である。二つの原理の活発な結合が、創造的で産出的になりさえすれば、そこに本来的な意味での感激（Begeisterung）が生じ、産出的で形成的（造形的）な芸術や学問の、力をもった原理となる。すべての感激は、それぞれ一定の仕方で自己を外に表現する。したがって弁証法的な技巧衝動を通して自己を外に表現する感激、すなわち本来の意味での学問的な感激も存在する。

＊『医学年報』所収の、上述の内容の論文[200]を参照されたい。第三巻第一冊、一一三頁。

それ故にまた弁証法的な哲学が存在する。それは学問として規定されるもので、たとえば詩歌や宗教からは区別されるものである。また、まったくそれだけで独立して存在しているものであって、今日非常に多くの著作であらゆるものを互いにごちゃまぜにしてしまおうと努めている人々が主張するように、いっさいの可能なものと順々に一つになっていくようなものではない。人々は、反省は理念に対して敵対的であると言う。しかし、真理が極度の分離と分裂から、それにも拘わらず勝ち誇って姿を現すこと、このことがまさに、真理の最高の勝利なのである。

神秘主義者たちによれば神のうちには受動的原初（Primum passivum）[201]、ないし原初的知恵があり、この原初的知恵のうちでは、すべての事物が一緒になっていながら、しかし分かれてもいる。また一つでありながら、おのおのがそれぞれの仕方で自由である。理性は、人間において、まさにそうしたものである。理性は、精神のように活動性ではない。認識の二つの原理の絶対的な同一性ではない。そうではなく無差別である。真理の基準であり、真理の普遍的な場所である。根源的な知恵が受けとられる静かな場である。悟性はこの根源的な知恵を原像として見やりながら、この知恵に従って形成を行わなければならない。哲学［知を愛すること］はその名前を、一方では愛から、つまり普遍的に感激を生

VII415

じさせる原理から、他方では、哲学の本来の目標であるこの根源的な知恵から得ているのである。

【四八】

もし哲学から、弁証法的な原理が奪い取られるならば、すなわち、分別しながらしかしまさにその故に有機的に秩序づけ、形成する悟性が、それが則る原像とともに奪い取られるならば、そしてその結果、哲学がそれ自身のうちに基準も規則ももたなくなるならば、そこで哲学に残されるのはもちろんただ次のことだけである。すなわち、哲学が自分を歴史的に方向づけようと努め、似たような結果があるときにはすでに以前に参照が指示されていた伝承を、源泉および基準とするということ、このことだけである。[202]もしそうなれば、ちょうどあらゆる国民の詩を知ることによってわが国における詩歌の基礎を置こうと考えられたように、いよいよ哲学にとっても歴史的な規範と基礎とを探し求める時代がやってくることになる。

われわれは歴史的探究の深い意味に対しては最大の尊敬を抱いている。また、あたかも人間が動物的本能の無知の状態から、はじめてしだいに理性へと立ち上がってきたと見なすようなほとんど一般的となっている意見は、われわれの意見ではないということを、われわれはすでに示したと信じている。それにも拘わらず、われわれは、真理はわれわれのもっと近くにあると信じている。また、われわれの時代に盛んに議論されるようになった諸問題を解決するためには、そのように遠く離れた源泉へとさまよい出ていく前に、まずわれわれ自身のもとで、そしてわれわれ自身の地盤の上で探し求めるべきであると信じている。

直接的な認識の可能性が与えられているときには、単なる歴史的な信仰の時代は過ぎ去っている。われわれは、文字で書かれたあらゆる啓示よりもさらに古い啓示、すなわち自然をもっている。自然は、まだいかなる人間も解釈したこ
511 とのない予示的なものを含んでいる。それに対して文字で書かれた啓示のかの予示的なものは、ずっと以前に成就され、

解釈されている。宗教と学問との唯一真なる体系は、かの文字で書かれていない啓示の理解が開かれたならば、若干の哲学的な、また批判的な概念を乏しく寄せ集めただけの装いにおいてではなく、同時に、真理と自然とのまったき光輝のなかで現れるであろう。いまや、古い対立をふたたび呼び覚ますときではなく、あらゆる対立の外に、そしてその上にあるものを求めるときである。

VII416

【四九】

現在の論文に引きつづいて一連の他の論文が現れるであろう。そしてそこで、哲学の理念的な部分の全体が徐々に叙述されていくであろう。

シュトゥットガルト私講義（一八一〇年）

岡村康夫 訳

第一章　体系について

第一節　体系の原理の様々な表現

そもそも体系はどこまで可能であろうか。答え。人間が或る体系を造ろうと企てるずっと以前にすでに体系――世界の体系――は存在している。それゆえ、これを見出すことが本来の課題である。真の体系は捏造されえず、それはただ自体的に、特に神的悟性のうちにすでに現存しているものとしてのみ見出されうる。(1) たいていの哲学体系はその創始者の単なる作品であり、――［それらは］巧妙にあるいは拙劣に考案された作品［ではあるが］――ほとんど現代の歴史小説（例えばライプニッツ主義(2)）のような状態のものである。この意味での体系を唯一可能なものとして主張しようとすることは――［それが］学派体系［であるが］――極めて狭量である。確言するが、私は決してそのためになんらの寄与をしようとは思わなかった。

しかし、かの真の体系もその経験的全体性においては見出されえない。おそらくそのためにはすべての中間項またはもっとも詳細な中間項の認識が要求されるであろう。

見出されるべきものが世界体系であるならば、それは以下のようなものでなければならない。すなわち、(1)それは世界体系として一つの原理を持たねばならない。その原理は自己自身を担い、自己のうちでおよび自己自身によって存立し、自己自身を全体のあらゆる部分で再現するものである。(2)その体系は何ものも（例えば自然を）排除してはならないし、何ものも一方的に従属させたり、あるいは完全に抑えつけたりしてはならない。(3)その体系は展開と進展の方法を持たねばならない。この方法においてわれわれは、ひとつも本質的中間項が跳び越されえないことを確認することができるのである。(3)

私の体系の原理とは何か。――この原理は様々な仕方で表現されてきた。

それは、(a)絶対的一様性（Einerleiheit）からは完全に区別することができる絶対的同一の原理として端的に［表現されてきた］。ここで考えられた同一とは万物の有機的統一のことである。あらゆる有機体のうちには統一がある。しかもその有機体の諸部分は一様なものとみなされることはない。例えば、人間の身体において諸器官および諸機能の全ての差別は、一つの分けることのできない生命のなかへ溶け入っている。その分けることのできない調和的なものとしての生命の感覚が健康の感覚ではあるが、この有機的全体を形造る諸部分および諸機能はそれゆえに一様なのではない。例えば胃は脳の諸機能を果たすことはない等々である。(4)

(b)さらに明確に、この原理は実在的なものと観念的なものとの絶対的同一として表現された。(5) ここではその考えは実在的なものと観念的なものとが数量的にあるいは論理的に一様であるということではない。或る本質的統一が考えられているのである。確かにまったく同じ事柄が両方の形式のうちへ定立されてはいるが、しかしそれはこれらの形式のそれぞれにおいては固有のものであって、一様のものではない。例えば、ヤコブがイスラエルという名前であったとしても、つねにまさに同一人物がいたのである。それは異なる名前によっては異なる個性を与えられない同一人物である。しかし、実在的なものと観念的なものとの同一は事情が違う。例えば、$\frac{A}{B=C}$ ならば、ここではBとCとは同一である。というのは、それらは本質上Aであるからである。しかし、それらは互いに形式としては、あるいはそれ自体で観られるならば異なっている。Bは永遠にCとはならないし、Cは永遠にBとはならない。同様にBにおけるAとCにおけるAもそれぞれ固有の本質である。まさしくそれぞれのうちに同一の本質があるということによって、それらのあいだには本質的（すなわち単に形式的、論理的あるいは名目上ではない）統一があるが、しかしそれらは互いに相殺されえないことによって、同時に現実的対立あるいは二元なのである。というのは、AがBとCとへ個体化されることによって、両者は現実存在（Existenz）への同じ権利を得るからである。(6)

ところで、なにゆえ第一の原理が実在的なものと観念的なものとの同一として規定されたのであろうか。——それはなによりもまず実在的なものも観念的なものもそのものとしては第一のものあるいは絶対的なものではなく、両者は本来的な根源＝存在者（Ur=Wesen）の下位の形式にすぎないものであることを示唆するためである。しかし、次にもちろん両者のなかに同一の本質が存在するということも積極的に明言されるべきである。私の原理はフィヒテ主義との関係においてもっとも良く解明することができる。フィヒテは、まず、自己自身に対するもの以外には何者も現存しないと言う。ところで自我のみが自己自身に対して現存する。かくして云々というように推論する。さて私はその小前提を否認する。というのは、主観と客観とは自我におけると同様、物質においても普遍的形式であるからである（その場合、どこに他面また区別があるのかということ、そのことはもちろん今後初めて示すことができる）。例えば、物体において反発する力が客観的なものであり、物体に関して引き付ける力が物体自身へ退く力、それゆえ主観的力である。フィヒテはかの同一と結び付けられた二元を知らないのである。(7)

(c)第三の表現においては、私の哲学の原理はまさしく絶対的なものあるいは神と名づけられた。(8) ところで、絶対的なものとはここでは全哲学の原理である。哲学はただ一つの全体であり、それは神のうちで生き活動する。これに対して独断的体系すなわちライプニッツ＝ヴォルフの体系や、またカントの体系も、神をあとから（hinternach）初めて付け加えるものである。わたしの哲学および哲学一般と神学との区別は（その神学と哲学は近しいものであるが）次のところにある。すなわち、神学はせいぜい哲学の抽象態にすぎず、いわば神を特別の客観と考えるのに対して、哲学は神を同時に万物の最高の解明根拠とみなし、したがって神の理念を他の諸対象のうえにも広げるというところにである。

この点と次のことが関連する。

ありふれた問いであるが、それは哲学が神をその根拠にする場合、いかにしてわれわれは神あるいは絶対的なものの認識に到達するのかという問いである。――この問いへの答えはない。無制約的なもの[9]（das Unbedingte）の現実存在は制約的なものの現実存在のようには証明されえない。無制約的なものはそこでのみ証明が可能な場（Element）である。幾何学者がその諸命題を証明し始める場合、まず最初に空間の存在を証明せず、それをただ前提するに過ぎないのと同様に、哲学は神の存在を証明せず、哲学は絶対的なものあるいは神なしにはまったく現存しないであろうと告白するのである。――すべては絶対的なものにおいてのみ描写される。無制約的なものはそれゆえまた哲学の存在に先んじることはない。全哲学は［無制約的なものの］存在に携わっており、それは本来絶対的なものの継続的証明であり、したがってその証明はその哲学の始まりにおいて要求されることはないのである。宇宙が絶対的なものの告示（Manifestation）にほかならず、哲学も宇宙の霊的描写にほかならないならば、全哲学も神の告示すなわち神の継続的証明にすぎないのである。

VII424

第二節　同一から差別への移行

さてわれわれは次のような命題から出発する。すなわち、それは根源存在者は必然的であり、その本性上実在的なものと観念的なものとの絶対的同一であるという命題である。しかし、この命題によってはまだ何も言われていない。われわれは単に根源存在者の概念を持っているにすぎず、それをまだ顕勢的現実的存在者としてはもっていない。例えばわれわれが、人間の本質は自由と必然性との絶対的同一であり、自由な原理と必然的な原理とがその本質においてもっとも緊密に結合されていると言う場合、それによってわれわれはなるほど人間の概念をもってはいるが、まだ生きた現実的人間をもってはいないのと同様である。そのためには（現実的人間をもつためには）われわれは人間を考察しなければならない。すなわち、どこまでこれらの原理が人間のうちで現実的に対立において、すなわち闘いにおいて包含されているかを観察しなければならないのである。——他の仕方で表現するならば次のようになる。実在的なものと観念的なものとの絶対的同一としての根源存在者は、それ自身また単に主観的に定立されているに過ぎないが、われわれはそれを同じ様に客観的に把握しなければならない。つまり、根源存在者はたんに自己のうちのみならず、自己の外でも実在的なものと観念的なものとの絶対的同一であらねばならないのである。すなわち、根源存在者はそのような絶対的同一として自己を顕示し顕勢化しなければならず、また現実存在において、本質上実在的なものと観念的なものとの絶対的同一であるようなものとして自己を示さねばならないのである。ところで、すべてはその反対物においてのみ、それゆえ同一は非＝同一、差別、諸原理の区別においてのみ顕わになりうる。[10] このことが神のうちでいかに可能であるかについては、われわれはここではまだ語らないが、ただ、われわれがつまり本質から現実存在へ到ろうと思えば、分離、差別が定立されねばならないということについてのみ語っておきたい。

(1)　この移行の可能性

この同一から差別への移行はきわめてしばしば同一の廃棄とみなされてきた。しかし、このことは私がすぐ次に示すように、まったくあてはまらない。むしろそれは本質の二重化（Doublirung）、したがって統一がせり上がる（Steigerung）ことにすぎず、それはまたわれわれ〔人間〕との類推によって明瞭にすることができることである。意識は以前は内包的（implicite）に人間のうちにあった諸原理、例えば合理的原理と非合理的原理との分開（Scheidung）によって生じる。両者のいずれも抹殺されるべきではない。まさに両者の闘争と和解においてのみ、我々の人間性は確証されるべきである。さて、われわれが自分を意識する場合、つまりわれわれのうちで光と闇が分開される場合、われわれはまさにそのことによってわれわれから外へ出るのではない。両原理は依然としてそれらの統一としてのわれわれ

VII425

のうちに留まっている。われわれは自分の本質の何も失わず、今や二重の形態においてのみ、すなわち一方では統一において、他方では分離において自分を所有するのである。神もそうである。[11]

われわれは、Ａ＝Ａを自己のうちへ飲み込まれた存在の状態として定立する場合、このＡ＝Ａのうちにすでに三様のものを認めねばならない。すなわちそれは、(a)客観としてのＡ、(b)主観としてのＡ、(c)両者の同一である。しかし、これらすべては現実的に区別することはできない。ところで、諸原理の差別が定立されるべきであるならば、したがって、そこで主観としてのＡと客観としてのＡとが区別されうるものであるならば、Ａ＝ＡはＡ＝Ｂへと変わる。しかし、そこにはそれにもかかわらず本質の統一が存立しているのであるから、$\frac{A}{A=A}$ の代わりに $\frac{A}{A=B}$ という差別の表現がある。すなわち一にして二（Eins und Zwei）があるのである。Ａ＝Ｂは分離、Ａは統一であり、その全体が一緒になって生きた顕勢的根源存在者である。ＡはＡ＝Ｂのうちに客観、鏡[12]をもつのである。このようにして自体的には根源存在者はつねに統一、すなわち対立と分離の統一である。

今や初めて、われわれはいかにしてこの分開が神のうちで可能であるかを問う。すなわち、諸原理の紐帯（Band）は神のうちでは断じて解くことができないのであるから、その限り分開はまったく不可能であるように思われる。しかし、分開は顕示（Offenbarung）のためには必然的である。いかにしてこの矛盾は解くことができるのであろうか。[13]

ＡとＢにおける根源存在者がふたたび全体であるならば、ＡとＢとは諸原理の絶対的紐帯が廃棄されることなしに分開されうる。したがって、われわれは次のように受け取らねばならないであろう。すなわち、根源存在者は分開されたもののいずれにおいても依然として全体であり、すなわちそれは全体としてそれらのうちへ定立され、かくしてＢのもとにふたたびＢすなわち実在的なもの、Ａすなわち精神的なものおよび両者の統一が含まれているであろうと。Ａのもとにおいても同様である。――しかし、ところで一体ここですでに現実的区別が定立されているのであろうか。決してそうではない、$\frac{A}{A=A}$ という形式において、上部のＡは本質自体を意味する。しかし、この同じ同一がまたＡ＝Ａ（という形式）における繋辞（Copula）でもあるので、その同一はそれが形式において生きている限り、形式における本質を意味することになろう。したがって、われわれは、⑴本質自体、⑵形式における本質を持つのである。しかし、形式における本質は、この形式がすなわちA＝Aである（諸原理が差別化されていない）限り、本質自体と同一であり、それから区別されない。ところで、区別可能性は形式の二つの下位への形式への差別化（Differenziirung）によって定立されるべきであろう。すなわち、次のようなあり方へである。

A ＝ 本質自体

$A = A$ ＝ 絶対的形式における本質

$$\left(\frac{A}{A = B}\right)^{A} \qquad \left(\frac{A}{A = B}\right)^{B}$$

しかし、これらの形式のそれぞれにおいて、ふたたび絶対的形式においてあるのと同じ紐帯が存するのであるから両者のそれぞれはふたたび絶対的形式の本質へ、そしてこの絶対的形式によって本質自体へと溶け込むのである。

それゆえ、われわれはふたたびわれわれが以前いたところにいる。われわれは今や、A＝Bという単純な構成要素の代わりに、ただ二つの統一をもっている。すなわち、われわれは高次に展開された統一をもつのみであって、差別はもたないのである。

しかもこの絶対的形式の二つの下位の形式への変化、あるいは同じことであるが、全根源存在者の実在的なものと観念的なものとへの完全な構想（中へ形成すること（Einbildung）[14]）は、有限な現実的差別化への必然的道である。つまり、より厳密に考察するならば、二つの統一の間にはまだ現実的に定立されてはいないが、しかしやはり或る現実的な差別が支配していることが見出される。実在的統一（Bの指数のもとの統一）は存在として、観念的統一（Aの指数のもとの統一）は存在の定立（Position）としてである。ところで、存在それ自体もすでに定立であり、それゆえ存在の定立は定立の定立、すなわち第二のポテンツの定立である。

ここにわれわれにとって初めて、全体にとって極めて重要なポテンツの概念が生じる。われわれは初めて高次のものと低次のもの――品位（Dignität）の区別をもつのである。観念的なものは品位のうえで実在的なものより高次である。――形式において表現すると、これは次のように表現されるであろう。

(a) B、すなわち存在はそれだけでは存在できない。解くことのできない紐帯によって、BあるいはAはそれだけでは決して存在できない。実在的な存在は、それゆえつねにBにおけるA、あるいはBの指数のもとのAにすぎない。われわれはこれを次のように表現する。

A＝B＝第一のポテンツ

(b) Aもそれだけでは存在できず、それは第一のポテンツの定立として、このポテンツを観念的に自己のうちに含まねばならない。それゆえそれは次の通りである。

A^2＝第二のポテンツ

二つの統一あるいはポテンツはふたたび絶対的統一において一である。それゆえこの絶対的統一は第一および第二のポテンツの共同的定立としてA^3であり、したがって最初のA＝Aの完全に展開された表現は次の通りである。

$$\frac{A^3}{A^2 = (A = B)}$$

ここでしかしながら同時に単なる品位の区別以上のものが与えられている。第一のポテンツはその本性上、第二のポテンツに先行しなければならない。それゆえ、二つのポテンツの間には先行性と後行性とがある。実在的なものは本性上先者（naturâ prius）であり、観念的なものは後者（posterius）である。低次のものは明らかにそのことによって高次のものの前に定立される。しかし、それは品位にしたがってではない。それは矛盾を含むことになろう。そうではなく、それは現実存在にしたがってである。

しかしながら、また今展開された第一のポテンツの先行性は、観念的なものに対する実在的なものの観念的あるいは論理的先行性にすぎず、まだ現実的先行性ではない。われわれは差別化が可能であること、そしていかにして差別化が可能であるかを示したにすぎない。しかし、いかにしてわれわれはその現実性（Wirklichkeit）へ達するのであろうか。

⑵　移行の現実性

この現実性の根拠はもちろん根源存在者、すなわち神そのもののうちにのみ存することができる。しかし、手段はすでに指示されている。すなわち第一のポテンツは、われわれがまさにいま見たように、また絶対的に観られた神のうちでも第二のポテンツに観念上先行する。一方は本性上先（naturâ prior）にあり、他方は後（posterior）にある。それゆえ根源存在者がポテンツの分離を欲するならば、根源存在者は第一のポテンツのこの先行性を、或る現実的先行性として定立しなければならない（かの単に観念的あるいは論理的先行性を、或る現実的先行性へ変えねばならない）。すなわち、根源存在者は自己自身を自由意志（freiwillig）で第一のポテンツへ制限し、その根源存在者のうちに根源的にあるような諸原理の同時性を廃棄しなければならないのである。しかし、この同時性の廃棄は内的な（本質的な）統一の廃棄ではない。というのは、この統一は同時性に基づくものではないからである。またその廃棄は諸ポテンツの紐帯の廃棄でもない。というのは、第一のポテンツが定立されるとすぐにまた直接的に第二のポテンツ、それから第三のポテンツが定立されねばならないからである。第一のポテンツの先行性が現実的先行性となる場合、絶対的なものにおける諸ポテンツの同一性は廃棄されない。その同一性は諸ポテンツの連鎖あるいは凝集（Cohärenz）へ変えられるにすぎないのである。もともとは絶対的なものにおける諸ポテンツは完全な無差別あるいは不可分性のうちにある。同様に全時間は内包的に統一あるいは永遠として絶対的なもののうちにある。神は自由意志で自己を第一のポテンツへ制限することによって、すなわち神はすべてでありうるから、自由意志でただ一つのものであることによって、神は時間の初まりを造るのである（注意！　時間のなかのではない）。なるほど神の第一のポテンツへの自己撤退によって、まず或る制限が神のうちに定立されるが、しかし神の本質はその本性上すべてのポテンツであるがゆえに、この制限はその本質に矛盾する。それで第一のポテンツから第二のポテンツへの前進、したがって時間が生起する。諸ポテンツは今や同時に神の自己顕示の諸時代として定立されている。[15]

ここまでの一般的註

(1)受動的制限はもちろん不完全性であり、力の相対的欠如である。しかし、自己自身を制限し、自己を一つの点へ閉じ込めること、しかもこの点を全力でつかまえ、それが或る世界へ膨張されるまで放さないこと、それは最高の力と完全性である。ゲーテは次のように言っている。

VII429

偉大なるものを望む者は自己集中（sich zusammenraffen）しなければならない。
抑制（Beschränkung）において初めて名人は現われる。[16]

自己を閉じ込める力のうちに本来的独創性、根源力は存する。A＝Bにおいてはまさしく B自身が収縮する原理[17]である。そして、神が自己を第一のポテンツへ制限する場合、それはなおさら収縮（Contraktion）と呼ぶべきである。しかし、収縮はすべての実在性（Realität）の初まりである。したがって、拡張的な人間ではなく、収縮的な人間が根源的で根本的力の本性の人々である。とにかく創造の初まりは確かに神の降下（Herablassung）である。神は自己を元来実在的なものへ降下させ、完全に自己をこの実在的なものへ収縮する。しかし、ここには神にふさわしくないようなものは何もない。まさしく神の降下はキリスト教においてもっとも偉大なものである。形而上学的につり上げられた神はわれわれの頭にも心にも適さないのである。

⑵この神の制限あるいは降下の行為は自由意志的である。それゆえ、神の自由以外の世界の解明根拠はない[18]。神自身のみがその本質の絶対的同一を破ることができ、そのことによって顕示への場を造ることができる。ところで、もちろんすべての真の自由、すなわち絶対的自由はまた一つの絶対的必然性である。というのは、絶対的自由の行為にはそれ以上の根拠は挙げられないからである。絶対的自由の行為はそうであるがゆえにそうである。すなわち、それは端的にあり、その限り必然的である。普通われわれは次のところにのみ自由を見ようとする。すなわち、そこでは或る選択が生じ、疑いの状態が先行し、最後に決断が生ずる。しかし、自分が何を欲するか知っている者は選ぶことなくすばやくつかむ。選ぶ者は自分が欲するものを知らず、したがって欲することもない。すべての選択は或る不明瞭な意志の帰結である。神が善き動機から（ex ratione boni）行為するのであれば、神はまさしく極めて下位の自由をもつ。さらに神

に無限に多くの可能な世界から最善の世界を選ぶことを許すことは、神にまさしくもっとも取るに足らない程度の自由を与えることを意味する。そのようなまったく絶対的な行為が、われわれにおいてわれわれの性格を基礎づける行為である。性格はまた或る種の収縮によって生じる。それによってわれわれは自分に或る決定を与える。この決定が強烈になればなるほど、それだけ性格も強烈になる。誰も或る人間が自ら自分の性格を選んだとは主張しないであろう。彼はその限りにおいて普通の意味での自由の作品ではない。しかし、彼は責めを帰せられる。それゆえ、ここにそのような自由と必然性の同一が見出されるのである。[19]

⑶神の自己制限によっては、ただ時間の初まりのみが定立され、時間のなかの初まりが定立されるのではない。神自身はそれゆえ時間のなかへ定立されているのではない。

時間は実在的なものにおいて定立されている。ところで実在的なものは、なるほど神と切り離し難く結びついてはいるが、神自身ではない。というのは、神のうちの実在的なものは存在（Seyn）あるいは現実存在であり、観念的なものは現実に存在するもの（das Existirende）、そこにおいて実在的なものと観念的なものとが一つであるもの、現実に存在する生きた神であるからである。

時間は実在的なもの（神の存在）のうちに定立されている。しかも実在的なもの自身全体は時間のうちにはない。ただ実在的なもののうちの個々の制限されたもののみが前進し展開される。「しかしこの実在的なものの内にある時間が神に対して定立されているとしたら、神はそれゆえ時間といわば関わりあうのであろうか」。答え。差別が実在的なものにおいて定立され、それとともに時間が定立されることによって、神のうちでふたたびこの差別の定立＝A^2が定立される。その神のうちには、A＝Bにおいて時間的な仕方で展開されるすべてのものが、同時に永遠の仕方で含まれている。ところでまた絶対的に観られた神のうちでは、すなわち単に現実存在（実在的なもの）でも単に現実に存在するもの（主観）でもない限りの神のうちでは、それゆえA^3としての神のうちでは、A^2とA＝Bとは常に結合されているので、主観（A^2）としての神、すなわち神の意識のうちにあるA＝Bは、直接的にふたたび神の本質の永遠性のうちへ溶け込んでいるのである。

A^2（主観としての神）は時間の焦点あるいは統一である。

A^3すなわち絶対的に観られた神は永遠でも時間でもなく、永遠と時間の絶対的同一である。時間のうちにあるすべては主観としての神のうちでは永遠であり、主観としての神のうちで永遠であるすべては客観としての神のうちでは時間的である。

問い一。かの自己差別化の行為は時間のうちにあるのか。その行為は無限の時間以前に生じたのか、あるいは或る一定の時間以前に生じたのか。——答え。そのどちらでもない。その行為は時間のうちのどこにもなく、あらゆる時間を超えており、その本性上永遠である。

問い二。宇宙は或る初まりをもつのか、あるいはもたないのか。（宇宙は依存的であるがゆえに）宇宙は或る初まりをもつが、時間のなかの初まりはもたない。あらゆる時間は宇宙の内にあり、宇宙の外には時間はない。

本来（宇宙のみならず）すべての物は時間を自己自身のうちにもっている。外的な一般的な時間はない。あらゆる時間は主観的であり、すなわち或る内的な時間であり、すべての物はそれを自己自身のうちにもち、自己の外にはもたない。しかし、それぞれの物は他の諸物を自己の前および外にもつがゆえに、自己の時間は他の諸物の時間と比較されうる。というのは、それぞれの物は或る固有の主観的時間をもつにすぎないからである。このことによって、すなわち比較、計量によって初めて、時間という抽象概念は生じる。しかし、自体的には時間はない。時間のうちの実在的なものとは、或る存在者がそれを通って行く種々の制限にすぎない。したがって、われわれは哲学的に本来、或る物はこれこれの制限を通ってきたとのみ言いうるが、それはかくかく長く生きたとはいえない。このかくかく長くという規定は比較からのみ生じることができる。しかし、私が或る存在者を比較において観る場合、私はそれを自体的に、すなわち哲学的に観ているのではない。宇宙においては、そのような錯誤のあらゆる可能性は完全に彼方へ去っている。というのは、万物は宇宙のなかにあり、その外には何もないからである。というのは、したがってまた宇宙は、その前あるいはその外にあるようなものの時間に従って計量されえないからである。

第二章　神のうちの区別

第一節　高次のものと低次のもの

確かに、あなたがたにとって多くの表現、例えば神のうちの収縮というような表現等々は奇異の念を抱かせてきた。したがって、私にこのことについての一般的解明をお許し願いたい。それは私の見解そのものについて新たな光を与えるであろう。

根源存在者について、その存在と生命とについての或る理念を形造ろうとする場合、われわれは本来ただ二つの見解のうちのどちらかを選べるにすぎない。

(a)その一つは、われわれにとって根源存在者は突然完成し、不変的に現存するものであるというものである。これは、——いわゆる理性宗教とあらゆる抽象的体系の——神についての一般的概念である。しかし、われわれがこの神の概念をもちあげればもちあげるほど、それだけ神はわれわれにとって生気を失い、ますます神は現実的で人格的な存在者として、すなわち本来的意味におけるわれわれのような生きた存在者として把握することはできなくなる。まったく生きた人格的存在者として解しうるような神を望むならば、われわれは神をまさしくまた完全に人間的に解さなければならず、次のように受け取らねばならない。すなわち神の生命は人間の生命と酷似しているということ、神のうちには永遠の存在と並んで永遠の生成[20]もあるということ、神は一言で言うと、依存性は除いて（ヒポクラテスの箴言）すべてを人間と共通にもつということである。

さてこのことを前提にして、私はあなたがたに、これまでどちらかと言うと学的に表現してきたことを、以下のように一般的に人間的な仕方で言おうと思う。

神とは自己の前あるいは外に何ものももたない現実的存在者である。[21]神であるところのすべては自己自身によって神である。そのすべては結局また純粋に自己自身において終るために自己自身から出発する。それゆえ一言で言うならば神は自己自身を造る。そして神が自己自身を造ることが確実であるように、神は初めから直ちに完成され現存するものではないということも確実である。というのは、さもなければ神は自己を造る必要はないからである。それでは、まったく自己のうちにのみ存在し、自己の外に何ももたない根源存在者がそこにいる根源的状態とはそもそも何であろうか。[22]

すべての生ける現存在は意識なき状態（Bewußtlosigkeit）から始まる。すなわち、後にはそこから個々に展開されるすべてが、そこではまだ分離されないで一緒にある状態から始まる。そこにはまだ分開と区別とを伴う意識がない。同じような仕方で神的生命も始まる。それはすべてを自己自身のうちに含んでおり、完全に分離されない状態にあるところの同種のもののみならず異種のものによる無限の充実である。神はそこではまだあらゆる表現も顕示もせず、自己自身について静かに熟慮するものとしてあるにすぎない。これは、われわれが神のうちの諸ポテンツの等価性（Gleichgültikeit）[23]と表示してきた状態である。それは自己のうちではすでに主観的なるものと客観的なるものとの、すなわち実在的なものと観念的なものとの絶対的同一である。しかし、それは自己自身にとってそれであるのではなく、第三の者にとってのみ観ることができるものであろう。しかし、このようなものは把握できるような仕方では存在しな

Ⅶ433

い。さて、われわれはあらかじめ次のように言うことができる。つまり本来世界創造の全過程は、それは引き続き自然および歴史における生命の過程であるが、この過程は本来神の意識化（Bewußtwerdung）[24]、人格の成就の過程にほかならないと。私はこの注意をひく事態を次のことを通して解明する。

われわれのうちには二つの原理、すなわち意識なき闇の原理と意識的な原理とがある。われわれは認識と学に関して、あるいは倫理的に、あるいはまた生命によってまた生命に対してまったく制限されることなく自己を形成することを試みたいと思っているが、このわれわれの自己形成過程はつねに次のところに存する。すなわち、われわれのうちで意識なく現存するものを意識へ高め、われわれのうちの生来の暗闇を光へ高めること、一言で言うならば明晰さへ達することである。神のうちにも同一のことがある。暗闇は神に先行し、明るさは神の本質の夜から突然現われるのである。

神は、われわれがわれわれのうちにもっているのと同じ二つの原理を自己のうちにもっている。われわれが二つの原理を自分のうちに認め、自分を自分自身のうちで分開し、自分を自分自身に対置させ、自分を自分自身のより善き部分によって低次の部分を越えて高める瞬間から、その瞬間から意識は始まる。しかし、それゆえまだそれは完全な意識ではない。全生命は本来、ただ、つねにより一層高次の意識化を行っていくことである。たいていのものはもっとも低い程度に位置し、努力をしているが、ほとんど明晰さに到っておらず、おそらく誰も現在の生においては絶対的な明晰さへは到らず、つねになお暗い残余が残っているのである（誰も自分の善の高みと悪の深淵に達しない）。

ところで、同じことが神にも当てはまる。神のうちの意識の初まりは神が自己を自己から分開し、自己に自ら自己を対置させることである。すなわち、神は自己のうちに高次のものと低次のものとをもっており、――それはわれわれがまさしく諸ポテンツの概念によって表示してきたものである。まだ無意識的な状態のうちで神はなるほど二つの原理を自己のうちにもってはいるが、自己を一方のものあるいは他方のものとして立てておらず、すなわち自己を一方のものあるいは他方のものにおいて認識してはいない。意識の初まりとともにこの認識は生じる。すなわち、神は自己自身を

Ⅶ434

（一部は）第一のポテンツ、意識なきもの（Bewußtloses）として定立するが、神は自己を観念的なものとして拡張させることなしに、自己を実在的なものとして収縮することはできない。同時に自己を主観として立てることなしに、（そのことによって観念的なものを自由にすることなしに）、自己を実在的なもの、客観として立てることはできない。両者は一つの行為であり、両者は絶対的に同時である。実在的なものとしての神の現実的収縮とともに観念的なものとしての神の拡張（Expansion）が立てられるのである。[25]

神のうちの高次のものは、それが今まで無差別あるいは混合のうちにあった低次のものをいわば自己から彼方へ押し出す。そして逆に、低次のものは自己収縮によって自己自身を高次のものから分離する。――そして、このことが人間におけると同様に神においてもまたその意識、人格化の初まりである。

しかし、人間がその自己形成あるいは自己意識化の過程において自己のうちの暗闇、意識なきものを自己から排除し、自己に対置させるのは、それを永遠にこの排除、暗闇のうちに放置するためではなく、この排除されたもの、この暗闇自身を次第に明るさへ高め、それをその意識へと形成し上げるためであるように、神もその本質の低次のものをなるほど高次のものから排除し、それをいわば自己自身から彼方へ押し出すのではあるが、それは低次のものをこの非存在のうちに放置するためではなく、それを非存在から高め、自己から排除された神的でないものから、――すなわち神自身ではないところのもの、[26] そして神がまさにそれゆえ自己から分開したところのものから、神に似た等しいものを引き出し、形成し上げ、創造するためである。したがって創造は排除されたものにおいて高次のもの、本来神的なものを呼び出すことのうちに存するのである。

ただ当然この神の意識なきものは神自身と同じように無限なものであり、それゆえ直ちに汲み尽くされることはない。それゆえに世界創造の過程の持続があるのである。

さて、あなたがたのために直ちにより詳細な展望を開くならば、この下位の本質、この暗闇、意識なきものは、すなわち神が本質としての自己から、つまり本質的内奥から絶えず彼方へ押し出し、排除しようと努めるものは質料（Materie）[27]である（もちろん、それはすでに形成された質料はない）。つまり、質料とは神の意識なき部分に他ならない。しかし、神はその質料を一方では自己から排除しようと努めながら、他方ではまたそれをふたたび自己へ引き寄せ、自己へと形成し上げ、――下位のものではあるが――それを神の高次の本質へと変貌させ、この意識なきものから、すなわち質料から意識を呼び出そうと努める。したがって、創造の過程は意識なきもの、すなわち質料の深みから意識が覚醒され造り出されるところにおいてのみ、すなわち人間において休止する。人間によってもまたなお途方もない量の意識なきものが高次の段階へ持ち上げられるのではあるが、またその段階はふたたび解体され、新たな創造の素材が提供されるのであるが、しかし神は人間において初めて休止する。つまり、神の主要目的は人間において到達されるのである。

普通の抽象的な観察の仕方にとって、神のうちに神ではなく、意識のない原理、神自身より劣る原理があるべきであるということは確かに奇異である。神をある空虚な同一と考える者はこのことをもちろん把握できない。この想定が必然的であることの証明は対立の根本法則のうちにある。対立なしには生命はない。人間およびあらゆる存在者一般においても同じである。われわれのうちにも合理的なものと非合理的なものとがある。いずれの物も自己表明するためには、厳密な意味において（sensu stricto）それ自身ではないところのあるものを必要とする（この見解は本来もっとも実在的でもっとも無制約的存在（ens realissimum - illimitatissimum）としての神に関する抽象的な概念に対してのみ反している。神はもちろん外に対して制限されないが、自己のうちでは制限されており、それゆえ神は確実に或る特定の自然である）。

第二節　存在するものと存在

この神のうちの高次のものと低次のものとの同時存在をより詳らかにするためには次のことが役立つ。

実在的なもの、意識なきものは神の存在である。純粋にそのようなもの〈存在〉としてそうである。ところで、神の存在は神自身と一つではなく、人間の場合と同じように現実的に異なったものである。したがって、観念的なものは存在する神あるいは現実に存在する神あるいは秀でた意味（sensu eminenti）における神である。というのは、厳密な意味における神のもとに、われわれはつねに存在する神を理解するからである。したがって、神のうちの二つの原理も、存在するもの（Seyendes）と存在と同じような状態にある。観念的なものあるいは意識的なものは存在の主語であり、意識なきものはこの主語の述語、すなわち存在するものの述語にすぎず、それゆえ存在するもののためにのみある。

それゆえ神は、自己を自己自身のうちで分開したとき、存在するものとしての自己を自分の存在から分開したのである。われわれの存在はわれわれ自身にとって手段、道具にすぎない。自己を自分の存在から分開できない（自己を自分の存在から独立させ自由にすることができない）人間、すなわち自分の存在と完全に癒着して一つのままである人間は、完全にその自己性（Solbstheit）のうちへ沈み込み、——道徳的にも知的にも——自己を自己自身において高めることができない程度の人間である。自己を自分の存在から分開しないものにとっては、彼の内的な高次の真の本質ではなく、存在が本質的なものである。同じように神が自分の存在と癒着したままであるならば、生命も、高まりもないであろう。自分の存在は神にとって道具にすぎないゆえに、神は自己を自分の存在から分開するのである。

第三節　存在しないものの概念の導出

最初の表現から帰結する第二の二つの原理の関係の表現は、二つの原理が存在するものと存在しないもの（Nichtseyendes）[28]と同じ関係にあるということである。

まさしく存在しないものの本質を探究すること、そこに本来すべての哲学の困難、十字架が存する。われわれは永遠にそれを摑もうとして、しっかり捉えることができない。

この概念の誤解から無からの創造㉙という表象が生じている。すべての有限な存在者は存在しないものから造られているが、無からではない。ギリシャ人のウーク・オン（οὐκ ὄν）は、新約聖書のメー・ファイノメナ（μὴ φαινόμενα）と同様に無ではない。それは主観的でないもの、存在しないものにすぎないものであり、まさしくそれゆえ存在そのものである。存在しないものはわれわれにとって、他の関係においてはやはりまた何か或る存在するものとして様々な仕方で迫ってくる。例えば病気とは何であるか。［それは］自然に反する状態である。それゆえその限りにおいて存在できないような、それにもかかわらず存在する状態である。それは根本においては実在性ではないが、しかも否認できない恐るべき実在性である。悪は道徳的世界にあって、病気が身体の世界においてあるところのものである。それは或る側面から観ると決定的に非存在者であるが、それにもかかわらず恐るべき実在性をもっているのである。

すべての存在しないものは単に相対的であり、すなわち或る高次の存在するものとの関係においてそうであるが、それは自己自身のうちにしかもまた或る存在するものをもっている。それゆえに、BとAとは何物においても分離されえないのである。

それゆえ、Bが純粋な存在しないものであるならば、Bはそれ自身では存在できないであろう。それはまたAを自己のうちにもち、それゆえ（A＝B）でもある。しかし、この全体（A＝B）は或る高次のものに対してふたたび存在しないものとして関係する。すなわち単なる下に置かれたもの、単なる素材、単なる器官あるいは道具として関係している。それにもかかわらず、それは自己自身においてふたたび或る存在するものである。さてこのことは、われわれが神のうちの存在と呼んだものへ適用される。もちろん、この存在は神のうちの存在するものに関しては存在しないものである。すなわち、その存在は存在するものに対しては根源的に単に下に置かれたものとして関係する。すなわち、自らは存在しないものとして、つまり真の存在するものに対しては基礎として役立つために、単に存在するものとして関係する。しかもそれは自己自身のうちではふたたび存在するものである。

Ⅶ437

言い換えると、私がいつも表現しているように、神のうちには純粋に単に客観的なものは存在しないのである。というのは、それは何物でもないであろう。そうではなく、神のうちの高次のものに関して客観的であるものは、しかもそれ自身においてふたたび主観的なるものにして客観的なるものであり、単なるBではなく、AにしてBなのである。

なお他の側面から〔言うと次のようになる〕。

また、神のうちの単なる存在は死せる存在ではなく、自己のうちでふたたび生ける存在でもある。その存在もそれ自身ふたたび存在するものと存在とを自己のうちに含んでいる。神自身は自然を超えており、自然は神の玉座、その下位のものである。しかし、神のうちのすべては極めて生命に満ちており、この下位のものもふたたび或る固有の生命へと歩み出ていくのである。その固有の生命は、なるほど神的生命との関係においては非生命であるが、純粋にそれだけで観察するならば、まったく完全な生命である。かくしてフィディアスは彼のユピテルの足の裏にラピテース族とケンタウロス族の闘いを模写したのである。ちょうどここで――おそらくただかのあらゆるギリシャの作品のうちにある不思議な衝動に導かれて――芸術家が神の足の裏をも力強い生命で満たしているように、いわば神からもっとも外のものおよびもっとも遠く隔たったものも自己自身のうちでなお満ち溢れた力強い生命なのである。

神のうちでは一であるところの二つの原理の理論によって、われわれは神の教説において迷い込みやすい二つの脇道を避ける。すなわち、神の理念に関しては二つの側面からの誤りがある。つまり独断的に正統と見なされている見解によるならば、神は特別な切り離された個別的な完全にそれだけで存立する存在者と見なされる。したがって、このことによって被造物は完全に神から締め出されることになる。これに対して、一般的な汎神論的見解は神に特別な固有なそれだけで存立する存在を許さない。それはむしろ神を、諸事物の担い手にすぎない普遍的実体へと解消する。ところが、神は両者である。神は何よりもまずあらゆる存在者の本質であるが、しかもこのようなものとして、神はまたみずから存在しなければならない。すなわち、神はあらゆる存在者の本質として、或る支え、基盤をそれ自体で持たねばならない。かくして、神はその最高の品位において万物の普遍的本質であるが、この普遍的本質は空中に浮かんでいるのではなく個体的本質としての神によって基礎づけられ、いわば担われている。――したがって、神における個体的なものは、普遍的なものの基盤あるいは基礎である。

第四節　神のうちの二つの原理、エゴイズムと愛と

したがって、またこの見解によるならば二つの原理が神のうちにある。第一の原理すなわち第一の根源力は神がそれによって特別の個別的個体的な本質であるところの力である。われわれはこの力を神のうちの自己性、エゴイズム（Egoismus）と呼ぶことができる。もしこの力だけであるならば、個別的な切り離された特別の本質としての神のみがあって、被造物は存在しないであろう。自己自身への永遠の閉塞および沈潜以外のものは何もないであろう。この神の固有の力は、それは常に無限の力であるから、いかなる被造物もそこでは生きることができないような焼き尽くす火であろう（われわれはこれを極度に閉塞した人間において現われる心情の力の類推によって考えねばならない。その人間はそれゆえまさに陰気と呼ばれ、彼にわれわれは暗い心情を帰するのである）。ところで、この原理に対して永遠かららもう一つの原理が対立する。この第二の原理は愛であって、神はこれによって本来あらゆる存在者の本質である。しかし、単なる愛はそれだけでは存在できず、存続できないであろう。というのは、まさしく愛はその本性上拡散的で無限にわかち与えるものであるがゆえに、収縮的根源力がそのなかにないならば消えてなくなってしまうであろうからである。人間が単なる愛からは存立できないように、神もそうである。愛が神のうちにあるならば、怒りもあり、この怒りすなわち神のうちの固有の力は愛に支えと根拠と存立を与えるものである。

ところで、今見出された二つの原理のこれらの表示は、観念的なものと実在的なものという抽象的な表示に対する人間的表現にすぎない。愛は観念的なものであり、エゴイズムは神のうちの実在的なものである。

同様に愛は神そのものであり、本来的神、もう一つの力によってあるところの神である。これに対して、神的エゴイズムは自らは存在しないが、それによってのみ愛すなわち真の神が存在するところの力である。またこれらの原理を、われわれは原初的に神のうちの或る等価性において考えることができる。しかしその場合、すなわちそれらの原理がこの等価性に固執するならば、神自身も、また何か或るものも展開されることはできない。神の真の実在性はまさにこれらの二つの原理の働きと交互作用のなかに存するのである[30]。

それへの第一歩はここでも分開である。つまり神は自己のうちの愛、すなわちその真の本来的自己を非本来的自己から分開するのである。しかし、この分開は神が一方の原理を他方の原理より上に高め、これに対してこの他方の原理を前者に従属させるという仕方でのみ生じうるのである。神的エゴイズムの神的愛への従属が創造の初まりである。エゴイズムが第一のポテンツであり、愛が第二のあるいは高次のポテンツである。単なるエゴイズムによっては、いかなる被造物も存在しないであろう。しかし、エゴイズムが愛に従属することによって、愛はエゴイズムを克服する。この神的愛による神的エゴイズムの克服が創造である（自然とは屈伏された力である）。――神的エゴイズムは自然の根本本質である。――私は神的エゴイズムが自然であると言っているのではない。というのは、われわれが眼前に見ているような現実の生きた自然は、すでに神的愛によって圧倒され和らげられたエゴイズムだからである。しかし、神的エゴイズムは自然の根本本質であり、一切がそこから造られている素材である。

第五節　自然と神

さて、われわれはふたたび神のうちの存在という以前の概念へと還る（その存在は神自身に対して、存在しないものが存在するものに対して関係するように関係する）。

神のうちの存在は神的エゴイズムに等しく、神がそれによって固有の本質として存立する力である。それゆえ、それは全体的神であるが、ただそれはエゴ性（Egoität）の形式のうちにある。エゴ性はそれゆえ神的本質がそのもとに定立されているポテンツ、すなわち指数にすぎない。この指数すなわちポテンツに、もう一つのポテンツが対立しないならば、このポテンツによって神的本質は永遠の閉塞性と収縮のうちにいつまでも留まることになろう。それはちょうど外的自然において、収縮する根源力に対して太陽のなかのもう一つの根源力が働かない場合には、地は冷たく暗く完全に閉ざされ、被造物が存在しないことになるのと同じである。しかし、このエゴ性のポテンツすなわちBに、愛のポテンツであるもう一つのポテンツ、すなわちAが対立することによって、今やBそのものにおいて、それは全体的絶対者をただ内包（閉塞性）の状態（Involution）においてのみ含んでいるのだが、Bのうちに隠され、ただ顕わでない対立が喚起され、その対立と同時に神的なものが呼びさまされるのである。いったい、神的なものとは何であるのか。答えは、観念的なものと実在的なものとの生きた（ある対立を自己のうちに含む）紐帯である。それゆえ、今やBそのもののうちにふたたびAとBとが呼びさまされ、$\frac{B}{A=B}$ すなわちAとBとがBの下に存するならば、今やまたBのうちに観念的なものと実在的なものとの紐帯（同一性）が、すなわち神的なものが呼びさまされるのである。したがって、ここには神的でないもの、存在しないもの（B）から展開された神的なものがある。$\frac{B}{A=B}$ とは自然である。自然的諸現象に精通している人たちは、この自然の活性化を磁気の分布の例えによって明らかにすることができる。

神はBを自己から、すなわちAから排除する。しかし、神はBにAを対置することなく、Bを排除することはできない。すなわち、Bを引き起こすことなく、Aを対置することはできない。このことによって $\frac{B}{A=B}$ が生じるのである。

自然のうちにあるこのAは自然のなかへ入っていかない。それはそもそも初めから自然のうちにある。というのは、全体的神が自然のうちにあるからである。しかし、それは萌芽的状態においてである。自然は内包状態の神、あるいはまた潜勢的神であって、観念的なものは顕勢的神である。

ところで、創造の進行はまさしく次のところに存する。すなわち、先のBのうちの内包状態が絶えず廃棄され、その

VII441

Bのうちであたかもまどろんでいる神的なものが呼び覚まされ展開されるところにである。したがって、自然とは神的なものであるが、低次のあり方の神的なものであり、死からあたかも目覚め、非存在から存在へと高められた神的なものである。このことによってもちろんその神的なものは、まだ非存在から存在へと呼び覚まされていない原初の神的なものからは絶えず区別されつづけるのである。

一言で言えば、眼に見える自然はその形（Form）によってのみ自然であり、その本質によっては神的である。自然は神的本質であるが、ただそれは存在するもの、すなわちAにおいてではなく、存在しないものにおいて表された神的本質である。

これによって実際また自然の神に対する関係も解明されることになるであろう。この体系は自然を神化するものであると非難されている。もしBが、後には神化されるが、原初は絶対的に神的ではないものであると仮定されるとしたら、私はこの非難を甘んじて受けねばならない。しかし、Bはすでに根源的に神的原理であり、ただ相対的に（Aに関して）のみ神的ではない原理である。しかし、Bがこの相対的に非＝神的なものから神的なものへと、すなわち存在するものへと高められる限り、その限り自然を神化するのは神自身である（われわれではない）。

もう一つの非難はこの体系が神と自然とを同一視するということである。しかし、ここではそれは充分区別することができる。自然のもとに単なるBが理解される。すなわち、それはあらゆる存在の根底にあるかの暗い根源力であり、どんな溶液によっても溶かすことができないところの根絶できないものである。ところで、このBは私の体系によるならば本来的意味における神であろうか。決してそうではない。Bは単に神の存在である（それは存在するものから区別された存在である。神そのものということでは、つねに存在する神が理解されている）。しかし、Bは神的と呼ぶことができるであろうか。もちろんできる。というのは、それは神的根源力だからである。しかし、もっとも狭い意味においては（その場合には、それは本来的な神的主観に、すなわちその内奥の本質に属することになるであろうが）Bは神的と呼ぶことはできない。Bは神に属するがゆえに、また原初的分開においてはまだ神のうちにとどまるがゆえに、神的である。それはちょうど、われわれのうちの同じ闇の原理が、われわれの真の本質ではないけれども、否それどころかむしろこの真の本質によって支配されるべきものであることによって、人間的と呼ばれることと同じである。――これに対してBのうちのAはもちろん神的であり、しかも単に広い意味においてのみ神的と呼びうるBよりも高次の意味においてすでに神的である。しかしながらまたBのうちのAは、絶対的なAからは次のことによって充分区別されている。すなわちBのうちのAは、Bにおいて、つまり存在しないものにおいて呼び覚まされ呼び出された精神的なものにすぎないのである。[31]――しかし、自然のもとではAもBも理解されず、A＝Bの全体が理解されるので、ここではとりわけまたAとBとから結合されたものとしてのA＝Bと、両者の生きた紐帯を意味する限りのA＝B、すなわち結合するものが注視される限りのA＝Bとの間が区別されねばならない。前者は所産としての自然、あるいは精神と身体とをなお絶対的に結合している原質料（Urmaterie）である。そしてその原質料と神とを同一視していると、この体系を非難することができる者はその体系の第一の構成要素を知らない者だけである。しかし、両者の間の紐帯を見るならば、この紐帯は単に神的であるのみならず、神である。しかし、その紐帯は端的に見られた神ではなく、存在しないものにおいて産み出された神であり、その産出者がまさに端的に見られた神あるいは存在する神である。A＝Bにおける紐帯（これをつまり全自然と考える場合）はそれゆえもちろん神であるが、それは自己自身によって産み出された者としての神、子としての神であり、その神について、彼は自然の本質であるがゆえに、聖書は、当然すべては彼によって造られ、彼なしには何物も造られなかったと言っている。聖書のこの考えは排斥された。というのは、人々がそれを理解しなかったからである。それはちょうどそもそもその知的能力の制約を美徳とするということが少なくとも大部分の人においては似非啓蒙主義の神秘であるのと同じである。ところで、私はこの表現で何も証明しようとは思わないし、いわんや私の体系に正当性を付与するつもりもない。この紐帯は極めて歴然と言葉（Wort）を意味している。(a)というのは、それにおいておよびそれによってまずあらゆる区別が始まるからであり、(b)それにおいて初めて自ら存在するものと自ら存在しないものとが、すなわち母音と子音とが有機的に結合されているからである（A＝母音、B＝子音。子音はそれだけでは無言の存在であり、観念的なものすなわちAによって初めて理解へと高められる存在である）。 Ⅶ443

第六節　最近の哲学の概要

私は私の体系を次のような最近の哲学の概観によって解明する。[32]

デカルトの絶対的二元論[33]

A	と	B
精神的なもの、単純なもの、すなわち組み合わされたものではないもの（まったく不充分な概念）		物質的なもの、あるいは物体的なもの　まったく死せる機械論

スピノザ　A＝B＝両原理の絶対的同一[34]

スピノザの体系の普遍的なもののみに着目するならば、それは最近の同一性の体系と一つであり、あるいはこの同一性の体系はスピノザの体系と根本においてまったく一つであると充分考えられよう。両者の区別を簡単に述べておこう。

(a)スピノザはなるほど両原理の絶対的同一をもってはいるが、この両原理は相互にまったく働かず、互いになにごとも為さず――作用し合うこともなく――存在している。それらの両原理の間では生きた対立や生きた透入(Durchdringung)へ到ることもない〔[それは]デカルトの二つの実体の単なる結合［に過ぎない］〕。

(b)スピノザの自然学はまったく機械的であり、次のような状況にある。つまりそれは、そこから少しばかりの熟考で誰でも、自然哲学の根本命題とスピノザ主義との間には或る根源的差別がなければならない、ということを洞察するはずであるという状況である(そもそもスピノザの体系においては、あらゆる運動が欠如しており、心情を欠いている)。

(c)スピノザはもちろん次のように言っている。思惟する実体と延長する実体(すなわち観念的なものと実在的なもの)とはまったく同一の実体に属しており、その実体の属性が思惟する実体と延長する実体である、と。しかしまさしく、それらがその属性であるところのこのまったく同一の実体を、彼は後には完全に無視し、それを単に彼においては(対立が欠けているために)同一性の虚しい概念によってのみ根本的に規定し、その実体を主要な対象にする代わりに、完全にわきに置いている。すなわち、まさしくスピノザが何も求めないこの箇所、まさしくここに生きた神、最高の人格性としての神に関する概念がある。それゆえ、スピノザが最高の本質の人格性を積極的に否定はしないが、少なくとも無視しているということはまったく真実である。

ライプニッツはAとBうちのAのみをもっている。B、まさしく暗いもの、存在、現実存在はまったく取り去られ、完全に表象力のうちへ解消されている。なるほどそこには同一性はあるが、まったく一面的なそれであり、両面的なものではない。それにもかかわらずライプニッツはAのもとにふたたびAとBとをもっている。すなわち、彼はすべてのものを表象するモナドと見なすことによって、なるほど物体世界の実在性を一般的に総じて否定はするが、われわれが

物体世界と呼ぶものに、それが表象力から存立する限り、やはり実在性を許すのである。例えば樹の場合等々。(35)

主知主義の反対は高次の唯物論、物活論（Hylozoismus）である（それはもちろんずっと昔からあるものであるが、［ここでは］主にライプニッツと同時期［のものに言及する］）。物活論はBのみをもつが、このBのもとにはふたたびAとBがある。これによって物活論と自然哲学とをまったく一つのものであるとも見なしうるかもしれない。しかし、区別が次のところにある。すなわち、物活論は物質の根源的生命を主張し、われわれは主張しないところにである。われわれの主張は物質はなるほど生命を含むが、それは顕勢的（actu）にではなく、潜勢的（potentiâ）にであり、顕現的（explicite）にではなく、内包的にであるということであり、すべては物質のうちでは、存在の封印、つまり死の封印のもとにあるということである（私はやはりその言葉［死］を使うのであるから、われわれは死を、すなわち生命を自分のうちに含むような死を認めねばならない）。生命の顕現のために、物質は覚醒されるだけである。それは本来観念的なもの、神的なものによって生命を与えられている。それゆえ、いわば物活論は、私の普遍哲学が終るところで始まるのである。（［ここには］自然学へのライプニッツ主義と物活論との有益な影響［がある］。ブルーノ、ケプラー等々(36)［を参照］。）

解体過程、しかも下方へ向かって、より悪しきものへと進んでいく解体過程がかつて動き、そしてそれはさらに下方へと進んでいった。すなわち、BのもとにあるAとBとからさらにAが抜け去って、到る所にBのみが――あらゆる内面性を欠く死せる実体のみが残ったのである。したがって、それは当然諸々の原子へ、小物体のちりへと分解した。それらは単にその外観（何かある外的なもの）によってのみ働くものであり（根源的性質ではない）。そして、ここから自然のみならず、精神の現存在、機械論も解明されるはずであった――これが自然の体系（Système de la nature）であり、最低の、すなわちフランスの唯物論である――。それに対立する極はカントやフィヒテによってドイツで生じた観念論である。しかし、カントは絶えず様々な解釈を妨げなかった。そして、フィヒテの解釈はAのもとにあるAとBからさらにBを取り去るものである。われわれの外には決して知的なものは存在せず、われわれの外にはまったく何物

Ⅶ445

もない。ただ主観的自我、人類のみが現存する。［これは］自然の完全な撲殺［である］。その場合奇妙なことに、フィヒテはまた自然についてつねに、それは現存しないが、しかも繰り返しそれを現存するものとして受け取ることを確約しなければならないのである（［それは］目的論的説明［であり、そこには］自然への働きかけ[37]［が想定されている］）。

このようにして、解体が極端なものにまで進められてしまったので、ふたたび最初の対立に還ること以外もはや何も残らなかったのである。その対立からすべての最近の哲学は始まったのであるが、しかしその対立――すなわち、同一性と二元性との間の対立は、解決されていなかった。そして、次のことを私は試みてきた。私はいつも、絶対的同一が私の場合には単なる同一性ではなく、統一と対立との同一性であることを言明してきた。つまり、

(a)二つの異なる原理AとBがある、それゆえ二元論である。しかし、

(b)二つの原理はその対立にもかかわらず一である。[38]

現代の優勢な自然学と哲学とに対する私の自然観のもっとも近い関係について言及するならば次のことが本質的なことである。すなわち、それは私の見方によるならば、単に純粋に客観的な自然はないということ、単なる存在、すなわち存在しないものであるような自然はないということである。私はこの関係、すなわち何物も単に主観的あるいは客観的ではなく、異なった状況においてではあるが両者であるということを、単なる量的差別と呼んできた。[39] すなわち両原理そのものの間、AとBとの間にあるのはもちろん単なる量的差別はない。ここにあるのはもっとも決定的な質的差別である。しかし、あらゆる現実的なもののうちには、他の点ではそれがいかなるあり方をしているとしても、主観的なものと客観的なものとが、あるいは観念的なものと実在的なものとが常に一緒に、ただ異なった程度においてあるのである。このことは思弁的自然学の雑誌の第二巻の第二章の第四十六節［全集第四巻一三七頁以下］のなかの（磁気的）図式によって明らかにされるであろう。私は以下においてそれを引き合いに出したい。

一般的なものについては以上である。さて、次にわれわれは自然の特殊なものに向かうが、しかし最低限必要なもの

だけに限定したい。

第七節　自然哲学の概要

自然の一般的表現はすでに知っているように、$\frac{B}{A=B}$ である。あるいはまた、われわれはA＝Bをすでに第一のポテンツとして、それゆえ＝Bとして定立しているのであるから、自然は全宇宙に関して（自然はその下位の部分にすぎないが）、第一のポテンツ（A＝B）である。しかし、このことは自然が自己のうちにふたたびすべてのポテンツを含み、そしてすでに述べたように、すなわちそもそも分開が可能であるかぎり、自然が自己を分開するということを妨げない。われわれは自然が結局もっとも物体的な事物、例えば金属へ消失するのを見る。つまり、これらは全体においてはわれわれの線のB極に立つであろう。しかし、それぞれの領域はそれだけでふたたび一つの全体を形成するのであるから、金属もまたそうである。すなわち、金属は一方では物体性へ消失し、他方では揮発性のものとなり、おそらくさらに気体状のものへと解消されるのである。物質的なものの全領域はこうして結局二つの方向へ広がり、そこでは一方では物体性が、他方では精神性が優位を占めている。しかし、全自然のなかの物体的なもののこの全領域に、また精神的なものの領域が対立し、そこへ光、暖かさ、電気の諸現象および非常に多くの他の現象が属する。最後に、精神的なものと物体的なものとが完全に透入し合う領域、すなわち有機的な自然の国が現われ、この自然の国においてふたたび植物と動物とが現れるのである。

しかし、先に言ったように全体においてここには第一のポテンツA＝Bのみがある。そして、自然そのものから A^2 が高められるのであるが、その場合その A^2 は人間における自然の限界において初めて生じる。なるほど全自然は第一のポテンツであるが、それは自らふたたび三つのポテンツへ展開される。その三つのポテンツにしたがって、われわれは全自然をごく簡単に考察する。

第一のポテンツは存在が支配するポテンツ（die Potenz des herrschenden Seyns）、すなわち物体性が支配するポテンツである。――しかしながら、この極点においても順番に精神的なもの、物体的なものおよび両者の統一が定立されている。――周知のように物体性は三次元の現存在に基づく。この三次元は実際個物における三つのポテンツに他ならない。すなわち、［それは］(1)エゴ的次元［である］。この次元によって事物は自己自身を自己自身として立てる。すなわち、それは長さ、線、あるいは同じことであるが、凝集力である。この凝集力によってそれぞれの事物は、もし他の次元によって限界づけられることがなければ、自己を無限に継続するであろう。それゆえに、［次に、それは］(2)観念的次元（エゴ的次元を制限する次元）＝広がり［であり、最後にそれは］(3)無差別＝第三の次元［である］。

このポテンツ全体を支配するものはBである。すなわち、AとBとはふたたびともにBのもとに立てられている。このAとBとがそのもとにふたたびともに立てられているB、したがって、いわばB^2であるところのものは一切を強制し束縛する力――重力である。[40] 自然における重力、夜、闇の原理は永遠に光の前から逃げ去りつつ、しかもこの逃走によって、光の創造に支えと存立を与えるものである（光と思惟とに完全に対立する或るものがないとしたら、それを何ものも捉えられず、すべては単なる思想のうちへ消えてしまって、創造というものはまったくないであろう）。

単に存在のポテンツのもとに存する限りの物質においても、それにもかかわらず存在と活動とが結びつけられている（というのは、そのように、すなわち活動として、われわれは観念的なものをまた表現できるからである）。しかし、存在と活動とは両者ともまだ存在に飲み込まれている。そして、A＝B、すなわち第一のポテンツの物体的なものは、原初のBの状況と同じように、ふたたび精神的なものあるいは観念的なものに関係する。――すなわち、それは精神的なものあるいは観念的なものを解体し、分極化し、差別化しようとするところの無差別なのである。

この差別化によって初めて諸性質の差別が生じる。すなわち、この差別は根底においては尽きることがなく、ただそれをいちばん近い分岐（Verzweigung）において表現しても、或る固有の学的表現を要求することになるのであるが、私はここではもっとも単純なもの、すなわち四元素にしたがったもっとも古い区分に留めようと思う。(41) その四元素へと最近の化学も繰り返し立ち戻っている。

A＝BにおいてはBは地（Erde）の元素——本来的な地の原理である。それゆえ、A＝Bの全体がBの方向へ多様化される場合、地の原理が支配する領域はそこへと帰属する。その領域はまた二つの側面（金属と地）をもっている。

地に対立する元素、すなわちAは大気（Luft）であり、それはいわば精神的観念的元素である。しかし、われわれはAとBとの対立の外になお他の対立を観なければならない。それは結ぶもの（Band）(42) と結ばれるもの（Verbundene）との間の対立である。前者は産み出すものとして、後者は産み出されるものとしてあり、また能動的なものと受動的なもの、観念的なものと実在的なものと同じような状態にある。

さて産み出すもの、すなわち結ぶものは、それが産み出されるものと一致する場合、実際のところ内的な生命と動き、柔和な和らげられた生命の炎に他ならない。その炎はあらゆる存在者のうちで、また見かけは死んだもののうちでも燃えている（慧眼な人たちはそのことを見ている）。しかし、産み出されるものとの対立および矛盾においては、産み出すものは焼き尽くす火である。

火の元素は諸事物の我性（Eigenheit）あるいは自己性に敵対する。産み出されるものが火の元素との関係において、存在しないものとして、すなわち基盤、下に投げられたものとして留まるかぎり、産み出されるものは平安である。しかし、産み出されるものが存在者との対立において顕勢化しようとする場合、すなわち存在しないものが存在するものに対して立ち上がろうとする場合、怒りの火が生じる。

火が自分にふさわしいものとして求め、そこにおいてのみ火が休息するところの元素が水である。したがって、火と水とは二つの最高の対立であるが、まさにもっとも対立するものがつねにまたもっとも結びつくものでもある。水は流れる火にすぎず、火は具体的に（in concreto）、すなわち本来水の協力なしには決して生じない炎は、本来火のよう

VII448

に燃える水にすぎない。――両者の緊密な親近性〔を示すものには次のようなものがある〕。〔それは〕⑴水を含んだ隕石（die wässerigten Meteore）〔であり〕、⑵水のなかにある焼き尽くす力〔である〕。さらに、水は一方では可燃性の存在者を含み、他方では普遍的溶液（Menstruum universale）、酸素を含んでいるということ〔がある〕。――生き生きとした（海の）水は到るところで火とともにあるのである。

VII449

古代の人々はみな当然ながら第五の元素（quinta Essentia）を認めていた。これはまさにまったく精神的でまったく物体的な原質料そのもの――身体的元素（この身体はすでにAとBとの同一であるが）に他ならない。純粋さのうちにあるこの身体的元素に火は力を及ばさない。それは火と真の同一にある。――それは水が単に消極的なものによって、あらゆる性質の否定によってであるようにではなく、むしろ最高の積極的なもの、あるいは完全性によってあるのである。それは火によって滅ぼすことができない身体性である。その身体的元素のもっとも近くに現われる元素はさらに極めて不可解な元素であり、最近の化学が窒素（Stickstoff）と言い表わしているものであるが、それは動物的自然界の基盤である。窒素はどんなに激しい炎によっても燃えない。それは電気の火花によってのみ燃えることができ、さもなくばそれはより粗悪なものとの混合によって可能である。その混合によって窒素は引き下げられるのである。というのは、すべて火において燃えるものは、なにか或る不完全なもの、粗悪なもの、腐敗したものを自分のうちにもっているからである。――今や、第二のポテンツへの移行〔がある。〕

先には単に内包的にあるいは潜勢的に立てられた活動が、今や顕現的にあるいは顕勢的に立てられている。これが物質の現実的生命――力動的過程（dynamischer Process）である。

すでに以前に言ったように、第一のポテンツはまた内包状態にある。――この内包の原理が重力である。

A＝Bにおいて支配している重力に、A^2が対抗する。このA^2は、絶対的な存在するもの、つまり絶対的なAが原初のB、すなわち自然へ関係するのと同じように、重力に対してふたたび関係する。このAが自然において対立を呼び覚まし、その対立とともに生命を呼び覚ますように、A^2は重力のなかにある自然に対して対立を呼び覚まし、その対立とともに生命を呼び覚ます。このA^2はエーテル（Aether）であり、物質のうちの非物質である。すでに物質の休止している諸性質のうちで対立が呼び覚まされていた。しかし、重力はその場合、受動的状態にはない。それは展開に積極的に抵抗するもの——積極的闇である。この積極的な抵抗によって初めて物質のうちの現実的生命が生じる。これが力動的過程である。ここでも私はもっとも一般的なものだけに限ることにしよう。われわれは、(1)いまもなお物体的なもの、すなわち産み出されるもののうちにある諸過程、すなわち活動の諸形式と、(2)同じ諸過程の精神的形態とを区別する。［物質の］最初のあり方の三つの根本的過程は、(a)磁気＝第一の次元＝自己性、自我性であり、(b)電気＝産み出すものと産み出されるもの、能動的なものと受動的なものとの間の対極性すなわち対立——そのうちの一方がつねに受動的なものであり、他方が能動的なものであるところの二つの物体との間の対極性すなわち対立である（この二つの過程によって地に関しては方位も決められる）。［それから］(c)すべての過程の総体＝化学的現象あるいはガルバニー電気（それは本来生きている化学的現象であり、そこに電気は一緒に作用しているものとして認識される）である。［そして］最後は燃焼過程である。

しかし、これらの過程の精神的形態に言及するならば、(a)実在的なもののうちには磁気に相当する精神的な過程＝音響があり、(b)観念的なものとしては電気に相当する過程＝光の過程（光は精神的物質であるが）があり、(c)産み出すものが産み出されるものとの同一性に留まるかぎりの過程、化学的現象に相当する過程＝熱の過程（浸透する熱）がある。それは産み出されるもの＝火との決定的対立にある（火はしたがって実際のところ根本実体であり、——ヴェスタ（Vesta）[43]である。それゆえ、火は諸元素に数えられる）。

これらの過程すべてにおいて、このように物質そのものの深みから、まさしくあらゆる創造の意図であるところの精神的なものが展開される。すべては闇の原理そのものから、高次の創造する原理によって呼び出されている。その原理をわれわれはエーテルと呼んできたが、それは自然の真の生命精神である。産み出されるもののうちに存する結ぶものは、その観念的側面から、すなわちそれが絶対的に観念的なものに向かっているかぎり、光であることをわれわれは示してきたのであるから、光は本来この生命精神の直接的な現われである。したがって、光は一般的に生命を与えるもの――展開させるもの――として説明することができる。われわれがエーテルと重力とを互いに対立させる代わりに、光と重力とをこの［対立］関係に置く場合には、これに対して異論はないであろう。――今や第三のポテンツ［へ移ろう］。

今まで重力はなおその実体性を光（A^2）との対立において主張してきた。しかし、重力はこの光と同様に本来A^3に従属する形式にすぎず、原初のＢのうちにもA^3は含まれているのであるから、自然の最高のポテンツは必然的に、そこにおいて光と重力とが（あるいは物質が――というのは、これらは相関関係にあるものであるから）一緒にA^3のもとに置かれ、A^3の共通の下位の形式にすぎないところのポテンツである。

このことが有機体において生じるということは次のことから明らかである。すなわち、有機体においてのみ、以前は実体でさえあるように思われた物質が、より大きなもの――すなわちまさにA^3である生命自体に――従属させられるということから明らかである。またこのことは次のことから証明される。すなわち、有機体においては物質は決してその実体に関して通用するのではないということ、ここではむしろその形式が本質的なものとなっていること、換言するならば、物質自身が本質的に形式となっているということから証明されるのである。

A^3とは何か。答え。それはＢそのものの最内奥の実体であり、そのＢとはもちろん内包的にあらゆるポテンツを自己のうちに含んでいるものである。

Ａの諸ポテンツは、まさしく存在しないもの＝Ｂを存在するもの、すなわちＡへ継続的に高めていくことを表現している。

したがって自然のうちのA^3は、まさしく存在しないものから高められた最高の存在するもの――それゆえ自然の最内

Ⅶ451

奥のものを表現しているのである。

その公式（Formel）をより複雑なものにしようと欲するならば、私は同じようにBも、そこにおいてBがAと等しくなり、したがって存在するものとなるところの様々な程度にしたがって、諸ポテンツによって表示できるであろう。——すなわち、次のような仕方で表示できるであろう。

自然の根本表現はA＝＋Bである。すなわち、それは自然のうちで最初に支配しているB——最初に支配している存在しないもの——が存在するものとなることである。もっとも深い段階にあっては、存在するものは完全に物体的なものへ消えている。＊ ここではそれゆえ存在しないものが最大の力をもっており、したがってこれを、すなわち自然の第一のポテンツをわれわれは$A^1＝B^3$によって表わすことができるであろう。Bがなお最高のポテンツにあるところでは、Aは必然的にまだ最小のポテンツにある。それゆえ、これ（$A^1＝B^3$）は重力の表現である。——力動的過程においては、そこにおいてまず最初無言である実体がすでに自己の生命の徴候を示しているのであるが、その実体そのものが、Bとして、すなわち存在しないものとして、すでに一ポテンツだけ減らされて、B^2と等しくなる。それに対して、存在するものは一ポテンツだけ高まり、こうして全体は$A^2＝B^2$となる。ここでは存在しないものと存在するものとはまだ均衡を保っている。——したがって、自然のうちの力動的過程は闘争の時代であり——そこではまだ確固としたものは産み出されていない（時代のなかにおいてもこれらのポテンツは自己継続する。ポテンツ＝時代［である］）。

＊原版では「最深の段階ではまったく物体的なものへ」と短く述べられている。

有機体においては存在しないものはもっとも深いポテンツへ下げられ、これに対して存在するものはふたたび一つのポテンツだけ高められている。ここではしたがってBの表現はB^1であり、Aの表現はA^3である。

有機的過程においては諸形式はみな力動的過程の場合と同じであり、それがただずっと高次の段階へ高められているだけである。またここでもただ簡単に本質的なもののみを示すことにしよう。その本質的なものとは、A^2とA＝Bとは一つであるということである。ところで、光は自己を物質にただ第一の次元に対して結びつけることができる。その結果、少なくとも物質にすべてが従属している。それが再生産（エゴ的実在的次元）、成長＝（凝集力）、発芽、増殖である。この結びつきがまた第二の次元（それは電気に相当するものではあるが、実体へと駆り立てられ、実体的電気となっているが）に対して生じるならば、それが刺激性（Irritabiliät）である。そこでは再度すべての次元が繰り返される。すなわち、それは、(a)血液循環、(b)呼吸、(c)恣意的運動（最高の神秘）である。

光と物質とは第三の次元に対しても浸透し合う。そこでは以前は認識されるものとしてあった全存在が今や認識するものとなっている。そうしてこれが感受性（Sensibilität）である。

第二の段階にあっては、確かに有機的存在者に対して外的世界が開かれていた。しかし、それはまだ有機的存在者が外的世界との差異の関係に留まっているという仕方でである。有機的生命の第三の段階は、産み出されるものが他の諸物との差異の関係のうちになく、それらの可能性を自分のうちに含む場合であり、産み出されるものが他の諸物を自己自身のうちに直観する場合である（感受性、動物的直観能力）。ここではB、つまり初まりにあっては、すなわち無機的物質においてはまだ最高の力を及ぼしていたBが克服され、それゆえそれは、以前は認識されるものとしてあったが、今や認識するものへと変えられている。感受性のうちでBはA^3へ高められている。ところでここで、五感というものを認めるならば次のような区分になる。［それは］(1)観念的極と実在的な極――視覚と触覚［であり］、(2)先の三つの根本的過程に相当するもの、(a)磁気作用に対する感覚＝聴覚、(b)電気作用に対するもの＝嗅覚、(c)化学作用に対するもの＝味覚［である］。

諸感覚によってA^3が現われたのちに、自然は本来閉じられるであろう。しかしながら、まだ精神そのものの予兆(praesagia)――本能――芸術衝動が現われているにすぎない。ここから精神世界への移行が［生じる］。［それは］以前の、

VII453

産み出されるものとしての有機的自然からの移行である。

A^3へと高められたBはふたたび分開し、差別化される。その実在的極が植物であり、観念的極が動物である。（外的形態および内的形式のうえでの）植物と動物との無差別、すなわち創造の頂点が人間（諸次元の完成）である。しかし、また個体においてはふたたび性（女＝植物、男＝動物）による同じ対立が［生じる］。性別の秘密は両原理の根源的関係の表現にほかならない。その各々はそれだけで現実的であり、そのかぎり他から独立しているが、しかも他なしには存在せず、存在できない。同一性を排除しないこの二元性と、二元性を排除しないこの同一性とにおいて媒介するものは愛である。神自身が自然と自由意志的愛によって結ばれており、神は自然を必要としないが、しかも自然なしであろうとは欲しない。というのは、愛は二つの存在者が互いに必要とし合うところには現存せず、各々がそれだけで存在しうるようなところに現存するからである。例えば神は、各々がそれだけで存在しうるようなところで、もちろん自己自身において——suâpte natura——存在するものであり、しかも神は単独であることを利得とみなさず、他のものなしにあろうと欲せず、また他のものなしには道徳的にあることはできないのである。これがまた神の自然に対する真の関係であり、——それは一面的関係ではない。また自然は愛によって神へ引き寄せられ、したがって絶え間ない勤勉さによって神的果実を産み出そうと努力するのである。

地は天を愛し、女が男に憧れるように天へのたゆまない憧憬をもっている。神は彼自身より低いもの、劣れるもの、自然を愛する。というのは、神は自然からのみ自分に似たもの——諸精神——を産み出すことができるからである。

VII454

しかし、また自然の定めは考察されていなかった。すなわち、各々の自然の産物は、AとB、すなわち同一性、根源的に実在的なものそのものであり、それは徐々に自ら暗闇から光へ出ていくことを強いられ、それゆえ次々に重力、凝集力——音響——光——暖かさ——ついには火として、そのうえ最後にA^3すなわち有機体における本来的魂として現れることを強いられているのである。

ところで一体、いかにしてこの紐帯が本来待ち受けられているような永遠のものではないということが生じるのか。どこから自然の一般的なはかなさが生じるのか。この問いは実際のところこれまでは答えられなかった。しかし、その答えは精神世界への移行と関係している。それゆえ、［以下のように言える］。

（1）自然全体は精神的世界の階梯、基礎にすぎない。それゆえ自然は、自己自身のうちでは最高に生き生きと存在するものではあるが、しかし自分自身のために存在するのではない。自然は精神世界に対してふたたび存在しないもののように存在しなければならない。つまり自然は高次のもののために——絶対的なA^2のために——のみ存在するのであるから、自然はまたこの高次のものによって確証されることを必要とする。そして、自然はこの確証を次の程度においてのみ受け取ることができる。すなわち、自然が高次のものに服し、存在するものとしてのそれの現実存在の手段、顕示の手段となる程度においてのみ受け取ることができるのである。

ところで自然、すなわち存在しないものは、徐々に段階的にのみ次の点にまで高められうる。その点において、自然は絶対的なA^2を自己のうちへ受け入れ、そうしてその直接的顕示、いわばその身体となることができるのである。自然がここへと到ることができるのは次の場合のみである。すなわち、それは自然がA^2に類似したものを自己自身のうちにもつ場合、すなわち自然の原初のB自身が（絶対的意味における）A^2となる点にまで変容する場合のみである。ところで、自然のどの点においてこのことが生じるのかということが、すなわち自然の変容点が問われる。

さて、われわれは以上述べたところにおいて、原初のBが自然のうちでA^3にまで高められている点にまで進んできている。しかし、このA^3は相対的であり、——すなわち、全体との関係においては——未だに或る客観的なものである。かくして、それはなるほど自然との関係においては絶対的Aではあるが、ふたたびより高次のAとの関係においてはBとしてあるのである。このより高次のAはもはや自然のうちに存することはできない。というのは、第三のポテンツへと到達している場合には、すべてはこの自然のうちでは完成されているからである。こうして高次のAは自然を超えて、その外に存する。われわれは、諸ポテンツを存続せしめようとするならば、それを、A^4によって表わすことができるであろう。というのは、われわれはすでにA^3を自然のうちにもっていたからである。しかしながら、われわれはそのことによって、それが自然全体に関してはA^2であるということ以外のことは表現しないであろう。それゆえ、この絶対的A^2は自然の外に、あるいは自然を超えてある。そのA^2に対して自然のA^3はまた——その最高の活動性をわれわれは直観能力において見出しているのだが——ふたたびBとしてある。しかし、そのA^2はむしろ自然との対立において、自然を一般的に動かすものであることによって、やはり自然のなかで働き、自然から切り離されないものである。

ところで、そのA^2の自然のA^3に対する最初の関係は、ふたたび主観的なものと客観的なもの、動かすものと動かされるものと同じである。すなわち、そのA^2とA^3の最初の関係は対立である。——今やこの対立の諸現象を見つけることが大切である。それは動物的本能の諸現象に他ならず、それらは熟慮するすべての人間にとって最大の現象に属し、——真の哲学の真の試金石である。

本能の固有なものとは、(a)理性によって行なわれるものとまったく類似している諸行為であるが、しかしそれは、(b)あらゆる熟慮反省なしに、あるいはあらゆる主観的理性なしに、そして主観的理性とは悟性であるから、あらゆる悟性なしに行なわれる諸行為である。その説明として次のようなものがある。機械論者としてのデカルトは動物を機械として説明し、ライプニッツはそれを暗い諸表象によって説明する。もちろん、本能はそのような種類の何かであるが、その説明は余りに一般的である。最近では、本能は理性の類似物あるいは理性の位階と呼ばれている。前者は何も言っておらず、後者は無意味である。その説明はA^3とA^4、すなわち絶対的A^2との対立に基づいている。その場合のA^3とは、ここではふたたび最高のポテンツにおけるBとして、すなわち重力としてあるものである。A^3はA^4にとって素材であり、その素材においてA^4は進んで自らA^2を覚醒させようとする（それは、ちょうどA^2が以前自然において絶えず自分に似たものを覚醒させていたのと同じである）。しかし、それは動物においてはまだ成就していない。しかし、A^3が絶対的

VII456

な精神的原理によって動かされるがゆえに、A^4はあたかも自分自身のうちにそのようなものがあるかのように行為する。要するに、A^4は動物の悟性である。あるいはすでに古人がまったく適切に表現しているように、神は獣の魂である（Deus est anima brutorum）。神的なものが動物に魂を吹き込む。それゆえに動物は行為する。あるいは動物のうちでA^3がすでに精神的原理にしたがって、あたかもそれ自身精神的なものであるかのように行為する（実際それは内包的には、あるいは潜勢的にはすでに精神的なものであるのであるが）。これに対して人間の場合は事情が異なる。神的なものが人間の魂ではなく、人間は自ら自分の魂である。

本能の三つの段階を区別することができる。⑴個としてのおよび類としての自己保存（子への愛）――［それは例えば］渡り鳥［に見られる］。⑵芸術衝動――自己の外の或るものを産出すること――（一部は生殖衝動の代償行為）。本能においてまさに二つの技芸、建築術と音楽とが表現されていることは注目すべきである。それらはいずれにせよ類似したものであり、造形的な技芸のもとにある建築術は本来音楽に相当する（［と］ヴィトルヴィウス[44]は［述べている］）。⑶予知能力。［これらの］諸特性［は］――安らかに自己自身のうちに有る［ために］――（まったく取り除くことができないもの）［である］。これらの諸特性の一面性、それは人間世界においては消失すべきものである。

A^4のA^3への影響によって、いわば部分的にA^3においてA^4が燃え上がる。しかし、それは部分的にすぎず、したがって絶対的A^4が燃え上がるのではない。――部分的というのは、つねにただ特定の関係においてであるにすぎないからである。本能自身はつねにある器官に結びついており、それによって媒介されている。つねにただ特別の場合にのみ動物たちは知的に行動する。しかし、それは全般的知性である。

人間においてのみついに絶対的A^2が生じる。それは永く求められ、永く熱望されたもの、Bから高められたものであり、存在しないものから高められて、自体的に、すなわち自己の本性上（suâ naturâ）存在するものである。

自己の本性上存在するものとは精神であり、存在しないものから高められたものであって、そのかぎり生成したもの

VII457 である。しかし、自己の本性上存在するものは有限な精神である（これは最高の矛盾のようにみえるが、このような矛盾に自然は満ちている）。精神とは、(a)人間においてその本性上存在するものであるが、ただ(b)存在しないものに由来する、したがって造られた有限な精神であり、——神とは永遠に異なるものである。

なお一つの問いが提出されうる。なにゆえ人間においてのみ絶対的に観念的なもの、すなわち絶対的なA^2が顕勢的に定立され、その他のところではどこでも単に潜勢的に定立されるのか。これはある固有の学、人間学の課題であり、その人間学の概念はここで確定される。——ただ次のことのみを私は述べておきたい。

自然のなかで覚醒された絶対的A^2は、そのなかでそのA^2が覚醒される自然に対して、ふたたび客観的なものに対する主観的なもの、認識されるものに対する認識するものとして関係する。ところで、絶対的に主観的なものは、絶対的に客観的なもの、すなわちその完成、全体性のうちにある客観的なものが存在するところにのみ存在する。このことは、人間の身体は小さな世界、ミクロコスモスであるという古き格言にしたがうならば、人間においてのみある。同じことが言われ得るようなただ唯一の存在者のあり方がある。すなわち、それは身体（Körper）であり、同時に世界（Welt）であるがゆえに、天体（Weltkörper）と呼ばれるところの、かの大いなる全体である。

第三章　人間と人間的自由の概念、悪の起源

第一節　人間的自由について

自己の本性に従って存在するものはまた自己自身において自由なもの、あるいはその概念上自由なもののみである。

あらゆる依存性は存在からのみ来る。しかし自己自身において、そしてその固有の本性によって存在するものは端的に他のものによって規定され得ないものである（というのは、すべて規定されることは受動であり、すなわち存在しないことだからである）。したがって、絶対的に存在するものとしての神はまた絶対的に自由なものであるが、存在しないものから高められて存在するものである人間は、自己の本質のこの二重の関係によって、またまったく固有の自由に達する。

すなわち、人間は、存在しないものから高められる程度に応じて、存在するものそのものから独立した根をもっている。なるほど神的なものは人間の精神を高めるもの、創造するものではあるが、人間がそこから高められるものは、やはり高めるものとは別のものである。それは神に対して、花が太陽に関係するのと同じ様に関係する。すなわち、花はなるほど太陽の働きによって暗い地から生じ、自己自身を光のなかで輝かせるが、しかしそこでやはりつねに太陽からはその根によって独立したものでありつづけるのと同様である。もし人間の神に対する関係がそのようなものでないとするならば、人間は神を前にして自由をもたないであろう。人間は太陽の一光線、火中の一つの火花のようなものであろう。神自身のうちに神自身ではない何かがあらねばならないという根本命題が[45]、考察のこの段階でふたたびまったく必然的な命題として、いかにわれわれに迫ってくるか、ということをあなたがたは理解するであろう。その命題は一見したところ、そして特にいわゆる理性宗教の支配的な抽象的諸概念においては、すぐに受け入れられないものであるが、それは自由が主張されるべき場合には避けられないものである。

自由の擁護者たちは普通、人間の自然からの独立を示すことをのみ考える。それはもちろんたやすいことである。しかし、人間の神からの内的な独立、また神との関係における人間の自由を彼らはなおざりにしている。というのは、これがまさしくもっとも難しいものだからである。

それゆえ、人間は自然という存在しないものと絶対的に存在するものである神との中間に立つことによって、両者か

VII458

ら自由である。人間は自然のうちに独立した根をもつことによって神から自由であり、自然の只中にあって自然を超えた神的なものが人間のうちに覚醒されることによって自然から自由である。前者をわれわれは人間の固有の（自然的な）部分と呼ぶことができる。それによって人間は個であり、人格的存在者である。後者は人間の神的な部分である。人間は無差別点に置かれることによって、――人間的な意味において――自由である――［ここから］次の諸点が明らかである。すなわち、自然的生は人間に到るまで進展するということ、向上と上昇とは人間に到るまで絶えず継続するということ、人間は精神的生命がそこにおいて本来的に立ち現われる点であるということ、――人間はそこにおいて柔らかな基礎としての身体的なものが精神的なものに服し、まさにそのことによって恒常性へと高められうるような被造物であるということである。そして、それは人間自身においてのみならず、自然の働きの絶えざる連関の故に、残りの自然においてもそうであるということである。しかし、人間が自分の自然的な生命を神的なものへ服させる代わりに、むしろ相対的な非活動へと規定された（自然的な固有の）原理を自己自身において活発にさせると――活動へと目覚めさせると――自然もまた今や暗くされた変容点のために、まさにこの原理を自己のうちで覚醒させ、欲すると否とにかかわらず（nolens volens）精神的世界から独立した世界であらざるをえないのである。

第二節　人間の自然への退行とその帰結

そのような種類の何かが先行しているということについて、われわれをすべてが確信させる。⑴自然の現在の形態は、(a)その不明瞭な合法則性を顧慮するならば（さもなければすべては開かれ明らかであろうが）、(b)ここで現われた偶然の力であり、――自然はまったくどこにおいても必然的な全体としては現れない――そしてそれは、(c)その閉鎖性のもとにある不安定な自然である。というのは、自然はその最高の統一に達したならば安定するはずであるからである。⑵特に悪の現状と、それゆえ道徳的な世界の光景［もそうである］。というのは、悪はまさに相対的に存在しないものに他

VII459

ならないからである。その存在しないものは存在するものに対して立ち上がり、かくして真に存在するものを駆逐する。悪は一面無であり、他面最高に実在的な存在者である。——自然のうちにも悪、例えば毒、病気がある。全自然の、特に人間のそのような退行（Rückfall）の現実性の最高の証明は——死である。

以上のことによって、われわれは同時に自然の新しい見方を獲得する。今までわれわれは自然を第一のポテンツとして言い表わしてきた。しかし、自然は永遠性を獲得せず、したがって時間のなかへ沈み込むことによって第一の時代となる。今あるような全自然はそれゆえ本来第一の生の時代にすぎず、最高の生の前庭であって、最高の生そのものではない。人間自身はなるほど精神でありつづけるが、それはBのポテンツのもとにおいてである。人間は精神として、すなわち高次の秩序の存在者として、ふたたび存在の段階へ、すなわち第一のポテンツの段階へ引き戻される。自然において始まった過程は人間において新たにふたたび初めから始まる。人間もまた、存在しないものから自分をもう一度ふたたび高めなければならない。つまり、自己のうちの暗黒を追いやり、高次のあり方の暗闇から、すなわち悪、迷妄、転倒の暗闇から、善、真理、美の光を呼び出さなければならない。存在の人間に対するこの優勢は、すなわち人間の第一のポテンツへの再沈潜は、外的なものがこの生において内的なものに対してもつ力のうちで特に証明されている。かつて自然の現存在が人間によって危うくされ、自然が自己を独自の世界として構成することを強いられたがゆえに、今やすべては、生命のこの外的な基礎の維持にのみ向けられているように見える。この外的基礎と衝突するすべてのものは、もっとも高貴なものでさえ滅びる。そして最善のものも、許容されるために、言わばこの外的な力と結託しなければならない。もちろん、この闘いを闘い抜くもの、この外的なものの優勢に対して自己をなおも神的なものとして主張するものは、火をくぐり抜けることによって真であることを証されるようなものであり、その場合にはまったく神的な力が現実的に存在しなければならない。

しかし、自然および第一のポテンツへ人間が退行するということの最大の証明は次の点にある。

VII460

人間は一人で世界のうちにいるのではない。多数の人間が存在し、人類、群衆が存在する。自然のうちの多数の事物が統一を切望し、この統一のうちでのみ自己自身を完成し、あたかも幸福と感じるように、人間世界における多数も同様である。

しかし自然の真の統一は人間であったであろうし、そしてそれは人間によって神的なものおよび永遠なるものであったであろう。ところで、自然はこの柔らかな統一を人間の罪によって失っている。今や自然はそれ自身の統一を求めねばならない。しかし、真の統一は自然のうちにはなく、神のうちにのみありうるのであるから、自然はまさにこの神からの分離によって、絶えざる闘いに身を任せているのである。自然は統一を求め、それを見出さない。もし自然が統一点、変貌点に達したならば、自然はまったく有機的であろうし、自然は自己を存在するものの最高段階へ同時に高め、人間において目覚めた精神はまた自然のうえに自己を注いだであろう。ところで自然はこの有機的な統一に達することができなかったので、今や無機物がその頭をもたげたのである。無機物もまた、自己を存在するものへと高めているかの存在しないものの種類に属している。無機的なものの国（Reich）ということは矛盾である。というのは国とは統一であるが、無機物とは非統一であるからである。しかし、まさに存在しないものは今や存在するものとなっており、余儀なく存在するものであろうと欲しなければならない。

第三節　国家の演繹

ところでまさに自然がその真の統一点を失ったように、人類もその統一点を失っている。人類にとって、その統一点はまさに人類が無差別あるいは中心点に留まるところにあった。もしそうであれば、神自身がその統一であったろうし、そして神のみが自由な存在者の統一たりうるのである。

今や確かにつねになお自由な存在者が存在するが、しかしそれは神から切り離されている。

今また自由な存在者は自己の統一を求めねばならず、そしてそれを見出すことができない。神はもはや自由な存在者の統一であることができない。それゆえ、自由な存在者は自然の統一を求めねばならない。しかし、その自然の統一は、自由な存在者にとって真の統一であることができないがゆえに、万物の紐帯およびかの無機的自然を凝集する紐帯と同じ様に、時間的なはかない紐帯にすぎないのである。

自然の統一、この第一の自然を超えた第二の自然は、それを人間はやむをえず自己の統一としなければならないのだが、それは国家である。したがって国家は、率直に言ってしまうと、人類に宿る呪いの帰結である。人間は神を統一にもつことができないがゆえに、自然の統一（physische Einheit）のもとに屈しなければならないのである。(46)

国家は自己自身のうちに矛盾をもっている。国家は自然の統一、すなわち自然的媒体によってのみ働くことができる統一である。すなわち、もちろん国家は、ただ唯一の理性によってのみ支配されている場合には、自分が単なる自然的媒体によっては何も達成しないということ、また高次の精神的動機を要求しなければならないということを充分知っている。しかし、国家はこの動機を支配できず、その動機は国家の力の外にある。それにもかかわらず、国家は倫理的状態を産み出すことができることを誇り、それゆえ自然と同じように一つの力であることを誇っている。しかし、自由な諸精神にとってはいかなる自然の統一も十分ではない。自然の統一には高次の護符が属しており、したがってある国家において生じるすべての統一は、やはりつねに不安定な一時的なものにすぎないからである。

周知のように、特にフランス革命とカントの諸概念以来、多大の労苦が次の可能性を示すことに払われてきた。すなわち、自由な存在者の現実存在と統一とがいかにして調和し得るかということ、したがって、本来個別者の可能な限りの自由の制約にすぎないところの国家が、いかにして可能かということである。しかし、そのような国家は不可能である。国家権力からそれに帰属する力が奪い取られるか、あるいはそれが国家権力に与えられるかの、どちらかである。後者の場合には、そこには専制政治が存在する〔専制政治が存在する〕イギリスは島であり、ギリシャの国も一部は島国である）。したがって、次のことはまったく自然である。すなわち、今、まさに自由が問題となったこの時代の終わりにおいて、もっとも首尾一貫した頭脳の持ち主たちが、完全な国家の理念を追い求めた末に、最悪の専制政治の理論に陥ったということである（フィヒテの閉鎖的商業国家等々(47)［の議論がこれに当たる］）。

私は次のように考える。国家そのものはまったく真の絶対的統一を見出すことはできないということ、あらゆる国家はそのような統一を見出す試みに過ぎず、そして、つねに実際にその全体になることはできない、あるいは少なくとも、ただ開花し、熟し、ついには老衰し、結局は死んでしまうという、あらゆる有機的存在者が有する運命とともに、有機的な全体になろうとする試みである。なるほどプラトンは、その言葉を語ってはいないけれども、理性国家の理念について、すなわち国家の理想的なものについて、それをどのように受け取るべきかを示した。真の国家は地上における天を前提している。真の国家（πολιτεια）は天のうちにのみあり、自由と無邪気さとが絶対的国家の唯一の条件である。プラトンの国家はまったくこの二つの要素を前提している。しかし、プラトンは私がここで記述しているような国家を完成せよと言っているのではない。そうではなく、もし絶対的に完全な国家が存在しうるとしたら、それはかくあらねばならないと言うのである。すなわちそれは自由と無邪気さとを前提とする。そのような国家が可能かどうかを自ら見ろと言うのである。

最高の紛糾は国家相互の衝突によって生じており、見出されたことがなく見出すことができない統一の最高の現象が戦争である。戦争は自然のうちの諸元素の闘いと同様必然的である。ここで人間は自然存在者相互の関係の中へと完全に歩み入るのである。

さて、これに加えて、国家が初めていかに多くの悪徳、すなわち貧困や多大の悪を展開するかをさらに顧慮するならば、そこにまったく自然的なものへと没落した人類の像、否それればかりか自分の現実存在のための闘いへと没落した人類の像が完成している。

第四節　顕示と教会の概念

これまでわれわれは人間の没落を考察してきた。いま人間の再高揚をも考察することにしたい。人間の下降は、A^2とA＝Bとの間の紐帯が破棄されること、そして人間自身が完全に外的世界に帰属することに基づいている。この裂け目は存続できない。というのは、それが神自身の現実存在を侵害することになるからである。しかし、何によってこの裂け目は破棄されうるのか。それは今の状態の人間によっては破棄されえない。それゆえ、それは神自身によってのみである——神のみが精神的世界と自然的世界との紐帯を作り出すことができる。しかも元初の創造の第一の顕示と同じ様に、ただ第二の顕示によってのみ作り出すことができる。それゆえ、ここで狭義の顕示の概念が、哲学的に必然的な概念として現れる。顕示は様々な段階をもっており、その最高の段階は次のような段階である。すなわち、そこで神的なものが自己自身を完全に有限化するところ、一言で言うと、神的なもの自身が人となるところであり、いわばただ第二の神的な人間として、第一の人間が神と自然との間の仲介者となったように、ふたたびそれと同様に、神と人間との間の仲介者となるところである。——この顕示によっては神と存在の世界との直接的な相互関係は作り出されえなかった。このことは、今その世界がそうなっている固有の世界としての世界を滅却しなければ不可能であった。もし、神がこの固有の世界を欲したのであれば、どこでも顕示は必要なかった。顕示はむしろ世界の破滅した状態を前提としている。自然にとって人間は仲介者として規定されており、この仲介者は自然には欠けていた（manquirt）のである。今やむしろ人間が仲介者を必要とした。しかし、人間は霊的生命にふたたび引き渡されることによって、まさに再度神と自然との間の仲介者となることができるようになった。そして、殊にキリストの顕現において、人間は自然との関係において根源的に何であるべきかが示された。キリストは彼の純然たる意志によって自然の主であって、彼は人間がそこに根源的にあるべきであった自然とのかの魔術的な連関のうちにあった。

VII463

単に外的な統一をもたらそうとする試みとしての国家に、顕示に基礎づけられて、他の機関が対立する。それは内的な、すなわち心情の統一の産出を目指す機関、教会である。教会は顕示の必然的な帰結であり本来そのような顕示の承認に過ぎない。しかし、教会は内的世界と外的世界との間にかつて現れた分裂ののちには外的力とはなりえない。むしろ教会はかの分裂が存続するかぎり、外的なものの威力によってますます内へと駆り立てられるであろう。

教会の昔の位階的な時代に犯された誤謬は、教会が国家へ干渉したという誤謬ではなく、逆に教会自身があらゆる外的なものから純粋でありつづける代わりに、国家に進入を許し、自分を国家に開き、国家の諸形式を自己のうちへ受け入れたという誤謬であった。真なるものおよび神的なものは決して外的力によって支援されるべきではない。そして教会が異端者を迫害することを始めるや否や、教会はすでにその真の理念を失ってしまったのである。教会は寛容に、自己自らその天から由来する内容を意識して、無信仰者のなすがままにまかせるべきであったろう。敵をもったり、敵を認知する状況へ自己を置くべきではなかったであろう。

根本的にヨーロッパへのキリスト教の到来をもって始まるところのより新しい歴史を考察すると、人類は統一を見出す、あるいは産み出す次の二つの試みを経験しなければならなかったように見える。それはまず第一に、内的統一を教会によって産み出す試みであるが、それは教会が同時に外的な（統一）として自己主張をしようとしたがゆえに失敗しなければならなかった試みである。それから［第二に］外的統一を国家によって産み出す試みである。位階制の倒壊後初めて国家はこの意義を得たのであり、明らかなことは、政治的暴虐の重圧はわれわれがかの内的統一なしで済ますことができると考えるに比例してつねに増加してきたということ、そしてその重圧はますます増加し、ついには最高度に達し、そこではおそらくこの一面的な試みののちに人類は最後に本当のものを見出すに到るということである。

究極の目標が何であろうとも、次のことだけは確かである。すなわち、真の統一は宗教的道においてのみ達し得るものでありうるということ、人類における宗教的認識の最高にしてもっとも全面的な展開のみが、国家を不必要にし破棄

Ⅶ464

するのではなく、国家を働かせ、国家そのものが、自分がそれによって支配される盲目的力から次第に解放され、自分を英知へと変容させるようにすることができるであろうということである。教会が国家を、あるいは国家が教会を支配するということではなく、国家自身が自己のうちに宗教的原理を展開するということであり、あらゆる民族の大連合は一般的になった宗教的確信の基盤に依存するということである。

第五節　人間精神の三つのポテンツについて

しかし、地上における類の運命がいかなるものであろうとも、個にとっては、原初の人間が全地上に関してそれを行なったように、今や類に先行し、最高のものそれ自体をあらかじめ受け取ることが可能である。

このことによって、われわれは今や人間精神の考察へと導かれるが、それはその外的な運命と試みのうちにある人間精神ではなく、その内的な本質と、個のうちにも存する諸力とポテンツとから観られた人間精神である。

人間精神そのもののうちにもまた三つのポテンツ、あるいは三つの側面がある。第一の側面は人間精神がそれによって実在的世界へと向けられている側面である。その実在的世界からは人間は解放されえなかった。この実在的世界に観念的世界、すなわち人間精神の最高の変容の側面、そのもっとも純粋な精神性の側面が対立している。中間、すなわち第二のものは、人間精神がそれによって観念的世界と実在的世界との中間へ歩み入るものであり、かくして人間は自由によって育成されて、二つの世界の紐帯を自己のうちで回復したり、あるいは分離を継続したりするのである。

精神一般のこの三つの側面あるいはポテンツは、ドイツ語では心情（Gemüth）、精神（Geist）および魂（Seele）によって、適切に言い表わされている。しかし、この三つのもののそれぞれのうちに、また三つのポテンツがあり、それらはふたたび心情、精神および魂としてふるまうのである。

係のうちにある。

⑴心情について

心情は精神の闇の原理である（というのは、精神は同時に一般的表現であるからである）。この闇の原理によって、精神は実在的側面からは自然との関係にあり、観念的側面においては高次の世界との関係にあるが、それはただ闇の関係のうちにある。

人間的自然のもっとも暗いもの、そしてそれゆえにもっとも深いものは憧憬（Sehnsucht）であり、いわば心情の内的重力である。したがって［それは］その人間的自然のもっとも深い現われにおいて憂鬱（Schwermuth）である。これによって、とりわけ人間と自然との共感が媒介されている。また自然のもっとも深いものも憂鬱であり、自然も失われた善きものを嘆いており、またすべての生命には打ち消しがたいメランコリーが結びついている。というのは、生命は何か自分から独立したものを自己のもとにもっているからである（自己を超えるものは自己のもとへ下りて来る）。

心情の次のポテンツは心情のうちで精神に相当するポテンツ――それゆえ一般的に精神の性格に相当するポテンツである。精神とはその本性上存在するもの、自己自身から燃える炎である。しかし、存在するものとしての精神に存在が対立するのであるから、精神は本来、炎が素材を求めるのと同様に、存在への欲動に他ならない。したがって、精神のもっとも深い本質は欲動（Sucht）、渇望（Begierde）、願望（Lust）である。精神の概念をそのもっとも深い根において捉えようとする者は、とりわけ渇望の本質を正しく知らなければならない。渇望において初めて何かあるまったく自己から存在するものが現われる。渇望は何かある消しがたいものである。あらゆる渇望に関して無垢は一度だけ失われ得る。渇望は存在への飢渇であり、あらゆる充足は精神に新しい力を、すなわちなお激しい飢渇を与えるに過ぎない。そこにわれわれは精神の消しがたいものを初めて正しく見ることができる。人間が自己自身を存在から切り離し、存在への直接的影響をもはやもたなくなったのちには、それゆえ存在するものがいわばまったく単独で存在するところでは、この渇望が、すなわち存在への飢渇が、人間のうちでどんなに高く登り得るかということはたやすく考えることができる。

心情の第三のポテンツは感情（Gefühl）（有機的自然におけるような感受性、前述の刺激性）である。感情は心情の最高のものであり、人間が心情のうちにもつべき、そして人間が何にもまして評価すべきもっともすばらしいものである。心情は本来、人間がそれによって、そしてそれにおいてあらゆるものを造り上げるべき人間の実在的なものである。もっとも偉大な精神も心情がなければ不毛のままであり、何も生むことも、あるいは何も造り出すこともできない。――学を心情にのみ基礎づけようとする人々は、学を確かに最高のポテンツへ基礎づけるのではあるが、それはもっとも深い段階の最高のポテンツである。

⑵精神について

精神の第二のポテンツはわれわれが狭義の精神、すなわちエスプリ（l'esprit）と呼ぶものであり、――それは人間のうちの本来人格的なものであり、それゆえまた意識性の本来的ポテンツでもある。

精神の普遍的なものは、前述のものによるならば、精神が存在への渇望、欲動、飢渇であるということである。第一のポテンツにおいては、すなわちまだ人間の意識なきものであるところの心情においては、精神はなお単なる渇望や願望としてあるが、ここでは意識的渇望として、一言で言うならば意志としてある。したがって、意志は精神の本来最内奥のものである。

しかし、意志はふたたび二つの側面をもっている。すなわち、人間の個体性に関わる実在的側面、つまり我意（Eigenwille）と、普遍的な、すなわち観念的な側面である悟性とである。

こうして狭義の精神もまたふたたび三つのポテンツをもつ。ⓐ第一のものは我意のポテンツ、すなわち悟性なしには盲目であるようなエゴイズムのポテンツである（我意は存在しなければならない。我意はそれ自体では悪ではなく、それが支配的となるときにのみ悪である。あらゆる積極的な我意のない徳は功績のない（verdienstlos）徳である。したがって、善それ自身が悪を自己のうちに含むと言うことができる。善は、それが克服された悪を自己のうちにもたない場合には現実的で生きた善ではない。もっとも積極的で、しかも屈服させられた我意が最高のものである)。(b)この第一のポテンツに対立するのが最高のポテンツである。それはまさに悟性である。悟性と我意とがいっしょになって中間のポテンツ、(c)本来的意志が生じる。それは、それゆえここでふたたび無差別点において現われる。しかしこの関係ではなく、すなわち悟性と我意との間のその中間ではなく、第一ポテンツと第三のポテンツ、すなわち最深のポテンツと最高のポテンツとの間の中間が、本来その自由を形成する。したがって、われわれは自由の本質を充全に認識するためには、必然的に先ず第三のポテンツについて考察しなければならない。

なるほど、精神が人間において最高のものであるということが普通の考えである。しかし、精神はあくまでまったく最高のものではありえないということは、精神が病気になり、誤謬を犯し、罪あるいは悪をなしうるということから帰結する。病気、誤謬、悪は相対的に存在しないものが存在するものを凌駕することからつねに生じるのであるから、人間精神もふたたび高次のものとの関係において相対的に存在しないものであらねばならない。もしそうでないとしたら、実に真理と誤謬との間の区別はないであろう。その場合、ふたたび精神を超えた上級審（höhere Instanz）がないとしたら、いわばすべての人が正しく、そして誰も正しくないであろう。というのは、精神はその発言が同じではないがゆえに、最高の判定者ではありえないからである。――また誤謬は真理の単なる欠如（Privation）ではない。それは何かある最高に積極的なものである。誤謬は精神の欠如ではなく、逆立ちした精神（verkehrter Geist）である。したがって、誤謬は最高度に精神に富んでおり、それにもかかわらず誤謬でありうるのである。――同じように、悪も善の単なる欠如ではなく、内的調和の単なる否定ではない。そうではなく、積極的不調和である。悪はまた、極めて多くの人が今もなお考えているように、身体から出てくるのではない。身体は或る者はそこから蜜を、他の者は毒を吸う花である。精神が身体によってではなく、逆に身体が精神に感染される。悪は或る観点においてはもっとも純粋な精神的なもので

VII468

ある。というのは、悪はすべての存在に対して激しい戦闘を遂行し、それどころか悪は創造の根拠をも破棄しようとさえするからである。悪の神秘に多少なりとも精通している者は（というのは、われわれは悪を心では無視しなければならないが、頭では無視してはならないからである。）次のことを知っている。すなわち、それは最高の背徳はまさにもっとも精神的な背徳でもあること、その背徳においては結局すべての自然的なもの、それゆえ感性さえも、それどころか肉欲そのものが消失してしまうこと、この肉欲は残忍な行為に移行するということ、そして悪霊に憑かれた悪魔的な悪人は善人よりも享楽からは遥かに遠いということである。このように誤謬と邪悪の両者が精神的であり、精神から由来する場合、精神は最高のものであることは不可能でありうる。それゆえ、［以下の考察が続く］。

(3)魂について

この最高のもの、第三のポテンツは魂である。すでにわれわれは普通の言葉の使用において、精神の人と魂の人とを区別している。確かに精神豊かな人さえも魂を欠き得るのである。

魂は人間における本来神的なものであり、それゆえ非人格的なもの、本来存在するものであり、そのもとに人格的なものは存在しないものとして服しているべきものである。これに対する疑いには次のようなものがある。(a)魂の病気ということが語られている。しかしながら、このようなものは存在しない。ただ心情、あるいは精神のみが、――後にもっとはっきりと示すように――病気になりうるのである。(b)また通常の生活においてはたしかに人間について次のようにも言われる。すなわち、人間は悪しき魂、暗黒の魂、虚偽の魂をもつと。しかしながら、それは虚偽の徳について語るようなものである。これに対して、放蕩あるいは放埒な行為をする人間は魂をもって行為しているとは決して言うことはできない。それゆえ、暗黒の魂は魂とは呼ばれない（同じように、なるほど精神豊かな誤謬は存在するが、魂に満ちた誤謬は存在しない）。

このように魂は非人格的なものである。精神は知るが、魂は知らない。しかしながら、魂は学習(Wissenschaft)[48]である。精神はまた悪への可能性を自己のうちにもつがゆえに、善くありうるに過ぎない。すなわち、精神は善いことに関与しうる。それに対して魂は善くあるのではなく、善そのものである。

それゆえ心情から、しかもそれのもっとも深い憧憬から、魂に至るまで、とぎれることのない連続がある。心情と精神の健全さはこの連続が中断されないことに、いわば魂から心情の最深に至るまでとぎれることのない導きが生じることに基づいている。というのは、魂は人間がそれによって神との関係にあるところのものであり、この神との関係なしには、被造物、殊に人間は一瞬も現実に存在することはできないからである。したがってその導きが断たれるや否や、病気が生じる。しかも心情の病気が生じるのは、特に憧憬がいわば心情における魂を意味する感情を打ち負かす場合である。それゆえ、(1)感情による導きが断たれる場合には心情の病気が生じる。(2)悟性による導きが断たれる場合には愚鈍が生じる。この種の人間はしばしば大いに心情の力を、特に強力な我意をもっているが、その我意は悟性によって導かれていないがゆえに無害であり、本来享楽等々のみに向かう。(3)しかし、悟性と魂とのあいだの導きが断たれる場合にはもっとも恐ろしいもの、すなわち狂気が生じる。私は本来、狂気が生じるとは言うべきではなかったであろう。そうではなく、狂気は現われ出るのである。このことを説明するために、私は次のことを書き記しておこう。

人間の精神とは何であるか。答え。存在するものである。しかし、それは存在しないものから由来するものであり、それゆえ悟性なきものから由来する悟性である。それではその意味における人間精神の基礎は何であるか。いかなる意味においてわれわれはその基礎という言葉を考えているのか。答え。それは悟性なきものである。そして、人間精神はまた魂に対してふたたび相対的に存在しないものとして関係するのであるから、それは魂に対してふたたび悟性なきものとして関係するのである。それゆえ人間精神のもっとも深い本質は、人間精神が魂から、それゆえ神からの分離において観られる場合には(この点に注意せよ)、狂気である。それゆえ狂気は生じるのではなく、本来存在しないもの、すなわち悟性なきものであるところのものが顕在化する場合にのみ、つまりそれが存在者、存在するものであろうと欲する場合にのみ現われ出るのである。

悟性自身の基盤はそれゆえ狂気である。したがって狂気は必然的な要素ではあるが、それはただ現われるべきでなく、顕在化されるべきではない。われわれが悟性と呼ぶものは、それが現実的で生きた能動的な悟性である場合には、本来規制された（geregelt）狂気にほかならない。悟性はその対立物において、それゆえ悟性なきものにおいてのみ自己を表明し、現われることができる。自己のうちに狂気をもたない人間は空虚で不毛な悟性の人間である。それゆえに、「少しの狂気ももたない天才はいない（nullum magnum ingenium sine quadam dementia）」[49]という裏返された言葉があり、それゆえに、神的狂気についてプラトンや詩人が語っているのである。すなわち、この狂気が魂の影響に支配されている場合には、狂気は真に神的な狂気であり、霊感や創作（Wirksamkeit）一般の根拠なのである。――しかし、そもそも単なる悟性も、それがただ力強く生き生きとしている場合には、本来支配され抑制され秩序づけられた狂気に過ぎない。しかしながら、悟性もわれわれの本質の深みにまどろんでいる狂気をもはや押さえ切れない場合がある。そうしてまた激しい苦悩に際して悟性は慰めを与えることができないのである。それゆえこの場合、精神と心情とが魂の柔和な影響を受けない場合には、原初的な暗い本質が噴出し、悟性をも、魂との関係において存在しないものとして一掃してしまう。つまり、狂気が、意志が神との分離のうちにあることの恐るべき印として現われるのである。

それと似ているが、下位の諸力、すなわち悟性、意志、渇望、憧憬が単独でさらに意欲し、高次のものに服さない場合に、誤謬は生じる。

さて、本来的な人間的自由は、まさに、精神が一方では魂に服し、他方では心情を超えているという点にある。精神、すなわち意志が（というのは、意志は精神のなかでまた精神であるからである）上からの暗示（Eingebungen）、すなわち魂の暗示に従うか、あるいは下からの暗示、すなわち我意の暗示に従うかによって、すなわち精神が低次のものか、

VII471

あるいは高次のものを自分の原理にするかによって、精神は、また善く行為するか、あるいは悪しく行為するのである。意志がいわば自分自身の基盤に自己を据えようとすれば、意志は必然的に魂に疎遠となり、それによって善から遠ざかる。しかし、意志が魂に従う場合は、意志は我意から遠ざかり、それによって悪から遠ざかる。

絶対的に神的なものとしての魂は本来もはや自己のうちに段階をもたない。魂は人間の内なる天である。しかし、魂は下位のものとの様々の関係を受け入れることができ、そのことによって様々な表現をする能力がある。魂は、⑴下位の諸ポテンツの実在的なものへ、つまり憧憬および自我の力、あるいは我意に関係することができる。これが芸術や詩における場合である。憧憬と自我の力は本来芸術における道具である。ここではその両者はその完全な実在性においてまったく自由に現われるが、それらがそうであるべきように魂に服して現われる。一方に自我の力が、他方に深い憧憬がなければ、実在性を欠いた作品が生まれる。魂がなければあらゆる観念性を欠いた作品が生まれる。芸術における最高のものは、実際、観念的なものと実在的なものとの透入でもある（芸術作品はまったく観念的であり、しかも自然の作品と同じように実在的である――ここにはまた無邪気さがある）。

魂は、⑵感情と悟性とへ、すなわち二つの最初のポテンツのうちの二つの相対応するポテンツに関係することができる。これによって最高の意味における学が生じる。すなわち、直接的に魂によって息を吹きこまれる学――哲学が生じる。

さてここは理性の本質について語るべき場所でもある。

一般的には悟性と理性との間には対立が設けられる。これはまったく正しくない。悟性と理性とは同じものであり、ただ異なる仕方で見られたものにすぎない。また普通は、理性は悟性より高く置かれる。しかし、これもまた、ある意味においてのみ真である。悟性においては明らかに或るずっと能動的なもの、活動的なものがあり、理性においてはずっと或る受動的なもの、自己犠牲的なものがある。したがって、われわれが或る人について、彼は悟性的な人であると言うか、あるいは理性的な人であると言うかはまったく異なる事柄である。われわれが或る人について、彼は理性を多分

VII472

に示したと言う場合、そのことで考えられているのは、彼が能動的なものを示してきたということよりも、彼が高次の動機のもとへの服従を示したということである。それゆえ、理性の本質においては、或る犠牲的なもの、受動的なものが明らかに存するが、しかし他面では悟性と理性とは真にただ一つのものでのみありうるのであるから、われわれは次のように言わなければならないであろう。すなわち、理性は高次のもの、魂のもとに服した悟性に他ならないと。したがって、また真の学においては理性は現実的に受動的にふるまい、そして本来魂は活動的である。理性はただ真理を受け入れるものにすぎない。言いかえれば、理性は、魂によって吹き込まれたものがそこに記述される本である。しかし同時にまた真理の試金石でもある。理性が承認しないもの、理性が拒むもの、理性が自己のうちに記入させないもの、それらは魂によって吹き込まれたものではなく、人格性に由来するものである。理性はこの点で哲学にとって、純粋空間が幾何学者にとってあるところのものである。幾何学において偽りであるもの、つまり正しくない概念を空間は受け入れず拒絶する。例えば、大きな辺が小さな角に対してあるような三角形を拒絶する。

すべての産出には、暗い原理も属している。これは高次の存在者の創造がそこから引き出される素材である。哲学にとっては、この暗い原理は感情である。それゆえ、感情なしにはもちろん何ものも成就されないが、しかもその感情は最高のものではない。

かくして魂、理性および感情から真の哲学は成り立っており、そのことによってここで哲学はその固有の構成へと到達しているのである。

魂は、⑶意志と渇望とへ関係することができる。これらが完全に魂に服し、魂との永続的な関係にあるならば、そのことによって個々の善き行為ではなく、魂の道徳的体制、あるいは最高の意味における徳、すなわち剛毅（virtus）としての徳、意志の純粋性、卓越性および強さとしての徳が生じる。――魂を汝のうちで働かせなさい。あるいは聖なる人として徹底して行為しなさい。これが、私の意見では、そこで様々の道徳体系とエピクロス主義とストア主義の真実

VII473

が会合する最高の原理である。カントはかの原理について単に形式的な表現をしている。「魂にしたがって行為せよ」ということは人格的存在者としてではなく、まったく非人格的に行為せよということ、汝自身のうちの魂の影響を汝の人格性によって妨げるなということを意味している。また芸術や学についても、それらのあらゆる作品における最高のものは、まさに非人格的なものがそれらのうちで働くことによって生じる。われわれは芸術作品における最高のものを、例えば——本来はそれによって主観性に対立するものが言い表されているにすぎないが——客観性と呼ぶ。魂についての論文における私の弟の表現*を使うならば、この客観性に「真の芸術家はその作品において、英雄はその行為において、哲学者はその理念において」達する。そのような頂点に到達したところでは、時間的なものおよびあらゆる人間的主観性ははぎとられ、次のような作品が生じる。すなわち、それについて魂はそれらの作品を単独で人間の助力なしに完成したと言いうるような作品である。神的なものは神的なものによってのみ造られ、認識され、生ぜしめられるのである。

*『学としての医学の年報』、第2巻、第2冊、一九〇頁以下のカール・エーベルハルト・シェリングによる来世の魂の教説への諸原則。

ついに魂もまったく純粋に、あらゆる特別の関係なしに、そして完全に無制約的に働くことができる。この魂の無制約的な支配が宗教である。それは学としての宗教ではなく、心情と精神との内的で最高の至福としての宗教である。徳と学と芸術とはここではなお宗教と近しい。それどころか、それらは宗教と一つの根基をもっている（だからと言って、それらはひとつのものではないけれども）。

魂はA^3に相応するものであるが、A^3は魂が創造の紐帯、すなわち存在しないものと存在するもの、有限なものと無限なものとの同一であるかぎり、神的愛である。また、したがって魂の本質もまた愛であり、愛はまた、魂から生じるすべてのものの原理でもある。――愛の暖かい息吹が芸術作品に吹きつけ、それを輝かせねばならないということは一般的に承認されている。われわれはもっとも美しい諸作品について、それらは愛によって造られている、それどころか愛そのものがそれらを造ったと言うのである。――また最高のポテンツにある学もまた愛の作品であり、それゆえ当然哲学という美しい名、すなわち知恵の愛という名をもつのである。哲学者となるべく生まれた人間は自分のなかに神的愛が感じるのと同じ愛を感じる。それは排斥され排除された自然をこの排斥のなかに放置せず、それを霊的にふたたび神的なものへと変容させ、全宇宙を愛の一つの大きな作品へと融解させる愛である。

第六節　死と死後の状態

こうして、われわれは人間を人間がこの生において達し得る最高の頂点へと導いてきた。それゆえ、われわれに残っているのは来世における人間の運命についてなおなにかを言うことだけである。

今まで現われたすべてのものは本来第一のポテンツにのみ属していた。真の第二のポテンツは人間にとって死後初めて始まる。ところで、ここでもわれわれは生から始めるように取り扱う。つまり、われわれはまず人間の生の第一のポテンツから第二のポテンツへの移行について、それゆえ死について語る。

死の必然性は二つの絶対的に両立しない原理を前提する。その二つの原理の分開が死である。対立するものは両立しないものではない。自己矛盾するものが両立しないものである。例えば、存在するものと存在しないものとは両立しないのではない。というのは、存在しないものそのものが存在するものであろうと欲し、真に存在するものを存在しないものにしようとするような場合にはもちろん、それらが合して一つの全体を構成しているからである。これは善と悪との関係である。しかし善と悪との抗争はもちろん人間の罪によって、普遍的に、それゆえまた人間から独立して、人間の外で引き起こされている。人間がその身体によって関与する自然のなかのこの対立性は、精神がこの生においてはそ

VII474

の存在（Esse）において完全には現われえず、部分的に非―存在（non-Esse）において現われうることを必然的にする。すなわち、人間の精神は必然的にある決定されたものであり（それはもちろん多かれ少なかれ決定されている。何と言っても未決定性そのものがまた決定性である。すなわち、それは善を単に制約的な仕方でのみ欲することである。）――それゆえ、人間の精神は善か悪である。しかし、自然は決定されてはいない。それどころか自然の現在の形態はまさに善と悪との永続的な拮抗に基づいているように見える。もし善か悪かが自然から完全に取り去られるならば、自然はもはやまったく同じものではなく、むしろその諸特質を完全に失うであろう。自然の内的な抗争の起源が後のものではなく、また分裂が統一より後のものではないとすれば、もちろん自然は、この抗争によってずっと以前に瓦解してしまっていたであろう。自然は、今はなるほど分裂しているが、しかしいまもなお根源的統一によって結合されているのである。このように自然のうちには善と悪との混合があるのであるから、それに類した混合が、人間が自然と共有しているもの、あるいは人間がそれによって自然との関係にあるもののうちにもある。――すなわち、それは人間の身体と心情のうちにもある（したがって、悪はとりわけ人間の心情を殺そうとする。というのは、この心情のうちにはまだ善の残りがあるからである）。それゆえ、この理由から人間はこの生においては、そのあるがままに、すなわちその精神にしたがって完全には現われることができないのである。それで外的人間と内的人間、現象する人間と存在する人間の区別が生じる。存在する人間はその精神にしたがってあるような人間であり、これに対して現象する人間は、不随意的で不可避な対立によっておおわれているようにみえる。人間の内的な善は、人間に本性上属する悪によって隠されており、その内的悪は人間が本性上もっているところの不随意的な善によっておおわれ、和らげられている。しかし人間は、いちどはその真の存在へと到らなければならない。言いかえれば、相対的な非―存在から解放されなければならない。このことが生じるのは、人間が完全にその固有のA^2へ移し置かれ、それゆえなるほど自然の生命一般からは区別はされないが、しかしこの生命から分けられる場合にである。一言で言うと死によって、あるいは霊的世界への人間の移行によっ

VII475

てこのことは生じるのである。

しかし、ところで何が人間に霊的世界へと付き従って行くのか。答え。それはこの世界においてすでに彼自身であったところのものすべてであり、彼自身でなかったところのもののみが後に残るのである。それゆえ人間は単に言葉の狭い意味での精神によって霊的世界へと移行するのみならず、その身体において彼自身であったところのもの、その身体における精神的なもの、悪魔的なものであったところのものをもって移行するのである（したがって、次のことを承認することが極めて重要である。すなわち、⑴身体もそれ自体ですでに霊的原理を含んでいるということ、⑵身体が精神に影響を与えるのではなく、精神が身体に影響を与えるということである。善き人は身体に彼の精神の善によって影響を与え、悪しき人はその精神の悪をもって身体に影響を与える。身体はあらゆる種子を受け容れる大地であり、善と悪とがそのなかへ蒔かれうる大地である。それゆえ、人間が自分の身体において育てた善、ならびに人間がその身体のうちへ蒔いた悪が死において人間に付き従うのである）[50]。

したがって、死は精神の身体からの絶対的分離ではなく、精神に矛盾する身体の要素からの分離にすぎない。すなわち善の悪からの分離であり、悪の善からの分離である（したがって、後に残るものは身体とは呼ばれず、屍（Leichnam）と呼ばれる）。それゆえ、人間の単なる一部が不死ではなく、人間の全部分がその真の存在（Esse）に従えば不死であり、死は本質への復帰（reductio ad essentiam）である。死において後に残るものではなく、――というのは、これは残滓（caput mortuum）であるから、――そうではなく死において形成されるもの、単に精神的でもなく、単に身体的でもないもの、身体的なもののうちの精神的なものであり、精神的なもののうちの身体的なものであるもの、それを純粋に精神的なものと取り違えないように、われわれはそれを悪魔的なものと呼ぼうと思う。それゆえ人間の不死的なものは悪魔的なものである。それは身体的なものの否定ではなく、むしろ本質化された身体的なものである。この悪魔的なものはそれゆえ最高に現実的なものであり、それどころかこの生における人間よりずっと現実的である。それは、わ

VII476

れわれが自国語において（そしてここでは本来、民の声は神の声（vox populi vox Dei）があてはまるのであるが）この精神と呼んでいるものではなく、或る一つの精神と呼んでいるものである。例えば、或る人間に或る精神が現われたと言われる場合、そのもとに、まさにこの最高に現実的な本質化されたものが理解されるのである。

人間は死において絶対的な、あるいは神的A^2へではなく、自分固有のA^2へと移される。絶対的に存在するものとしての神的なA^2は必然的にまた絶対的な善であり、その限りにおいては唯一の神以外の誰も善ではない。神のほかに善であるのは、相対的に存在しないものとして存在するものに関与しているもののみである。しかし、存在するものに反しているもののうちには悪の精神がある。それゆえ善き人はその固有のA^2へと移されることによって、もちろんまた神的A^2へと移される。しかし、悪しき人はその固有のA^2へと移される場合、まさにそのゆえに神的なA^2によって排斥される。そのA^2へ悪しき人はこの世界ではまだ自然の媒介によって関与していたのであるが。すなわち、善き人は自然を超えて高められるが、悪しき人はなお自然の下へ沈むのである。

普通われわれは死後の状態にある人間を空気のような存在者としてか、あるいはまったく抽象的に、純粋で純一な思惟として表象する。しかし、死後の人間はむしろ、前述のように最高に現実的な、それどころかここよりもずっと力強く、それゆえまたより現実的な人間である。——証明。(a)すべての弱さは心情の分裂から生じる。弱さが完全に根絶され、善のみを自分のうちにもっているような人間が一人でもいるとしたら、彼は山をも移すことができるであろう。したがって、われわれは、すでにここで悪魔的なものを成就している人間が（悪においてはこの決定性が善におけるよりもひんぱんに達せられるのであるが）——何か抵抗しがたいものを自分のうちにもっていることをも知るのである。彼らはいわば彼らに対立するものすべてを魅惑する。それは、彼らに対立するものがまたなんら善ではなく、自分を示す勇気あるいは力をもたない悪である場合に特にそうである。というのは、考えられるどんな部門においても決然たる大家や巨匠が未熟な者や不器用な者を超えてことを運ぶであろうからである。(b)またまさにここで（この生において）ある偶然的なものが混和されているがゆえに、本質的なものは弱められる。したがって、精神がこの偶然的なものから解放されて、純粋な生命であり力であるならば、悪はなおずっと悪となり、善はなおずっと善となる。

内的状態の特質に関して言うならば、その内的状態は周知のように眠りと比較される。その場合、もちろん眠りということで外的なものの優勢による内的なものの消滅ということが理解される。しかし、むしろこの状態は眠っている覚醒および覚醒している眠りと考えるべきである。すなわち、それは千里眼（clairvoyance）と考えるべきである。そこでは諸器官によっては媒介されない諸対象との直接的交渉がある。――しかし、このことは悪しき人にも当てはまるであろうか。答え。存在するものが存在しないものを自分のうちにもつように、闇も自分の光をもつ。ところで千里眼の最高の対立物は狂気である。それゆえ狂気は地獄の状態である。――問い。記憶力はどんな状態にあるのであろうか。記憶力は単にあらゆる可能的なものに及ぶだけではないであろう。というのは、正しい人間はすでにここで、しかるべき時に忘れることができるために多くを与えるであろうからである。忘却、忘却の河（Lethe）が存在するであろう。しかし様々な働きをもってである。そこに達した善き人たちはすべての悪を忘却し、それゆえすべての苦悩や苦痛も忘れるであろう。これに対して悪しき人たちはすべての善を忘却するであろう。――ところで、もちろんまた記憶力はこの世界と同じようには存在しないであろう。というのは、ここではわれわれはまずすべてを内面的にしなければならないが[51]、それに対してそこではすでにすべてが内面的であるからである。それに加えて、記憶力という名称は極めてあいまいである。われわれは、その人たちと一つ心、一つ魂であった友や恋人について、彼らを憶えていると言う。彼らはわれわれのうちに変わらず生きている。彼らは心情のうちへ現われるのではなく、その心情のうちにいる。かの世界においても、記憶はこのような仕方であるであろう。

死によって肉体的なもの（本質的である限りのそれ）と精神的なものとが一つにされる。したがって、かの世界では肉体的なものと精神的なものとがいっしょに客観的なもの――基盤――となるだろう。しかし、魂は幸福な人においてのみ、主観的なものとして現われるであろうし、その魂の本来的な主体となる。そしてこのことは当然、その幸福な人々が神へと進み、神と合一するということをもたらす。不幸はまさに次のところに存する。すなわち、魂が精神の謀反のために、主体として現われることができないところに、それゆえ魂と神とから分離するところにである。

第七節　霊的世界の哲学について

つまり、人間はその固有のA^2へ移されることによって霊的世界へと移される。それゆえ、ここに霊的世界の構成は自分の場所を見出す。自然の哲学が存在するように霊的世界の哲学も存在する。これに関しては次の通りである。

最初に神が実在的なものと観念的なものとを分けたときすぐに、神は観念的なものをまた一つの固有な世界として立てなければならなかった。それゆえ、実在的なもののうちに実在的なものと観念的なものと両者の無差別とがあったように、観念的なもののうちでもそうであり、ただすべてが観念的なもののポテンツのもとにあるだけである。それゆえ、神の観念的なもののうちにふたたび自然に相当する何かがあり、ただそれ自身がまったく観念的であるにすぎないのである。観念的なもののうちの実在的なものとは、われわれがたったいま人間の場合に見たように、心情である。神のうちにも心情があり、この心情は神の精神的なものにおいてはふたたび実在的なものである。それは神のうちの霊、すなわち絶対的に存在するものに対して、またふたたび第一のポテンツのように、あるいは基盤、暗い原理のように関係する。それゆえ、神のうちの心情は霊的世界の素材である。それは本来実在的なものが、そこから自然的世界および人間が造り出されたところの素材であったと同様である。それゆえ、純粋な霊は神的心情から造り出されている。自然世界が存在するように、また人間から独立して、極めて確実に霊的世界が存在する。われわれはわれわれの心情を自然から受け取り、霊は神自身から受け取るのである。

このような仕方で、神の心情から造られた純粋な霊のうちにも（それは神のうちの霊、すなわち絶対的に存在するも

VII479

のからふたたび相対的に独立するものであるが）——つまり、純粋な霊のうちにも、相対的に存在しないものと存在するものとがあるがゆえに、その霊もまた自由であり、したがってまた善と悪とをなすことができる。ところで、人間、すなわち自然世界の最高の被造物によって、自然が霊的世界との繋がりを得るということが神の意図であったように、おそらくまた、霊的世界の最高の被造物によって、この霊的世界が自然との繋がりを得るということも神の意図であった。ところでまたこの被造物が背反すると、必然的に霊的世界において、眼に見える世界におけるのと同じ離反が現われ、同様に善の霊と悪の霊との分裂が現われたのである。疑いもなく霊的世界のかの最高の被造物、それは、人間が自然の側面から規定されていたように、他の側面から世界の主へと規定されていたのであるが、神なしに自分自身の力によってこの世界の主であろうとし、そして落下したのである。[52] 今や当然、この最高の造られた霊にとっての最高の関心は、この世界が現実に神から切り離された固有の世界となることを実現することでなければならなかった。というのは、その場合にのみその霊は世界を支配することを望むことができたからである。それゆえ、その霊の堕落が人間のそれに先行したということが認められるならば、その霊の悪意は人間に対して向けられねばならなかった。というのは、この人間のうちになお、自然と霊的世界とが調和しうるような唯一の可能性が存在したからであり、それゆえその霊が、自分が求めるような神から独立した固有な国を手に入れる可能性が存在したからである。ところで、堕落前の人間はまだ実際に霊的世界とのより近い関係のうちにあったから、かの高次の霊はまた実際に、今より直接的に人間への影響をもつことができた。というのも、普通あるような人間がいまや、悪魔に対してすら余りに悪いからである。悪しきものは混合したものである。純粋な悪はそれなりの仕方で、何かある純粋なものである。おそらく堕落のキリスト教的な説明はおおよそこのように作られたのであろう。

　さて、霊的世界のもともとの住民、すなわちそこで創造された住民については以上の通りである。ところで、しかし霊的世界もまた見方を変えると一つの世界、すなわち諸対象の一つの体系であり、しかもまったく自然のような体系で

VII480

ある。というのは、そもそも自然と霊的世界とは――ある粗野ではあるが事柄を明白にする例えを使うと――、彫刻の世界と詩の世界ほど異なっていない。詩の世界の諸形態は眼に見えるような形では現われず、各人においてそれ固有の活動によって再度産み出されなければならず、それゆえ内的にのみ明白なものである。霊的世界は神の詩であり、自然は神の彫刻である。人間において中間のもの、すなわち眼に見える劇が生じる。というのは、この劇は神の霊的創造を同時に現実に表現するからである。したがって歴史はもっとも善く偉大な悲劇としてみることができる。その悲劇はこの世界の悲しみの舞台で演じられる。そのために世界は単なる舞台を与えるのみである。しかし、行為する者、すなわちそこで演じられる人物はまったく他の世界から出て来ている。かの世界のうちにこの世界にあるすべては存在するが、それは詩的な、すなわち霊的な仕方でのみ存在する。そして、それゆえそこではそれはずっと完全に、また霊的な仕方で伝えられうるのである（霊はまったく形相（Gesicht）であり、まったく感情である）。そこには原像があり、ここには似姿があるのである。

自然と霊的世界との直接的結合はなるほど人間によって妨げられてはいるが、それゆえにそれらは一つの世界であることを止めず、互いに少なくとも遠くから関係することを止めない。両者のあいだには、やはりなお或る種の共鳴が残っている。それはちょうど、異なる楽器の弦のあいだで、一方で音がかき鳴らされると、他方の呼応する弦が共鳴するようなものである。それゆえ、霊的世界と自然とのこの関係は常に持続している。それは宇宙そのものの本質のうちに根拠づけられており、解消できないものであった。そして、霊的世界全体が自然と必然的な調和的一致（consensus harmonicus）によって結びつけられているように、霊的世界と自然の世界との個々の諸対象もそのように結びつけられている。かくして霊的世界のなかにも同様に、世界の諸集団に相応する諸集団が存在しなければならない。ただ、そこ［霊的世界］では徹底して等しいものが等しいものへと到るのに対し、ここ［自然の世界］では混合されたものが一緒にある。それゆえ、もっとも多く混合から成り立っている国民、すなわち悪か善かをもっとも多く自己から排除してきた

Ⅶ481

国民、したがってもっとも敬虔で有徳であるか、あるいはもっとも放埒で悪徳をもった国民が、もっとも悪魔的であるがゆえに、もっとも多くの力をもっている。まだ自由と無垢と道徳の純粋さと貧しさ、すなわちまさにこの世界の事物からの分離が宿っている諸民族は、天と善なる霊的世界との関係のうちにある。これと反対のものが宿る民族は地獄との関係のうちにある。

同じように個々の人間はそれぞれ、善あるいは悪がその人間のうちで高次の純粋性へと達していることに応じて、善き霊的世界かあるいは悪しき霊的世界との関係に立つ。人間はその類の継続的生命過程によって、霊的世界一般を交互に感受したり感受しなかったりする。自己のうちで善を純粋に悪から分けている人間は、疑いもなく善き霊と関係することができるであろう。その善き霊はただ混合のみを恐れ、聖書がかつて言っているように、外的自然の神秘をのぞき見ることを絶えず熱望する。――そこでは本来最大の秘密、すなわち神の完全な受肉が準備される。そこから今もなおまさに始まりが生じているのである。同じように自己のうちの悪を自己のうちのすべての善から純粋に分けているような者は、悪しき霊との関係にあるであろう。どうしてわれわれがそのような関係をこれまで疑い得たかということは理解できない。われわれは絶えざる霊感のもとに生きている。自分に注意をはらう者はそのことを見いだす。特にひどい堕落においても人間にはこの霊感は決して欠けない。人間がその霊感をもたない場合には、それは彼自身の罪である。人間は決して完全には見捨てられない。各人が経験するところの多くの悲しみにおいて、彼は自分が見えざる友をもつことを確信できる。それは多くのことをなし、また多くのことを耐えることを可能にする英雄的信仰である。

第八節　万物の究極的展開

すべての人間が霊的世界への関係をもっているように、自然のすべての物もその善き側面によって天への関係をもち、その悪しき側面によって霊的世界の他の側面への関係をもっている。したがって、人間は、まさに自然との関わりにおいて、しかし特に他の人間との関わりにおいては注意を払わなければならない（古代哲学者の養生訓）。霊的世界はただ混合のために今の世界へ入ってくることができない。しかし、われわれが或る事物において例えば善を完全に覆い隠し、追い出し、あるいは圧倒しうるとするならば、悪しき霊はそこに入り込み、働くことができるであろう。これが黒魔術と妖術の根拠である―霊的世界については以上で充分かもしれない。おそらくすでに充分すぎるくらいであろう。

ところでやはり、霊的世界と自然とは最後には結合されねばならず、本来永遠で絶対的生命の高次のポテンツがまだ現われねばならない。これに対する諸根拠は以下のようなものである。⑴最高の霊的至福はやはりまだ絶対的至福ではない。われわれはわれわれ自身ではない或るものを――神がその或るものをもつのと同じように――もつことを望む。それは鏡において見るように、そこでわれわれを見るためである。⑵自然は罪なく今の状態に服しており（パウロの立場）、自然は結合を憧れる。⑶かくしてまた神も自然を憧れる。神は自然を永遠に廃墟のままにしてはおかないであろう。⑷現実にすべてのポテンツは一つにされねばならない。今までは二つの時代があったにすぎない。すなわち、［その一つは］ⓐ現在の時代［である］。そこでは、もちろんすべてのポテンツがあるが、それらは実在的なものに服している。［もう一つは］ⓑ霊的生［である］。そこでも、すべてのポテンツがあるが、それらは観念的なものに服している。それゆえ、第三の時代があるであろう。ⓒそこでは、すべてのポテンツが絶対的同一に服している。――それゆえ、霊的なものあるいは観念的なものは、肉体的なものおよび実在的なものを排除しないのである。そこでは、両者は一致して、そして等価のものとして、高次のものに服している。しかし、この回復は同じ分開が自然のなかで生じる以前には不可能である。しかし、この自然のなかでは、それはより緩慢に達せられる。というのは、自然はずっと深い生命力をもっているからである。ここでは人間は、自然が最初は人間の犠牲であったように、自然の犠牲である。人間はその完全な現存在によって自然の現存在を持たねばならない。最後にはもちろん、永い病がそれによって決着をみるところの自然の危機（Krisis）[53]が現われねばならない。すべての危機は排除に伴われている。この危機は自然の最後の危機であり、したがっ

VII483

て「最後の審判」である。すべての危機は自然的なものにおいても審判である。真の錬金術的過程によって善は悪から分けられ、悪は善から完全に排除されるであろう。しかし、この危機からまったく健全で純一で純粋で無垢な自然が現われるであろう。この純粋な自然へは真に存在するもの以外のものは入っていかないであろう。それはその正しい関係においてのみ存在するものでありうるものである。それゆえ、自然は偽りの仕方で存在するもの、そして存在しないものから解放されるであろう。これに対して今や、存在しないもの、つまり自己を自然のなかで存在するものへ高め、基盤としての自然に自己を従属させたもの、この存在しないもの、言いかえれば悪は、自然のもとにある最深の深みへと移される。そして、この自然がすでに和らげられた神的エゴイズムであるので、かの存在しないものはそれを神的エゴイズムの焼き尽くす火へ、すなわち地獄へ沈むのである。それゆえ、この最後の破局によって地獄は自然の基盤となるであろう。それはちょうど、自然が天すなわち神的現在の基盤、ないし基礎であるのと同じである。悪はその場合もはや神と宇宙とに関しては存在していない。それはただ自己自身のうちにのみなお存在している。悪は今、それが欲していたもの、すなわち完全な自己内存在、つまり普遍的世界、神的世界からの分離をもっている。悪は自己自身のエゴイズムの苦悶に、すなわち我欲の飢渇に引き渡されている。

自然のうちの分開によって、その諸元素の各々は霊的世界へのもっとも近いもっとも直接的な関係を確保する。それゆえ、そこから死者が復活する。霊的世界は現実的世界へ歩み入る。悪しき霊はその身体をまた悪の元素から受け取り、善き人々は善の元素から――かの第五の元素、すなわち神的質料から――身体を確保する。

創造の究極目的が今や満たされている。(a)神は眼に見える身体として実現されており、それゆえ、$\frac{A^3}{A^2=(A=B)}$ である。(b)最低のものが最上のものへ到達している（循環）――初まりに終わりがある。――ただ、以前は包み込まれていたすべてが今は顕わとなっているだけである。(c)特に人間性の秘密。人間のうちでは二つの最極端が結合されている。それゆえ、人間は神の前では天使より高く評価される。人間は最低のものと最高のものとから成り立っている。すでに

VII484

人となった神によって神化されていた人間性が、今普遍的に神化され、人間によって、そして人間とともに自然も神化される。

われわれは、もし首尾一貫した形で考えようとするならば、第三の時代においてもふたたび諸時代や諸ポテンツを認めねばならない。しかし、これらの諸時代あるいは諸ポテンツは、（不充分な比喩を使うならば）望遠鏡によってはもはや解き明かせないようなもっとも遠い星雲がわれわれの肉体の視界の外にあると同じほど、われわれの霊的視界の遥か外にある。それゆえ、ここにもなお諸時代があるとするならば、それらは継起的な支配のうちへ置かれるべきである。すなわち、(a)人となった神の支配（おそらく、まだ分裂のない自然の世界と霊的世界の特別の支配でもある）。［それから］(b)霊の支配［があり］、(c)最後に、すべては父に引き渡される。おそらく、これは地獄がもはや存在しない時である。そして、それゆえこの永遠の時代に悪の返却も属する。そのことをわれわれは信じなければならない。罪は永遠ではなく、それゆえまたその結果も永遠ではない。

この最後の時代の最後の時代はまったく完全な実現の時代——それゆえ、神が完全に人となる時代である。そこでは無限なるものがその無限性を毀損することなしに完全に有限となっている。

そのとき、神は現実に一切における一切であり、汎神論が真である。

訳注

哲学と宗教

（1）エッシェンマイアーの著作『非哲学への移行における哲学』（Die Philosophie in ihrem Übergange zur Nichtphilosophie, 1803）のこと（後出二一頁以下参照）。Karl August Eschenmayer（1768-1852）は、のちにテュービンゲン大学の哲学および医学の教授となった人。若い頃イエーナでシェリングのもとに学び、その自然哲学に大きな影響を受けたが、のちにヤコービの信仰哲学の立場に近づき、理性的知を超えてこれを信仰によって補完するという「非哲学への移行」を主張した。

（2）ギリシアのデオニュソス（バッカス）の祭礼で、信者たちが携えた杖。この杖を振りかざして踊りまわり、その熱狂のうちにバッカス神の神来を受けると考えられた。

（3）一つの支配的な体系とは、デカルト哲学のことを指すと考えられる。

（4）のちにフィヒテは『浄福なる生への指針』（Die Anweisung zum seligen Leben, 1806）という著作を著わした。

（5）スピノザ『エティカ』第五部、定理三〇。ラテン語による引用であり、それを以下に掲げる。

Mens nostra, quatenus se sub aeternitatis specie cognoscit, eatenus Dei cognitionem necessario habet, scitque se in Deo esse et per Deum concipi.

（6）シェリングがイエーナで出した『思弁的自然学雑誌』（Zeitschrift für spekulative Physik, 1801-2）、および『思弁的自然学新雑誌』（Neue Zeitschrift für spekulative Physik, 1802）を指す。

（7）『ブルーノ』、全集第四巻二五七頁。

（8）理的（ideell）とは、実的（reell）に対して言われるもので、絶対者から生ずるものの現実性が、なお理念として絶対者のうちにある限りのあり方を言う。

（9）前出、二一頁参照。

（10）ここから以下、先の第一の問題（二一頁）の解明に入る。

（11）絶対者がその産出において、実在的なもののうちで真に客観的となったと言えるには、実在的なものに絶対者の産出力が分与されているのでなければならない。第二の産出とは、この産出力によって理念がなす産出であるが、それは絶対者のなす第一の産出のうちにいわば含まれているのであり、従って両者は一つの産出と見られる。

（12）放散（Effulguration）とは、もともと光などが放射・散乱することを示す言葉と思われる。ここでは、流出論における神性からの発出が、光の放散として比喩的に語られている。なお、ライプニッツの『モナドロジー』でも、モナドの生成（創造）を説明するのに Fulguration という語が使われている（『モナドロジー』四七節）。

（13）前出。二一頁参照。

（14）パルシー教（ゾロアスター教）では、最高神アフラ・マズダ（光と善の原理）と悪神アーリマン（暗黒と悪の原理）との、一種の二元論が考えられた。

（15）シェリングの自然哲学における、自然の根本原理の一つとしての重力を指しているものと思われる。

（16）ギリシア神話における大地と豊穣の女神デメーテルは、その娘ペルセポネを冥界の王ハーデスに略奪された。彼女は娘を捜すため天界を離れ、冥界に赴く途次エレウシスに来たり、密儀を教えたとされる。それによれば、ペルセポネはいわば穀物の種として地下に播かれたが、やがて春とともに芽生えて地上に現われる。このようなペルセポネの略奪（冥界への降下）、デメーテルによる探索、そして最後の悦ばしい発見を象徴的に現わす秘儀がエレウシスにおいて行われた。

（17）プラトン『ティマイオス』29E。

（18）「神話哲学入門」（全集第十一巻四六五頁）参照〔編者注〕。

（19）理念における二つの統一は、本来一つの統一、つまり絶対的な一であるが、堕落において差別に陥り、二となる。理念の統一はこの二をさらに統一せんとして、自らは実体となり、先の二を属性として実体に従属させる。理念はこのような産出において、一つの実体と二つの属性からの、一つの三となる。

（20）スピノザ『エティカ』、第二部、定理二。そこでは「延長は神の属性である。あるいは神は延長するものである」と言われている。

（21）ギリシア語の τέλος という言葉が、終わり、生の終わり、つまり死という意味と、また宗教的密儀への加入あるいは供犠、従って聖祓という意味（とくに複数形で用いられて）を含むことを指していると思われる。

人間的自由の本質とそれに関連する諸対象についての哲学的探究

（1）解説にも記したように、本論文は一八〇九年に出版された『シェリング哲学著作集（F. W. J. Schelling's philosophische Schriften）』第一巻に、既発表の四編の論文とあわせて発表されたものである。これら五篇の論文に先立って「序文」が置かれているが、そこでシェリングはこの五つの論文についてそれぞれ簡単なコメントを記している。この「序文」のうち、本論文に関わる部分のみを以下に訳出した。

（2）「本巻」は訳注（1）で記した『シェリング哲学著作集』第一巻を指す。

（3）シェリングのいわゆる「同一哲学」によってこの対立の根が引き抜かれたということであろう。

（4）『思弁的自然学雑誌』第二巻第二冊に発表された「私の哲学体系の叙述（Darstellung meines Systems der Philosophie）」（一八〇一年）を指す。

（5）「私の哲学体系の叙述」の最後に付された注を参照。『シェリング全集（Sämmtliche Werke）』第四巻二一二頁。

（6）本巻三〜七〇頁。

（7）『哲学と宗教』の「緒言」でも、シェリング哲学への反対者や信奉者に対する批判の言葉が記されている。本巻七〜八頁参照。

（8）フィヒテ『全知識学の基礎（Grundlage der gesammten Wissenschaftslehre）』、『フィヒテ全集』（Hrsg. von I. H. Fichte）、第一巻一二二頁参照。

（9）フィヒテの「道徳的世界秩序」の概念については、フィヒテが無神論論争の際にフォルベルクの論文「宗教の概念の発展（Entwickelung des Begriffs der Religion）」に付して発表した「神の世界統治に対するわれわれの信仰の根拠について（Über den Grund unseres Glaubens an eine göttliche Weltregierung）」（一七九八年）を参照。

（10）ヤコービの主張を指すと考えられる。ヤコービ『スピノザの教説について（Über die Lehre des Spinoza, in Briefen an den Herrn Moses Mendelssohn）』、『ヤコービ著作集』（Hrsg. v. F. Roth und F. Köppen）第四巻第一冊、二二三頁参照。

（11）『批判版フリードリヒ・シュレーゲル全集（Kritische Friedrich-Schlegel-Ausgabe）』第八巻、二四三頁。

（12）「使徒行伝」一七・二八参照。

（13）スピノザ『エティカ』第一部、定義三参照。

（14）スピノザ『エティカ』第一部、定義五参照。

（15）シェリングの「同一哲学」を指すと考えられる。

（16）ヘーゲル『精神現象学』における同一性命題と思弁的命題への言及の影響が考えられる。『ヘーゲル著作集』（Hrsg. v. E. Moldenhauer und K. Michel）第三巻、五九頁参照。

（17）ラインホルト『十九世紀初頭における哲学の状況を概観するための諸論考（Beiträge zur leichten Übersicht des Zustandes der Philosophie beim Anfange des 19. Jahrhunderts）』（一八〇一―一八〇六年）を参照。

（18）ヴィソヴァティウス（Andreas Wissowatius, 1608–1678）は十七世紀にポーランドで一派をなしたソチニ主義を代表する思想家。三位一体説に反対したことで知られる。

（19）ラインホルトの『十九世紀初頭における哲学の状況を概観するための諸論考』に依拠して書かれた文章であろう。

（20）チルンハウゼン（Ehrenfried Tschirnhausen, 1651–1708）の著書『精神の医学（Medicina mentis）』（一六八七年）に由来する言葉。バルディーリもその著書『第一論理学綱要（Grundriß der Ersten Logik）』（一八〇〇年）のなかで用いた。

（21）スピノザ『エティカ』第一部、定理二五系参照。

（22）ヤコービ『スピノザの教説について』、『ヤコービ著作集』第四巻第一冊、六三頁以下を念頭に置いた記述であると考えられる。

（23）スピノザ『エティカ』第二部、定理一一の証明および系参照。

（24）本書一二三頁、および訳注（104）参照。

（25）ライプニッツ「新しく見いだされた論理学による三位一体の弁護（Defensio Trinitatis per nova reperta logica）」、『哲学論集（Die philosophischen Schriften）』（Hrsg. v. C. I. Gerhardt）、第四巻一二四頁。

（26）マタイ福音書第二十二章三二、マルコ福音書第十二章二七、ルカ福音書第二十章三八など参照。

（27）旧約聖書創世記第一章を踏まえた表現。

（28）『哲学と宗教』本書三〇頁参照。

（29）「形式的な自由」に関しては以下の【八】節、【二三】節を参照。【八】節では、観念論によって自由の「形式的」な概念は示されたが、その「実在的」な概念は明らかにされていないこと、それが「高次の哲学」、「高次の実在論」の課題であることが言われている。

（30）ヤコービ『スピノザの教説について』、『ヤコービ著作集』第四巻第一冊、五六頁以下、および「人間的自由の本質とそれに関連する諸対象についての哲学的探究」【二】節原注参照。

（31）情感主義（Empfindsamkeit）の思潮のなかで「頭と心の分裂」ということがしばしば問題にされた。

（32）『批判版フリードリヒ・シュレーゲル全集（Kritische Friedrich-Schlegel-Ausgabe）』第八巻、七〇頁以下。

（33）スピノザ『エティカ』第一部、定理三二など参照。

（34）たとえばシェリング「力動過程の一般的演繹（Allgemeine Deduktion des dynamischen Prozesses）」（一七九九年）で次のように言われている。「自然学にとっての力動的なものは、まさに、哲学にとっての超越論的なものである。……すべての力動的な運動は、その究極の根拠を自然の主体そのもののうちに、つまり諸力のうちにもっている。この諸力の単なる骨組みが、われわれの目にする世界である」。『シェリング全集（Sämmtliche Werke）』第四巻、七五―七六頁。

（35）ギリシア神話に登場するキプロス島の王。自ら作った象牙の女人像に恋し、それに魂を吹き込むようアフロディテに懇願したという。

（36）たとえば『私の哲学体系の叙述』（本〈新装版〉著作集第3巻一一頁以下）参照。

（37）「力動過程の一般的演繹」、『シェリング全集』第四巻、七七頁参照。

（38）原語は verklären である。この言葉はマタイ福音書第十七章の「イエスはペテロ、ヤコブ、ヤコブの兄弟ヨハネだけを連れて、高い山に登られた。ところが、彼らの目の前でイエスの姿が変わり、その顔は日のように輝き、その衣は光のように白くなった」という文章が示すように、キリスト教的な背景をもった言葉である。

（39）プロチノス『エネアデス』第六、第八章第一三節の「彼〔第一者〕が意志し、活動するままに、彼の有性（本質、あり方）はある」（水地宗明訳）といった表現をふまえたものであろうか。

（40）シュレーゲル『インド人たちの言語と知恵について』、『批判版フリードリヒ・シュレーゲル全集』第八巻、二二九頁参照。

（41）『私の哲学体系の叙述』、『シェリング全集』第四巻、一〇九頁参照。

（42）『哲学の原理としての自我について』（一七九五年）に「あらゆる哲学の始まりにして終わり――それは自由である」という表現が見える。『シェリング全集』第一巻一七七頁。

（43）カント『純粋理性批判』第一版五五一頁以下、第二版五七九頁以下参照。

（44）カント『実践理性批判』第一版一六九頁以下参照。

（45）シュレーゲル『インド人たちの言語と知恵について』、『批判版フリードリヒ・シュレーゲル全集』第八巻、二二九頁以下参照。

（46）プロチノスの流出説、たとえば「万有は源ではなく、源からでてきたものであるが、その源はもはや万有でもなければ、その万有のいずれか一つのものでもない」（『エネアデス』第三、第八巻第九節、田之頭安彦訳）などの個所が念頭に置かれていたであろうか。

（47）シュレーゲル『インド人たちの言語と知恵について』、『批判版フリードリヒ・シュレーゲル全集』第八巻、一九九頁以下参照。

（48）第七節の誤記と考えられる。

（49）スピノザの哲学を指す。

（50）フィヒテの知識学を指す。

（51）「純粋な顕現（actus purus）」は、アリストテレスのエンテレケイア（ἐντελέχεια）に対応する概念であるが、トマス・アクィナス『神学大全』第一部第三問題第二項などで用いられている。Actus purissimus という表現は、エティンガー（Friedrich Christoph von Oetinger）が『聖書とエンブレムの辞書』など彼の著作のなかでしばしば用いている。

(52) 訳注（9）を参照。

(53) ドゥンス・スコトゥスなどが神の「自己自身によってある」という性質を言い表すために用いた aseitas という概念に由来する言葉。

(54) フリジア（プリュギア）地方で信仰されていた大地の女神キュベレ（Kybele）のこと。

(55) とくにヤーコプ・ベーメのことが念頭に置かれていたと考えられる。

(56) 観察を通して自然の本質を明らかにするという意味と、思弁によって自然の本質を明らかにするという意味を指すのであろうか。

(57) シェリング自身の自然哲学を指す。

(58)『私の哲学体系の叙述』、『シェリング全集』第四巻、一四六、一六三、二〇三頁。さらに「哲学体系詳論」、『シェリング全集』第四巻、四五六頁など参照。

(59) ヤーコプ・ベーメは『汎智学の神秘（Mysterium pansophicum）』において、「無底」（Ungrund）を「欲動（Sucht）」と、それを母胎として生みだされる「意志」との関わりとして説明しているが、両者について、「永遠なる意志霊（Willengeist）を神として認識し、また欲動の躍動する生命を自然として認識する」（第三のテクスト）と語っている。神の実存の根拠としての「神のうちの自然」という考えは、このようなドイツ神秘主義の思想を受けついだものと考えられる。

(60)『シェリング全集』第四巻、一六三頁。

(61)『シェリング全集』第四巻、一四六頁。

(62)『シェリング全集』第四巻、二〇三―四頁。

(63) ヤーコプ・ベーメは『汎智学の神秘』のなかで、先の訳注（59）で挙げた個所に引きつづいて、「永遠なる意志霊（神）」と「欲動の躍動する生命（自然）」について、「それらより先なるものはなく、両者は始元をもたず、またそれぞれ一方は他方の原因であり、永遠の紐帯である」というように述べている。

(64)【四二】節以下を参照。

(65)【九】節［3］を参照。

(66) ヤーコプ・ベーメ『汎智学の神秘』の「無底は、永遠の無である。しかしそれは、一つの欲動として永遠の始元をなす。その無は、あるものに向かう欲動であるのである」（第一のテクスト）という表現や、『神智学の六つのポイント（Sex puncta theosophica）』の「光は渇望的であり、憧れ求める欲動の母胎をもっている。この母胎は渇望において光の力を、そして光の柔和さを懐胎する」（第三のポイント）という表現を参照。

(67) ヤーコプ・ベーメ『汎智学の神秘』の「欲動は意志の原因であるが、しかし認識も悟性ももたない」（第二のテクスト）という表現を参照。

(68) 次の【一五】節で「同時に人間のなかにある高次のものが、

すなわち精神が立ち現われる」と言われており、この「高次のもの」とは「精神」を指すと考えられる。

(69) ホラティウス『詩論(De arte poetica)』(紀元前九年)に見える表現。この表現はその後、「大山鳴動して鼠一匹」という意味のことわざとして用いられたが、ここでは光(自我)から夜(自然)を導きだそうとしたフィヒテの試みなどを言い表すために用いられたと考えられる。

(70) ヨハネ福音書の「一粒の麦は地に落ちて死なければ、一粒のままである。しかしもし死ねば、豊かに実を結ぶ」(一二・二四)という言葉を踏まえた表現。

(71) プラトン『ティマイオス』五一A—Bなど参照。

(72) ベーメ『神智学の六つのポイント』に次のような記述がある。「本性を欠いた意志は沈黙し、本質をもたないが、本性のうちにあるときは、意志は、一つの本質であり、本性に従った形像をもつ。つまり、意志は本性に従って形像化される。……第一の意志は無底であり、永遠の無とみなされる。そしてわれわれはこの無底を、一者が自己自身の形像をそのなかに見る鏡に似たものとして認識する」(第一のポイント)。

(73) ヨハネ福音書冒頭の「はじめに言葉があった。……この言葉は最初に神とともにあった。すべてのものはこれによってできた」という表現が踏まえられている。ベーメ『恩寵の選び(Von der Gnadenwahl, oder de electione gratiae)』第二章第一一節を参照。

(74) ベーメ『汎智学の神秘』に次のような記述がある。「意志はいまや懐胎しており、出産は自己のうちで生じ、自己自身のうちに住まう。……この懐胎はいかなる本質をももたないが故に、それは霊の言葉として、声ないし響きである。そして霊の根源態のうちに留まっている。……しかしこの言葉のうちには意志があり、それはそこで本質へと向かおうとする」(第四のテクスト)。

(75)【四一】節、【四四】節などを参照。

(76) ベーメ『恩寵の選び』に次のような記述がある。「自然は静かな永遠性の道具である。永遠性はこの道具によって形づくり、形成し、分開し、そして自然のうちでそれ自身を一つの歓びのなかに捉える」(第二章一七節)。

(77) ベーメ『恩寵の選び』に次のような記述がある。「唯一なる意志の知欲(Scientz)が外に現れることによって、意志が特殊なものへと分開するならば、被造物は、形づくられた言葉の像として本源的に生起するであろう」(第三章四〇節)。

(78) ヨハネ福音書の「光は闇のなかに輝いている」(一・五)を参照。またベーメ『神智学の六つのポイント』に次のような記述がある。「父と呼ばれる意志は、自己のうちに自由をもつ。そして自然のなかで自己を産む。それ故、意志は自然を左右する力をもち、自然に対して全能となる。意志の自然の驚愕は、火の点火者である。なぜなら、まったく真剣で厳格な本質である暗い不安が、自己のうちに自由を得るとき、その不安は驚愕のうちで、そして自由のうちで一つの閃光に変わり、その閃光は自由を柔和さとして捉える」(第一のポイント第一章)。

(79) ベーメ『神秘学の六つのポイント(Sex puncta mystica)』に次のような記述がある。「魔術(Magia)は、それ自体において、意志以外の何ものでもない。……しかしこの意志は、渇望する飢渇の想像力(Imagination)を通して、自らを実在の中へと導いていく。魔術は、自然の根源態である。魔術の渇望は、構想作用(Einbildung)を営む。この構想作用は渇望の意志にすぎない」(第五のポイント)。

(80) ベーメ『恩寵の選び』に次のような記述がある。「言葉へと向かう諸力は神である。……この諸力は、この牽引の渇望がなければ顕わとはならないであろう。この渇望の牽引がなければ、歓びと栄光への現実的な力のうちにある神の尊厳も顕わとはならないであろう。また渇望が収縮して影をつくらなければ、神的な力のうちにいかなる光も生まれないであろう」(第二章一四節)。

(81) ベーメ『恩寵の選び』第三章を参照。

(82)「中心(Centrum)」という概念については、ベーメ『神智学の六つのポイント』「第一のポイント」第一章、「第三のポイント」を参照。

(83)「我意」についてはベーメ『キリストへの道(Christosophia oder der Weg zu Christo)』の「第五の書」、「第六の書」などを参照。

(84) ベーメ『恩寵の選び』に次のような記述がある。「永遠の無始なる根底から由来する諸事物についても、次のように考えられねばならない。すなわち、永遠の根底から生じてきたものは、いずれのものも、それ自身の自己性のうちにあるものであり、また固有の意志であって、それを打ち砕きうるようなものを何ももたない」(第二章五節)。

(85) この後すぐ言われるように、精神が愛の精神であるときには、光と闇の二つの原理のあいだに神的な関係が成り立っており、両者は解き離しがたく結びついている。

(86)「周辺」については、一一七頁の原注で引用されているフランツ・フォン・バーダーの論文を参照。

(87) シェリングは「実存するものとしての神」のうちに、「実存への根底」を考えるが、同時にそれを「根底に先行するもの(Prius)」として、言いかえれば、自己自身の原因であるものとして考えている。それを踏まえた表現であろうか。さらに訳注(63)で引用したベーメ『汎智学の神秘』からの引用を参照されたい。

(88)「刺激反応性(Irritabilität)」はシェリング自然哲学の重要な概念の一つである。たとえば『力動過程の一般的演繹』のなかで次のように言われている。「有機的な世界においては、自然は、感受性、刺激反応性、形成衝動という三つの機能をつねに繰り返す。諸産物の相違はすべて、この三つの機能の比の変化からのみ生まれる」(『シェリング全集』第四巻、七五頁)。

(89)「根源生命力(Archäus)」はパラケルススがその医学書『ヴォルーメン・パラミールム(Volumen paramirum)』

（一五二五年）などで用いた概念。

（90）「気象的（meteorisch）」という言葉は、次の「存在と非存在とのあいだの動揺」という言葉からも読み取れるように、気候現象が対立するもの（例えば寒気と暖気）の力関係で一時的に成立する現象である、という理解を踏まえて使われている。

（91）バーダー（Franz Xaver von Baader, 1765-1841）はドイツの哲学者。シェリングは一八〇六年にミュンヘンに移った後、バーダーと知り合い、その神秘主義的な自然思想から強い影響を受けた。シェリングがこのミュンヘン時代に（『人間的自由の本質』出版は一八〇九年）ベーメやエティンガーに関心を示したのは、バーダーによる影響が大きいと考えられる。

（92）ライプニッツ『弁神論』二一節参照。

（93）『学問としての医学年報』では○となっているが、『バーダー全集』（Hrsg. v. F. Hoffmann）第三巻二七六頁では⚉となっている。おそらく雑誌ではこの⚉が印刷できなかったものと推測される。

（94）ライプニッツ『弁神論』三一節参照。

（95）ライプニッツ『弁神論』二〇節参照。

（96）ライプニッツ『弁神論』二〇節参照。

（97）ライプニッツ『弁神論』一四九節参照。

（98）ライプニッツ『弁神論』三八〇節参照。

（99）ラテン語からの引用であり、それを以下に掲げる。

"Quaerunt ex nobis, unde sit malum? Respondemus ex bono, sed non summo, ex bonis igitur orta sunt mala. Mala enim omnia participant ex bono, merum enim et ex omni parte tale dari repugnat. -- Haud vero difficulter omnia expediet, qui conceptum mali semel recte formaverit, *eumque semper defectum aliquem involvere attenderit,* perfectionem autem omnimodam incommunicabiliter possidere Deum; neque magis possibile esse, creaturam illimitatam adeoque independentem creari, quam creari alium Deum."　アウグスティヌス『ユリアヌス駁論』第一巻第八章にこれに対応する言葉があるが、厳密な引用ではない。

（100）ライプニッツ『弁神論』三三節参照。

（101）ライプニッツ『弁神論』一五三節参照。

（102）スピノザの立場を指すと考えられる。

（103）次の【二〇】節参照。

（104）カント『道徳形而上学の基礎づけ』アカデミー版第四巻四五三頁以下、『実践理性批判』初版一八七頁以下参照。

（105）アリウス派の人々（Arianer）というのは、キリストを最高の被造物として、神それ自身からは区別したアレクサンドリアの司祭アリウス（Arius）の考えを受けつぐ人々のこと。シェリングがアリウス主義者等々という名前を取り入れた「哲学的批評」として何を念頭に置いていたのかは不詳。

（106）単意論というのはキリスト論で用いられる概念。キリストは神的な本性と人間的な本性をもつが、二つの意志（つまり神としての意志と人間としての意志）をもつのではなく、ただ一つの意志ないし意図をもつという教説を指す。

(107) 旧約聖書外典の第二マカベア書に「神はあらゆるものを、ないところのものから（ἐξ οὐκ ὄντων）作った」という表現がある。

(108)【一七】節においてライプニッツに依拠しながら、「神は人間にあらゆる完全性を分かち与えることはできなかった、もしそうすれば、人間自体を神にすることになったからである」と言われている個所を指すと考えられる。

(109)【一四】節を参照。

(110) プラトン『ポリティコス』二七三B参照。

(111) シュライエルマッハーのことを指すと考えられる。

(112)『研究（Studien）』(Hrsg. v. C. Daub und F. Creuzer) 第三巻（一八〇七年）所収のベック（August Böckh）の論文「プラトンのティマイオスにおける世界霊の形成について（Über die Bildung der Weltseele im Timäos des Platon）」を指すと考えられる。

(113) 次節で述べられるように、シェリングは創造を「最初の（第一の）創造」と「第二の創造」との二つに分けて理解している。「最初の創造」とは、根底としての闇の原理から「光」が誕生することであり、「第二の創造」とは、「精神」の誕生を意味する。つまり、「悪の精神」（「光と闇との分裂の精神」）から「高次の理念的なもの」（「原像的な、そして神的な人間」）が現れでることを意味している。そして次節では同時に、この二つの創造が、「自然の国」と「歴史の国」に、つまり、万物の生成のプロセスと歴史のプロセスに対応することが言われている。

(114) 本書一一七頁参照。

(115) 神の子イエス・キリストの誕生を指している。

(116) ヨハネ福音書一・一―三参照。

(117) イエス・キリスト。

(118) プラトン『ティマイオス』二一E以下などを念頭においた記述であろうか。

(119) 本〈新装版〉著作集第4b巻に収められる『諸世界時代』の構想につながっていく問題意識がここに垣間見られる。

(120) この段落の記述はギリシアとローマの歴史に対応する。

(121) 本書一一六頁参照。

(122) ローマ帝国の侵略によって引きおこされた民族の大移動を指す。

(123) ノアの洪水を指す。

(124)「古き世界」がローマ（西ローマ）帝国を指すのに対し、「新たな国」はフランク王国を指すと考えられる。

(125)「ローマ人への手紙」のなかに次のような表現がある。「ひとりの人によって、罪がこの世に入り、また罪によって死が入ってきたように、こうしてすべての人が罪を犯したので、死が全人類に入り込んだのである」（五・一二）。

(126) ビュリダン（Jean Buridan, c.1295- c.1358）はフランス

の哲学者。唯名論の立場に立つスコラ学者であった。本文に出てくるいわゆる「ビュリダンのロバ」の話で知られるが、この話自体はビュリダンの著作にはなく、ビュリダンの説を批判するために反対派がもちだしたものと言われている。

(127) カント『単なる理性の限界内における宗教（Die Religion innerhalb der Grenzen der bloßen Vernunft）』第二版五八頁脚注参照。

(128) カント『純粋理性批判』第一版五三八頁以下、第二版五六六頁以下、『実践理性批判』第一版一八五頁以下参照。

(129) スピノザ『書簡』五〇、『スピノザ全集』（Hrsg. v. Carl Gebhardt）、一九二五年、第四巻、二四〇頁を参照。

(130) スピノザ『エティカ』第一部定義七を参照。

(131) フィヒテ『全知識学の基礎（Grundlage der gesammten Wissenschaftslehre）』、『フィヒテ全集』（Hrsg. von I. H. Fichte）、第一巻九六頁など参照。

(132) 本書一二六頁参照。

(133) 『単なる理性の限界内における宗教』（第二版二五頁以下）において論じられた「叡知的な所行（intelligibele Tat）」についてのカントの主張が踏まえられている。

(134) 『ドイツ語ルター選集』（Hrsg. v. K. Aland）第三巻、二八二頁。

(135) カント『単なる理性の限界内における宗教』第二版二五頁参照。

(136) 本書一一一～一一二頁参照。

(137) カント『単なる理性の限界内における宗教』第二版、六二頁参照。

(138) カント『単なる理性の限界内における宗教』第二版、二七頁、三五頁参照。

(139) フィヒテ『道徳論の体系（Das System der Sittenlehre nach den Principien der Wissenschaftslehre）』、『フィヒテ全集』第四巻、一九九頁以下参照。

(140) この全意志（Allwille）という表現は、ヤコービの著作『アルヴィル書簡集（Allwills Briefsammlung）』の Allwill を念頭に置いたものであろう。

(141) プラトン『ティマイオス』五二B。

(142) 正確にはツヴァイブリュッケン版第一〇巻五頁。

(143) 「神的な魔術」については、ベーメ『汎智学の神秘』「第八のテクスト」や『神秘学の六つのポイント』「第五のポイント」など参照。

(144) 宗教（Religion）という言葉の語源に関しては、代表的なものに二つあるが、一つは re-legere から来たとするキケロの説で、「ふたたび集める、考慮する」といった意味を語源とするという説である。もう一つの説は三―四世紀のキリスト教護教論者ラクタンティウス（Lactantius）の説で、re-ligare（ふたたび結びつける）から来たとするものである。ここでは後者の意味に従って、Religiosität ということが言われている。このあと前者の意味にも言及されている。

(145) ヤコービの思想を念頭においてのことと考えられる。『デイヴィド・ヒューム（David Hume）』、『ヤコービ著作集』第二巻、二八五頁、『スピノザの教説について（Über die Lehre des Spinoza）』、『ヤコービ著作集』第四巻第一冊、二五〇頁など参照。

(146) カント『道徳形而上学の基礎づけ』アカデミー版第四巻四〇〇頁参照。

(147) カトー（Marcus Porcius Cato, BC 234-149）は古ローマの厳格で簡素な気風への復帰を信条としたローマの政治家。

(148) ローマの歴史家ヴェレイウス・パテルクルス（Velleius Paterculus）のことであろう。

(149) ここにシラーの「優美と尊厳について（Über Anmut und Würde）」における優美論に対する批判が込められていると考えてよいであろう。

(150)『批判版フリードリヒ・シュレーゲル全集』第八巻、八〇頁以下参照。

(151)「美しい魂」については、シラー「優美と尊厳について」、『シラー全集』（Nationalausgabe）第二〇巻二八七頁など参照。

(152) 誰を指すのか詳らかでない。

(153) カント『プロレゴメナ』、『カント全集』アカデミー版第四巻三七四頁参照。

(154) 本書一一三～一一四頁参照。

(155) 本書一二九頁参照。

(156) ライプニッツ『弁神論』三四五、三四九節からの引用であるが、文字通りには引用されていない。

(157) 本書一〇九頁参照。

(158) この“Communicativum sui”という表現はトマス・アクィナス『神学大全』などに見いだされる（第一部第七三問題第三項参照）。

(159) アルフォンス十世（1221-84）は、プトレマイオスの星座表を不十分と感じて、自ら星座表を作らせた人であるが、プトレマイオスの星座表を前にして、もし神が自分に相談していれば、もっとよい世界を創造できたであろうに、と語ったと伝えられている。ライプニッツ『弁神論』一九三節にこのエピソードへの言及がある。

(160) ライプニッツ『弁神論』二三五節参照。

(161) このことというのは、神が生命であるということであるが、これは【三三】節の［1］の問いと関わって述べられたものである。つまり、神が盲目的、無意識的に自己を啓示するのではなく、自由に、かつ意識的に自己を啓示することを指して、生命ということが言われている。

(162) この「鋭さ（Schärfe）」はベーメが『恩寵の選び』第三章などで用いた概念である。

(163)「詩編」第一八編二五、二六、および「サムエル記下」二二・二七参照。

(164) 本書八三頁参照。

(165) 古代キリスト教の思想家オリゲネス（185-254）を指すと考えられる。オリゲネスはマタイ福音書一九・一一―一二の言葉に従って自ら去勢したと言われている。

(166) コリュバントは本書一〇三頁で言及されたフリジア（プリュギア）の女神キュベレに仕えた司祭あるいは従者であった。ガリアーもキュベレの司祭で去勢していたと言われる。

(167) ハーマンの『文献学者の十字軍（Kreuzzüge des Philologen）』（一七六二年）に収められた「美学綱要（Aesthetica in nuce）」にこの表現がある。『ハーマン全集』（Historisch-kritische Ausgabe）第二巻二〇八頁。

(168) 古代ギリシア家屋の婦人室のこと。御婦人方のサロンぐらいの意味であろうか。

(169) 先の「善と悪とは同一である」といった命題のこと。

(170) シュレーゲルの『インド人たちの言語と知恵について』のなかの文章を踏まえた表現と考えられる。『批判版フリードリヒ・シュレーゲル全集』第八巻、二〇一頁参照。

(171) ライプニッツ『弁神論』二五、二三〇節参照。ラテン語からの引用であり、それを以下に掲げる。

"Ex his concludendum est, Deum *antecedenter* velle omne *bonum in se*, velle *consequenter optimum* tanquam *finem*; indifferens et malum physicum tanquam *medium*; sed velle tantum *permittere* malum morale, tanquam *conditionem, sine qua non* obtineretur optimum, ita nimirum, ut malum nonnisi titulo necessitatis hypotheticae, id ipsum cum optimo connectentis, admittatur." "Quod ad vitium attinet, superius ostensum est, illud non esse objectum decreti divini, *tanquam medium*, sed tanquam *conditionem sine qua non* -- et ideo duntaxat *permitti*."

(172) ルターの『奴隷的意志について』において、同様の問題が論じられている。『ドイツ語ルター選集』第三巻、二八〇頁。

(173) 本書一三三頁参照。

(174) 本書九五頁参照。

(175) 「コリント人への第一の手紙」一五・二八参照。

(176) 一〇九、一三〇頁参照。

(177) 本書六三頁。

(178) 「審判」はいわゆる「最後の審判」のこと。ギリシア語のκρίσιςには、分離と審判という二つの意味が含まれている。

(179) 神を指す。

(180) 「コリント人への第一の手紙」一五・二五参照。

(181) 「コリント人への第一の手紙」一五・二六参照。

(182) 「コリント人への第一の手紙」一五・二八参照。

(183) 「精神（Geist）」には「神によって人間に吹き込まれた生気」という意味がある。

(184) 「コリント人への第一の手紙」一三・一三参照。

(185) この「無底（Ungrund）」は、ベーメがその著作の随所で用いた概念である。訳注（66）参照。

(186) 「自然哲学への導入のための箴言」、『シェリング全集』第七巻、一七四頁。

(187) 文字通りには「死んだ頭」の意であるが、蒸留の後に残るかすの意で用いられる。

(188)『批判版フリードリヒ・シュレーゲル全集』第三巻一五六頁以下参照。
(189)『哲学と宗教』「緒言」の「触れるな、のろま者！　火は燃えているのだ」を念頭に置いた表現と考えられる。本書八頁参照。
(190)具体的には、本論文で展開されたシェリングの立場を指す。
(191)本書七九頁以下参照。
(192)本書一一二〜一一三頁参照。
(193)シュレーゲルの『インド人たちの言語と知恵について』を念頭に置いたものであろうか。
(194)ホラティウス『歌章（Carmina）』二・一参照。
(195)本書一五四頁参照。
(196)シュレーゲルを念頭に置いた記述であると考えられる。
(197)ゴルディアス（Gordias）はフリジア（プリュギア）の王。ゴルディアスが神殿に供えた戦車のくびきには複雑な結び目があったという。それを解いた者はアジア全体を支配するという神託があったが、アレクサンダーが遠征の途上そこに立ち寄り、結び目を剣で断ち切ったと言われている。
(198)ヤコービが『デイヴィド・ヒューム』のなかで、ゲーテがある集まりでそのように語ったことを伝えている。『ヤコービ著作集』第二巻、二七六頁。
(199)ローマ神話で森の神。多産、好色の象徴でもある。
(200)バーダー「認識衝動と生殖衝動の類比について（Über die Analogie des Erkenntnis- und des Zeugungs-Triebes)」。
(201)エティンガーの用いた概念であろうか。
(202)ここもシュレーゲルの『インド人たちの言語と知恵について』を念頭に置いた記述と考えられる。

シュトゥットガルト私講義

（1）シェリングの主張する体系はここで述べられているように、まず本来「自体的に、特に神的悟性」のうちに現存しているようなものとして構想されている。「自体的に」ということは例えば一八〇一年の『私の哲学体系の叙述』の「真なる自体（das wahre An=sich）」（IV, 115）に通じ、また「神的悟性（göttlicher Verstand）」という言葉は一八〇九年の『人間的自由の本質』においても「自由の体系」の構想の文脈のなかで見いだされる。そして、それは「等しきものは等しきものによって認識される」という命題を介して、「自己のうちになる神によって、自己の外なる神を把握する」という神秘的経験の立場へとわれわれを導く（本書七七頁〈VII, 337〉）。

（2）ライプニッツ=ヴォルフの体系を指す。ライプニッツ主義に関するシェリングの見解は、詳しくは一八二七年の『最近の哲学の歴史に寄せて』における特に彼のヴォルフに関する叙述を参照（X, 60ff.）。

（3）この体系についての議論は『知識学の観念論の解明のための論文』（I, 400）にも見られる。また、このような体系を可能にする原理はエルランゲン講義（一八二一年から一八二五年）の一つである『学としての哲学の本性について』という論文において「絶対的主体（das absolute Subjekt）」として具体化される（IX, 215ff.）。

（4）この「一様性」に関する議論は『世界時代』（シュレーターによって編纂された遺稿版、以下N.と略す。N., 27ff）を、また「有機体」に関しては『人間的自由の本質』（本書八九頁〈VII, 346〉）を参照。

（5）この「実在的なもの」と「観念的なもの」とはシェリング哲学の対極的根本原理である。ホルスト・フールマンスはシェリング哲学は当初からこの対極的原理を基本とする「実在=観念論（Real-Idealismus）」であったと言う。（F. W. J. Schelling; Über das Wesen der menschlichen Freiheit, Philipp Reclam, Einleitung von Horst Fuhrmans, S. 21.）

（6）この「絶対的同一」が「統一」にして「対立」であるということの意味は『世界時代』において徹底して追求されている。『世界時代』（N., S. 26ff.）を参照。

（7）シェリングのフィヒテ理解については、『最近の哲学の歴史に寄せて』におけるフィヒテの項（特にX, 90ff.）および『啓示（顕示）の哲学への序論あるいは積極哲学の基礎づけ』（本〈新装版〉著作集第5b巻）の第四講義を参照。

（8）シェリングにとっては一八〇四年の『哲学と宗教』以来、「絶対的なもの」とは「神」以外の何ものでもない。『哲学と宗教』（本書一四頁〈VI, 21〉）を参照。

（9）「無制約的なもの（das Unbedingte）」という概念はシェリングの最初期の哲学的論文（例えば、一七九五年の『哲学の原理としての自我あるいは人間的知における無制約的なものについて』）以来のものであるが、ここではそれが彼の哲学の包括的視点を与える「場（Element）」として再提出されている。

（10）すべてのものが「反対物」においてのみ顕わになりうるという考えは「悪への自由」の問題において頂点に達する。『人間的自由の本質』（本書一二六頁〔VII, 373〕）参照。

（11）「同一から差別への移行」の問題は特に『世界時代』において「根源存在者」の展開の「可能性」から「現実性」への問題として詳論されている。（N., 22ff.）

（12）このように絶対者の最原初の動きを「鏡（Spiegel）」の譬えにおいて表現する者にヤーコプ・ベーメがいる。例えば、『神智学の六つのポイント』（『ベーメ小論集』の三〇―三一頁、創文社刊、ドイツ神秘主義叢書9を参照。）

（13）この「分開」と「紐帯」については『人間的自由の本質』（本書一一〇頁〔VII, 361–362〕）を参照。

（14）『人間的自由の本質』（VII, 362）を参照。そこではEin=Bildungと表現されている。この言葉については『人間的自由の本質』（西谷啓治訳、岩波文庫）の訳註（四三）参照。

（15）シェリングの時間論については『世界時代』（N., 77ff.）を参照。

（16）ゲーテ著の「自然と芸術」（Werke, Hamburger Ausgabe, I, 245）を参照。このような逆説的論理は「一切を放下すること（alles zu lassen）」において頂点に達する。『学としての哲学の本性について』（IX, 217–218）を参照。

（17）この「収縮する力」あるいは「収縮する意志」についての議論は『世界時代』（N. 22ff.）を参照。この神の「収縮」という発想は例えばヤーコプ・ベーメに遡ることができる。

（18）「神の自由」のうちに「世界の解明根拠」を求めるということは結局『世界時代』の「学の沈黙（Verstummen der Wissenschaft）」（N. 103）の問題へと繋がる。

（19）この「自由と必然性との同一」の議論に関しては、『超越論的観念論の体系』（III, 593–596）および『人間的自由の本質』（本書一三八―一四一頁〔VII, 383–385〕）を参照。

（20）この「生成する神」についてのシェリングの考えは特に『人間的自由の本質』（本書一〇七頁以下〔VII, 359ff〕）に詳しい。

（21）この「自己の前あるいは外」に何ものをもたない「根源存在者」の展開として学の立場を構想しようとしたものが『世界時代』（N. 3ff）である。

（22）この「根源的状態」を明らかにするのが『世界時代』の「過去」篇の展開である。

（23）この「等価性」については例えば『世界時代』（N. 95–96）を参照。

（24）この「意識化」については例えば『知識学の観念論の解明のための論文』（I, 382–383）を参照。

（25）この辺りの議論は『人間的自由の本質』（本書一〇九―一一三頁〔VII, 360–364〕）の議論と重なる。

（26）『人間的自由の本質』の「神自身のうちにおいて神自身ではないところのもの」（本書一〇七頁〔VII, 359〕）を参照。

（27）「質料」については『人間的自由の本質』（本書一〇九頁〔VII, 360〕）を参照。

（28）「存在しないもの」については『世界時代』（N., 20）を参照。

（29）「無からの創造」については『人間的自由の本質』（本書一二五頁〔VII, 373〕）のシェリング自身による註を参照。

（30）シェリングの主張する「実在＝観念論」とは、この「二つの原理」、すなわち「実在的なもの」と「観念的なもの」とが「交互透入的」関係にあることを意味する。（本書九五頁〔VII, 350〕）

（31）「絶対的なA」とは先に述べられたA^3であり、また「BのうちのA」とはA^2のことである。（本書一九七〜一九八頁〔VII, 430–431〕）を参照。

（32）シェリングのデカルトからヘーゲルに到る哲学の展開についての理解は、詳しくは『最近の哲学の歴史に寄せて』（X, 1–200）を参照。ただし、そこで叙述されている内容は客観的な哲学の歴史というより、むしろデカルト以来の哲学の歴史を通してのシェリング哲学の自己理解の展開である。

（33）デカルト哲学に対するシェリングの理解は「主観的」という言葉に集約される。この「主観的」ということから、ここで述べられているような二元論的発想が生じ、またそこからの活路として「神の存在」が要請されるということがシェリングによるデカルト理解である（X, 4–32）。

（34）シェリングにとってスピノザ哲学のもつ意味はデカルト哲学以上に重要である。彼自身スピノチストであること宣言しているが、ただしそれは「自我」を中心としたという条件つきであった。例えば『人間的自由の本質』ではスピノザの体系を「一面的—実在的体系」と評している（本書九五頁〔VII, 350〕）。そのスピノザ理解はまた『最近の哲学の歴史に寄せて』では、デカルト哲学と対照的に「客観的」という言葉に集約されるが、それはスピノザ哲学を再逆転した視点から捉え直す必然性を主張することに繋がっている。（X, 33–48）

（35）ライプニッツについての詳しい論述は『最近の哲学に寄せて』のライプニッツの項を参照（X, 48–60）。

（36）「物活論（Hylozoismus）」という言葉はギリシヤ語のὕλη（物質）とζωή（生命）とから由来する言葉である。それは単なる唯物論的発想に対するものとして、シェリング哲学にとって意味ある立場である。

（37）シェリングはフィヒテ的自我をつねにこのように「主観的」で「有限な」ものであると理解する。彼にとってのフィヒテ哲学の意味はその観念論的体系志向のうちにある。

（38）この「同一性」についてのシェリングの発言は多分にヘーゲルによる批判を意識しているものであると考えられる。

（39）この「量的差別」については『私の哲学体系の叙述』（IV, 123）を参照。

（40）「重力」については『人間的自由の本質』（本書一〇五—一〇六頁〔VII, 358〕）を参照。

（41）「四元素」とは以下に述べられる「地」、「大気」、「火」、「水」のことである。

(42) Bandはこれまで「紐帯」と訳してきたが、ここでは特に「結ばれるもの」に対して、また特に次の「産み出されるもの」へ繋がるものとして、結実の結を取り、「結ぶもの」とした。

(43) ヴェスタはローマ神話に出てくる火と炉の女神の名前である。

(44) Vitruvius Pollioのこと。『建築術（De Architectura）』の著者。ローマ皇帝アウグストゥス時代（27 B.C.～14 A.D.）の人。このVitruviusについては『芸術哲学』（V, 595）にも言及がある。

(45)『人間的自由の本質』（本書一〇七頁〔VII, 359〕）を参照。

(46) ここの国家に関するシェリングの口吻は恐らくナポレオン戦争の結果から来るものと思われる。

(47) フィヒテ著『閉鎖的商業国家（Der Geschlossene Handelsstaat, 1800）』を指す。

(48) ここでのWissenschaftは単なる「学」ではない。『エアランゲン講義』では、魂は「絶対的主体」の本質と一つである「智恵（Weisheit）」に「自体的に」与っているものであり、その意味を含ませる意味において、ここでは「学智」と訳した。

(49) セネカによって引用された言葉。『人生の短さについて』セネカ、茂手木元蔵訳、岩波文庫、一一八頁参照。

(50) ここでの「死」および「霊的世界」への移行の問題については『クララ』（Clara, IX. 1-110）に詳しい。『クララ』は最愛の人カロリーネの死という厳粛な事実を眼前にしたシェリングの魂の懊悩を伝えるものと言え、その中心テーマは「死」であり、その問題をめぐって「魂の輪廻」「あの世とこの世」「自然と霊界」「完全な生」「自由」等の問題が論じられている。

(51) ここでは「想起する（erinnern）」ということと「内面化する（er-innern）」ということとが重ねて述べられている。

(52) ルチフェルの堕落というキリスト教の説話に相当するもの。

(53) Krisisには「審判」という意味もある。本書『人間的自由の本質』訳注（178）参照。

解説

解説

藤田正勝

本書に収録した「人間的自由の本質とそれに関連する諸対象についての哲学的探究」(以下「人間的自由の本質」と略す)は、最初、一八〇九年にドイツ南部の都市ランツフートで出版された『シェリング哲学著作集(F. W. J. Schelling's philosophische Schriften)』第一巻に発表された。その第一巻全体の「序文」においてシェリングは、「著者は自分の体系の最初の一般的な叙述を(『思弁的自然学雑誌』において)発表した」と記している。『思弁的自然学雑誌』第二巻第二冊に発表された「私の哲学体系の叙述(Darstellung meines Systems der Philosophie)」(一八〇一年)がシェリング哲学の発展の歴史のなかで大きな位置を占めることがここから知られる。その後も、『ブルーノ、あるいは諸事物の神的および自然的原理について(Bruno oder über das göttliche und natürliche Princip der Dinge)』(一八〇二年)や「哲学体系の詳述(Fernere Darstellungen aus dem System der Philosophie)」(『思弁的自然学新雑誌』第一巻第一冊、一八〇二年)などいわゆる同一哲学をめぐる論考を発表した。本書で取り上げた『哲学と宗教(Philosophie und Religion)』(一八〇四年)は、同一哲学期以後のシェリング哲学の新たな展開の出発点となったものである。

一八〇三年、シェリングはヴュルツブルク大学に教授として招聘され、約五年間滞在したイェーナから移り住んだ。一八〇六年四月までそこに滞在したが、その間にテュービンゲンのコッタ社からこの『哲学と宗教』を発表している。小冊子ながら単行本として刊行されたものである。

一八一六年からスウェーデンのウプサラで『シェリング全集（Fr. W. J. Shcellings sämmtliche Werke）』の刊行が企てられ、計画された十一巻のうち、五巻が実際に刊行されたが（このウプサラ版『シェリング全集』の刊行にシェリング自身が関与していたかどうかは確認されていない）、『哲学と宗教』は、その第九巻（一八一八年）の一部として刊行された。また、シェリング没後、一八五六年から息子の K. F. A. Schelling の編集によって『シェリング全集（Sämmtliche Werke）』が刊行された際には、その第六巻（一八六〇年）に収録された。

翻訳にあたっては、単行本の『哲学と宗教』を底本とし、K. F. A. Schelling 編集の『シェリング全集（Sämmtliche Werke）』を参考にした（ウプサラ版『シェリング全集』所収の『哲学と宗教』については参照することができなかった）。この『哲学と宗教』は「人間的自由の本質」とともに西谷啓治氏により邦訳され、『シェリング自由意志論』という表題で一九二七年に岩波書店から出版されている。今回の翻訳に際してそれを参照した。

この『哲学と宗教』を執筆する直接的な機縁となったのは、シェリングの影響を強く受けた哲学者エッシェンマイアー（C. A. Eschenmayer）が一八〇三年に出版した『非哲学への移り行きにおける哲学（Die Philosophie in ihrem Übergange zur Nichtphilosophie）』であった。シェリングは『哲学と宗教』の「緒言」において「頼みもしない信奉者」に対する厳しい批判の言葉を記しているが、その際念頭にあったのは、エッシェンマイアーであったと考えられる。

エッシェンマイアーはこの書のなかで、確かに一方では、シェリングの哲学を通して反省の哲学が理性の哲学へと高められ、またそのことを通して哲学が完成へと導かれたことを認めている。しかしエッシェンマイアーによれば、この哲学の最後の歩みは、同時に、非哲学ないし宗教への第一歩でもなければならない。なぜなら理性的、あるいは思弁的認識は、まさにシェリング哲学を通して把握された絶対者のうちでその力を失うからである。そこから「予感と敬虔」の世界が始まる。予感と敬虔とによって神への無限の接近が試みられる。エッシェンマイアーによればシェリング哲学には、この試み、つまり「純粋な、あらゆる思弁から解放された神学」への歩みが欠けている。

『哲学と宗教』は、このエッシェンマイアーの批判に応えて書かれたものであった。哲学と非哲学とを区別し、非哲学への移行の必要性を強調するエッシェンマイアーに対し、シェリングはここで、哲学のなかにこそ「精神の、より高い、いわばより安らかな完成」が存在することを主張している。定かな形を持たない、また瞬時に流れ去る宗教の直観が、そこでは明晰な知の形をとる。そこでこそ絶対者は絶対者として把握される。このような立場からシェリングは、「宗教の独断論や信仰という非哲学がわがものとしてしまった諸対象を、理性と哲学に返還するように要求」している。

このように『哲学と宗教』は論争的な性格をもつ著作であったが、それ以後のシェリングの思想展開との関わりで注目されるのは、ここにおいて、有限な諸事物の絶対者からの由来や、自由、道徳性、さらには歴史の究極目的やその始まりなどが問題にされている点である。シェリングは「人間的自由の本質」において、この『哲学と宗教』における叙述は「不明瞭なままにとどまった」と記しているが、しかしこれらのテーマを受けつぐ形で「人間的自由の本質」が執筆されたことはまちがいがない。

『哲学と宗教』を発表してから二年後のことであるが、シェリングはヴュルツブルクからミュンヘンに移り住んでいる。前年に、つまり一八〇五年に起こったアウステルリッツの戦いの後、ヴュルツブルクがオーストリアに属することになったからである。ミュンヘンではとりあえずバイエルン科学アカデミーに籍を置き、翌年、新設されたミュンヘン造形芸術アカデミーの事務総長に就任した。「人間的自由の本質」はその二年後に発表されている。

先に述べたように「人間的自由の本質」は、一八〇九年に出版された『シェリング哲学著作集』第一巻に他の四編の論文、すなわち「哲学の原理としての自我について、あるいは人間の知のなかの無制約的なものについて」（一七九五年）、「独断論と批判主義についての哲学的書簡」（一七九五年）、「最新の哲学的文献についての一般的な概観」（一七九六—九七年）、「造形芸術の自然に対する関係について」（一八〇七年にバイエルン科学アカデミーでなされた講演、講演後、一度少部数印刷に付された）とあわせて発表された。他の四編がすでに発表されたものであったのに対し、この「人間的自由の本質」のみが新しく発表されたものであった。

『シェリング哲学著作集』は第二巻以降は出版されなかったが、刊行された第一巻には、はっきりと「第一巻」と記されており、当然何巻かの出版が計画されていたと考えられる。ただその詳しいプランについては明らかになっていない。

この『シェリング哲学著作集』第一巻については、同じ版元（Philipp Krüll）から一八三六年以降に第二版が刊行されているとのことであるが、この第二版に直接当たることはできなかった。第一版の誤植の訂正がなされる一方で、新たにいくつかの誤植が見いだされるとのことである。

さて、「人間的自由の本質」は、一八〇九年に『シェリング哲学著作集』第一巻に発表されて以降、繰り返して刊行されている。まず、先に言及したウプサラ版『シェリング全集』の第十一巻（一八一八年）にこの「人間的自由の本質」は「造形芸術の自然に対する関係について」などとともに収録されている。一八三四年には「人間的自由の本質」はロイトリンゲンの出版社からはじめて単行本の形で出版された。そしてシェリング没後、一八五六年から息子の K. F. A. Schelling の編集によって『シェリング全集（Sämmtliche Werke）』が刊行された際には、その第七巻（一八六〇年）に収録された。

その後も O. Weiß の編集による哲学文庫版（一九一一年）や C. Herrmann の編集による哲学文庫版（一九二五年）、H. Fuhrmans の編集によるレクラム版（一九六四年）、W. Schulz の解説論文を付したズールカンプ版（一九七五年）、T. Buchheim の編集による新しい哲学文庫版（一九九七年）などが出版されている。

この翻訳では、本著作集全体の方針に従って、『シェリング哲学著作集』第一巻（初版）を底本にしたが、本文の校訂のために、『シェリング全集』第七巻、およびレクラム版、ズールカンプ版、新哲学文庫版を参照した。

「人間的自由の本質」の翻訳としては、すでに西谷啓治、渡邊二郎両氏の翻訳がある。西谷啓治氏のものは、すでに記したように、「哲学と宗教」とあわせて『シェリング自由意志論』という表題で一九二七年に岩波書店から出版された。その後「人間的自由の本質」だけが『人間的自由の本質』という表題で一九四八年に世界文学社から、また一九五一年に岩波文庫の一冊として、やはり『人間的自由の本質』として出版されている。渡邊氏の翻訳は、フィヒテの「知識学への第一序論」などとともに、『世界の名著』（中央公論社）続第九巻「フィヒテ シェリング」に発表された。なお今回の翻訳にあたって、この両氏の翻訳から多くの教示を得た。ここに記して謝意を表したい。

また訳注の作成に当たっても、両氏の訳に付された訳注、および新哲学文庫版に付された Buchheim 氏の注、レクラム版に付された Fuhrmans 氏の注から多大の教示を得た。あわせて感謝したい。

さて、シェリングに『哲学と宗教』を執筆する機縁を与えたのが、エッシェンマイアーの『非哲学への移り行きにおける哲学』であったとすれば、この「人間的自由の本質」執筆のきっかけを作ったのは、フリードリヒ・シュレーゲルの『インド人たちの言語と知恵について（Über die Sprache und Weisheit der Indier）』という著作、および『ハイデルベルク文学年報』第一巻第六冊に発表されたフィヒテ批評であった。そのなかでシュレーゲルは、自由を否定するものとして汎神論に対する批判を行ったが、シェリングはこの——さしあたってインド哲学に対して向けられた——批判を自分に対する批判として受けとめた。そしてそれに対して反論を行うこと、つまり、彼の哲学は——あるいは彼の哲学こそ——自由のための場所をもつものであることを示すことが、「人間的自由の本質」執筆の出発点であり、動機であったと考えられる。

もちろん、汎神論が「諸事物の神のうちにおける内在」を意味するのであれば、それがシェリングの哲学にもあてはまることをシェリングは認めている。どんな理性的な見解もその主張を認めざるをえないとさえ、シェリングは記している。シェリングが本書で明らかにしようとしたのは、万物の神への内在と人間の「自由」とは矛盾しないということ、あるいはむしろ両者が互いを要求するということであったと言ってよいであろう。

シュレーゲルのように直接その名前は挙げられていないが、ヘーゲルのシェリングに対する批判もまた、「人間的自由の本質」の執筆に際して意識されていたように思われる。周知のように、ヘーゲルは『精神現象学（Phänomenologie des Geistes）』（一八〇七年）において、異なった素材に同一の公式を外的に繰りかえして適用し、すべてを一覧表に配列する自然哲学の「形式主義」と、すべての区別を空虚な深淵に投げ込み、絶対者においてはすべてが一であることを主張するいわゆる「思弁的な」ものの見方に対して徹底した批判を行った。ヘーゲルはシェリング宛の書簡のなかでは、この批判がシェリング自身にではなく、シェリング哲学の信奉者たちに向けられたものであることを語っている。しかし詳細に検討するならば、『精神現象学』におけるヘーゲルの批判は明らかにシェリング自身にも向けられていた。「人間的自由の本質」の執筆にあたってシェリングはこのヘーゲルの批判を意識していたと考えられるが、しかし「人間的自由の本質」におけるシェリングのヘーゲル哲学に対する態度は必ずしも単純ではない。一面ではシェリングはこの著作において、ヘーゲルにもっとも近づいてもいる。それを端的に示すのが、「弁証法」への言及である。「真理の最高の勝利」は、ただ「弁証法的な哲学」を通してのみ可能となることをシェリングはここで強調している。

しかし他方シェリングは、悟性によっては決してとらえられることのない自由の「根底」（Grund）に目を向けている。そして自由がこの「根底」によって規定されたものであるが故に、人間が抱かざるをえない「生の不安」について語っている。この「不安」、そして人間における「悪」の存在、さらにはその根源としての「根底」の活動を、シェリングは神の愛が実現されるための前提として、言いかえれば神の自己啓示が現実的なものとなるための条件としてとらえている。

そしてこの神の自己啓示ということと関わって、シェリングは「探求全体の最高の問い」を問題にしている。啓示は、盲目的で必然的な行為なのか、それとも自由な行為なのかという問いがそれである。この「最高の問い」に対してシェリングは、神が「意志」であることを言うことによって答えている。啓示は神の自由な意志に、つまり「決断」に基づくというのが、その問いに対するシェリングの答であった。そのようにシェリングが神を自由な意志として、そしてその自己啓示を決断として捉えるときに意識していたのは、もはや彼に対して投げかけられた汎神論ないし宿命論という非難に対する論駁ではなく、ヘーゲルの哲学への批判であったと考えられる。後にミュンヘンで行った講義『近代の哲学の歴史について』(Zur Geschichte der neueren Philosophie)のなかで、シェリングが、ヘーゲルの言う絶対的精神の自己外化が「自由の墓場」になっている点を批判していることも、そのことを裏づけるであろう。

「人間的自由の本質」以前の著作と「人間的自由の本質」とを比較したとき、後者に見いだされる特徴としてすぐに挙げることができるのは、そこでシェリングがヤーコプ・ベーメ(Jakob Böhme)やエティンガー(Friedrich Christoph von Oetinger)などドイツ神秘主義の思想の流れを汲む思想家から多大の影響を受けている点である。シェリングが本書で繰り返して用いる「根底(Grund)」や「中心(Centrum)」、「分開(Scheidung)」といった概念はベーメに由来する。このようにミュンヘンに移ってのち、ベーメやエティンガーの思想に深く触れたことは、シェリングにとって一つの転機になったと考えられるが、そのきっかけを作ったのは、フランツ・フォン・バーダー(Franz Xaver von Baader, 1765–1841)であった。書簡の交換は以前にもあったと考えられるが、両者が直接交流をもったのは一八〇六年以降のことである。シェリングはバーダーの刺激を通して、ベーメやエティンガーの著作に触れるとともに、バーダー自身の神秘主義的な自然思想からも影響を受けた。本文中で言われているように、悪を単なる欠如としてではなく、原理の転倒としてとらえるという見方も、「理性の悪しき使用というものは存在しえないという主張について」などでバーダーがすでに示していたものであった。

『シェリング哲学著作集』第一巻が刊行されたのは、一八〇九年五月であったが、その年の九月にシェリングは妻カロリーネを病気で亡くしている。その打撃から容易に立ち上がることができなかったシェリングは、長期の休暇を取り、翌年の一月から十月までシュトゥットガルトで静養の生活を送った。その折に友人の法律家ゲオルギイ(E.

F. Georgii）から依頼を受け、ごく少数のグループの前で行った講義が、「シュトゥットガルト私講義（Stuttgarter Privatvorlesungen）」である。この講義は、シェリングの死後遺されていた草稿に基づいて『シェリング全集』第七巻においてはじめて公にされた。その後、トリノの Bottega d'Erasmo 社から Miklos Vetö の編集によって出版されている（一九七三年）。この「シュトゥットガルト私講義」には二つの稿がある。一つはこの講義がそれに基づいて行われたシェリング自身の草稿であり、もう一つは、この講義をゲオルギイが筆記し、後にシェリングがそれに手を加えたものである。Vetö 編の「シュトゥットガルト私講義」では両者を比較して読むことができる。本巻では、『シェリング全集』第七巻所収の「シュトゥットガルト私講義」（前者のシェリング自身の草稿に基づく）を底本にした。両者の異同については、きわめて多数に上るため、記載を省略した。なおこの「シュトゥットガルト私講義」はわが国においてははじめて翻訳されるものである。

事 項 索 引（50 音順）

アルファベット

ア　行

カ　行

サ　行

タ　行

ナ　行

ハ　行

マ　行

ヤ　行

ラ　行

ワ　行

人名索引（50音順）

ア　行

アウグスティヌス（Aurelius Augustinus, 354-430） 119, 125
アルフォンス十世（Alfonso X, 1221-1284） 158
アレクサンダー（Alexander Ⅲ, 356-323 B.C.） 180
イエス・キリスト（Jesus Christus） 142, 169, 235
ヴィソヴァティウス（Andreas Wissowatius, 1608-1678） 84
ヴィトルヴィウス（Vitruvius Pollio, 紀元前後） 227
ヴォルフ（Christian Wolff, 1679-1754） 188
エウリピデス（Euripides, ca.480-406 B.C.） 68
エッシェンマイアー（Adolf Carl August Eschenmayer, 1768-1852） 6, 11-14, 19, 22, 25ff., 48f., 52f., 60, 63f
エピクロス（Epicurus, 341-270 B.C.） 137
エラスムス（Desiderius Erasmus, 1466-1536） 176
エンペドクレス（Empedocles, ca.492-ca.432 B.C.）77

カ　行

カトー（Marcus Porcius Cato, 234-149 B.C.） 151
カント（Immanuel Kant, 1724-1804） 10, 47, 72, 97, 138f., 145, 152, 188, 214, 233, 246
キケロ（Marcus Tullius Cicero, 106-43 B.C.） 66
クセノファネス（Xenophanes） 84
ケプラー（Johannes Kepler, 1571-1630） 120, 214
ゲーテ（Johann Wolfgang von Goethe, 1749-1832）195

サ　行

シェリング（Friedrich Wilhelm Joseph Schelling, 1775-1854） 52, 84f.
シェリング（Karl Eberhard Schelling, 1783-1854）246
シュレーゲル（Friedrich von Schlegel, 1772-1829）67, 79, 93, 98, 152, 175
スピノザ（Baruch de Spinoza, 1632-1677） 10, 17ff., 46, 63, 81f., 84-88, 91, 93ff., 100, 103, 105, 154, 159, 212f.
セクストゥス・エンピリクス（Sextus Empiricus）77
ゼノン（エレアの）（Zenon, ca.490-ca.430 B.C.） 163
ソクラテス（Sockrates, 470／469-399 B.C.） 33, 59
ソフォクレス（Sophokles, ca.496-406 B.C.） 65

タ　行

ダンテ（Dante Alighieri, 1265-1321） 40
ディオニシウス（Dionysius I, ca.430-367 B.C.）

21
ティマイオス（ロクリスの）（Timaios）　148
デカルト（René Descartes, 1596–1650）　103, 212f., 226
ドーリス（Doris）　21

ハ　行

バーダー（Franz Xaver von Baader, 1765–1841）116, 124, 130, 181
ハーマン（Johann Georg Hamann, 1730–1788）163
ヒポクラテス（Hippokrates, ca. 460–ca.375 B.C.）200
ピタゴラス（Pythagoras, ca.582–ca.497 B.C.）77
ビュリダン（Jean Buridan, ca.1295–ca.1358）137
フィヒテ（Johann Gottlieb Fichte, 1762–1814）　13, 39f., 53, 61, 77f., 93, 96, 109, 141, 145, 154, 188, 214f., 234
プトレマイオス（Ptolemaios Klaudios）　158
プラトン（Platon, 427–347 B.C.）　9, 21f., 32f., 35, 61, 77, 84, 109, 122, 127, 148, 234, 243
ブルーノ（Giordano Bruno, 1548–1600）　6, 16, 23, 28, 48, 84, 214
プロチノス（Plotinos, 205–270）　102
ベック（August Böckh, 1785–1867）　127

ヤ　行

ユークリッド（Eukleides）　152
ユダ（Judas）　142

ラ　行

ライプニッツ（Gottfried Wilhelm Leibniz, 1646–1716）44, 84, 87ff., 103, 117–121, 138, 156, 159, 164f., 188, 213f., 226
ラインホルト（Karl Leonhard Reinhold, 1757–1823）84f.
ルター（Martin Luther, 1483–1546）　142
レッシング（Gotthold Ephraim Lessing, 1729–1781）179

〈新装版〉シェリング著作集は、二〇〇六年に燈影舎より刊行が開始された『シェリング著作集』の構想を受け継ぎ、既刊巻へは改訂を加え、未刊巻を新刊として装い新たに発行するものです。

本書は、二〇一一年四月発行の第4a巻『自由の哲学』初版第一刷を底本とし、新装版刊行にあたり加筆修正を行っています。

執筆者紹介（掲載順　＊は本巻編者）

薗田　坦　*Tan Sonoda*　1936年生まれ、2016年没

著書『〈無限〉の思惟－ニコラウス・クザーヌス研究－』『無底と意志－形而上学：ヤーコプ・ベーメ研究』他

＊藤田正勝　*Masakatsu Fujita*　1949年生まれ

著書『若きヘーゲル』『西田幾多郎－生きることと哲学』『哲学のヒント』他

岡村康夫　*Yasuo Okamura*　1951年生まれ

著書『無底と戯れ－ヤーコプ・ベーメ研究』、『シェリング哲学の躓き－『世界時代』の構想の挫折とその超克』他

〈新装版〉シェリング著作集

第4a巻　自《じ》由《ゆう》の哲《てつ》学《がく》

二〇一八年九月二十日　初版一刷発行

二〇二三年九月二十日　初版二刷発行

編　者　藤田　正勝

発行者　笹原あき彦

発行所　文屋《ふみや》秋栄《しゅうえい》株式会社

〒六〇七－八〇〇六

京都市山科区安朱馬場ノ東町十五の五

電話　〇七五－五〇二－〇四二八

印刷　株式会社ミノウチ写真印刷

製本　株式会社新生製本

ISBN978-4-906806-05-8